Dominique Manotti & DOA
Die ehrenwerte Gesellschaft

Eine Gruppe junger Ökoaktivisten plant einen spektakulären Coup und hackt den Rechner eines Ermittlers der obersten französischen Behörde für Atomenergie CEA. Sie wird zufällig Zeuge eines Kampfes zwischen dem Ermittler und Geheimagenten, bei dem der ehemalige Polizist zu Tode kommt. Ein Zwischenfall zu einem denkbar schlechten Zeitpunkt, kurz vor dem ersten Wahlgang zur Präsidentschaftswahl. Gegenüber stehen sich der blasse Kandidat der Linken, Eugène Schneider, und der zynische, machtbesessene Pierre Guérin, Finanzminister und Kandidat der Rechten, wenig zufällig an einen gewissen Nicolas S. erinnernd. Tief verstrickt in ein Machtgeflecht aus Politik, Geheimdiensten und den Eliten der französischen Industrie, will der voraussichtliche neue Präsident seinen Förderern die Privatisierung der französischen Atomindustrie auf dem Silbertablett servieren. Von der Polizei als Mörder ihres Kollegen verdächtigt, beginnt das Spiel für die Ökoaktivisten lebensgefährlich zu werden, denn nicht nur die ermittelnde Kriminalpolizei ist ihnen auf den Fersen, sondern auch die Schergen der Atommafia, die die Aufdeckung ihres Komplotts befürchtet.

Dominique Manotti, geboren 1942 in Paris. Ehemalige Professorin für Wirtschaftsgeschichte. 1976–1983 Generalsekretärin der Pariser Sektion der Gewerkschaft CFDT. Politisch geprägt durch den Widerstand gegen den Algerienkrieg und die Mairevolte 1968. Schrieb mit 50 Jahren ihren ersten Roman und erhielt zahlreiche literarische Auszeichnungen.

DOA (Dead on Arrival), geboren 1968 in Lyon, arbeitet als Schriftsteller und Drehbuchautor. Sein Pseudonym bezieht sich auf den legendären Film Noir gleichen Namens von Rudolph Maté aus dem Jahr 1950. Für seinen 2007 erschienenen Krimi *Citoyens clandestins* erhielt er den *Grand Prix de la littérature policière*.

Dominique Manotti & DOA

Die ehrenwerte Gesellschaft

Aus dem Französischen von Barbara Heber-Schärer

Assoziation A

Französische Originalausgabe: *L'Honorable société (Gallimard, 2011)*

Dieses Buch erscheint im Rahmen des Förderprogramms des französischen Außenministeriums, vertreten durch die Kulturabteilung der französischen Botschaft in Berlin.

Cet ouvrage, publié dans le cadre du programme de participation à la publication, bénéficie du soutien du Ministère des Affaires Etrangères, représenté par le Service culturel de L'Ambassade de France à Berlin.

Die Reihe NOIR wird herausgegeben von
Elfriede Müller, Frieder Rörtgen und Alexander Ruoff.

© der deutschsprachigen Ausgabe Berlin | Hamburg 2012
Assoziation A | Gneisenaustr. 2a | 10961 Berlin
www.assoziation-a.de | berlin@assoziation-a.de | hamburg@assoziation-a.de
Titelgestaltung und Satz: kv | Druck: CPI
ISBN 978-3-86241-419-2

1. Freitag

Das Studio ganz oben im Hinterhaus eines alten Pariser Gebäudes ist groß und luftig. Beide Fenster stehen offen. Draußen Dächer und da und dort das leise Echo laufender Fernseher. Weiter weg deutlich, aber unaufdringlich, der Lärm der Stadt. Poster von Walen, schwarzen Fluten, Atompilzen an den Wänden verkünden mit einem gewissen Triumph den bevorstehenden Weltuntergang.

Im Studio drei junge Leute.

Mitten im Raum arbeitet Julien Courvoisier, ein rundlicher Blondschopf, Mitte zwanzig, fieberhaft und konzentriert an einem 24-Zoll-iMac in makellosem Weiß, der zwischen Papieren und leeren Bierdosen auf einer aufgebockten alten Holztür thront. Auf dem Bildschirm ist nicht der Desktop von OS X Tiger, sondern der von Windows Vista zu sehen. Ein Mauspfeil bewegt sich ganz von allein. Fenster sind geöffnet, Word, Explorer und Outlook, und man sieht, wie eine E-Mail geschrieben wird. Dann und wann grunzt Julien zufrieden.

Hinter ihm, auf Kissen auf dem Boden ausgestreckt, Erwan Scoarnec, etwa gleichaltrig, groß, brünett, schlank, aber nicht mager, mit leicht slawischen Gesichtszügen. Er lässt Juliens Rücken nicht aus den Augen und versucht seine Nervosität, seine schlechte Laune mit einem Joint zu bezwingen. »Julien, schaffst du's? Läuft es?« Keine Antwort, sicher hat Julien ihn nicht mal gehört. Nervtötend. Zwei Züge. »Scheiße! Antworte wenigstens, sag doch was!«

Eine lässige Handbewegung, sonst nichts.

Erwan steht auf, holt sich ein Bier aus dem Eisschrank in der Küche. Im Vorbeigehen wirft er einen zweideutigen Blick auf das Mädchen, Saffron, kaum älter als zwanzig, hochgewachsen, schlank, taillenlanges schwarzes Haar und fast durchscheinende weiße Haut. Mit *The Stooges* in den voll aufgedrehten Kopfhörern hat sie sich von der Welt abgeschnitten. Und von ihm. Auch sie. Frustrierend. Sie wiegt sich im Rhythmus vor einem schmalen, hohen Spiegel, der an einem Bücherstapel lehnt, fasziniert von diesem Bild von sich selbst, in dem sie sich nicht auf Anhieb wiedererkennt.

Ein Gebrüll, an Tarzan erinnernd, Julien springt auf, wirft die Arme hoch. Die beiden anderen stürzen zu ihm. Sie stehen alle wie angewurzelt. Vor ihren Augen verändert sich das Bild auf dem

Desktop, ein neues Fenster geht auf, darin wird ein Video sichtbar, und die Boxen des Geräts fangen an, Hintergrundgeräusche von sich zu geben.

»Live aus der Wohnung vom alten Soubise.«

»Du bist bei ihm zu Hause?« Saffron kann es nicht fassen.

»Ohne Scheiß?« Erwan, die Kippe im Mund.

»*Yes, man.* Und ich kontrollier auch seine Webcam.«

Die Bilder zeigen einen weißen Raum mit hoher Decke, Haussmannsche Maße, an den Wänden Regale voller Bücher und Aktenordner und im Hintergrund eine geöffnete Tür zum Flur. Im Vordergrund ein Mann, Anfang vierzig, graumeliertes Haar, bartloses, scharfgeschnittenes Gesicht, nicht schlecht für einen Alten. Er sitzt vor sich hinpfeifend am Schreibtisch.

Soubise. Der Mann im Hintergrund. Der Feind. In Reichweite, ihnen ausgeliefert. Das Feld der Möglichkeiten, das sich vor ihnen auftut, ist schwindelerregend.

»Erklär's mir, Julien, ich versteh's nicht.« Saffron hat eine dunkle Stimme und einen merkwürdigen Akzent, in dem sich Anklänge aus dem Südwesten mit einem Hauch Englisch mischen. Ihr Nachname ist Jones-Saber. Ihre vor langer Zeit verstorbene Mutter war Französin, ihr Vater ist Engländer, und sie ist im Périgord aufgewachsen.

Julien glänzt: »Am schwierigsten war es, seine IP-Adresse zu finden. Ich habe ihm unter dem Namen seines Chefs Cardona, des großen Gurus der CEA, eine E-Mail mit einer JPG-Datei im Anhang geschickt. Und diese Virendatei hat mir die Adresse zurückgemailt.« Er frohlockt, wirft sich vor Saffron in die Brust. »Soubise ist nicht besonders vorsichtig. Er fühlt sich sicher, weil es sein privater Laptop ist.«

Erwan fasst wieder Fuß, das ist vertrautes Gelände. »Wie auch immer, dank der neuen Technologien sitzen diese Kerle jetzt im Glashaus.«

»Nein, nicht alle. Einmal bin ich schon erwischt worden.« Julien schnappt seine Bierflasche, trinkt einen Schluck und deutet auf den Bildschirm. »Okay, mit der IP-Adresse braucht man dann nur noch eine gute Software, die die Lücken einer anderen Software nutzt. Hier zum Beispiel ist der Schwachpunkt Quicktime.«

»Hör auf mit deinem Spezialistengewäsch, du siehst doch, dass du Saf' auf die Nerven gehst.«

»Nein, gar nicht, red weiter, ich mag Poesie.«

»Einfach ausgedrückt, ist der Schwachpunkt die Art, wie die letzte Version von Quicktime mit den Speicherbefehlen umgeht. Da die üblichen Firewall- und Antivirus-Programme das Programm kennen, ist seine Aktivität nicht verdächtig. Wenn man darüber eindringt, erregt das keine Aufmerksamkeit. Und mit dieser krummen Tour kann man dann spielen, man braucht nur zu wissen, welchen Code man eingeben muss.« Pause. »Und ich weiß es.« Julien triumphiert.

Soubise beugt sich zu ihnen, das heißt zu seinem PC, und Saffron und Erwan haben denselben Reflex, sie zucken zurück, erst dann schauen sie sich an und lachen.

»Eine Runde für alle!«, ruft Erwan. Er zündet den Joint wieder an, zieht einmal und reicht ihn weiter an seinen Kumpel. Dann geht er noch mal zum Eisschrank und holt weitere Bierflaschen.

Benoît Soubise konzentriert sich ein letztes Mal auf den Bildschirm, um den Schluss seiner zusammenfassenden Mail noch einmal durchzulesen. Er verbessert ein Wort, ändert zwei Kommata, kürzt einen Satz, dann schickt er sie ab und verlässt Outlook.

Das Fenster seines Arbeitszimmers steht offen, die Fassaden der ruhigen Straße im 17. Arrondissement fangen das letzte Licht des Tages ein. Der April ist dieses Jahr besonders mild. Er schaut auf die Uhr, zwanzig Uhr vorbei, und denkt, er sollte los zu dem Abendessen, das Barbara für ihn organisiert hat, auch wenn ihn die Freunde, die sie ihm vorstellen will, nicht interessieren.

Auf seinem Computer erscheint der Bildschirmschoner.

Soubise steht auf, geht ins Schlafzimmer, betrachtet sich flüchtig im Ankleidespiegel. Er überlegt kurz, ob er sich umziehen soll, und verzichtet, die Jeans werden es tun, sie sind von Armani, und das weiße Hemd ist noch präsentabel. Er fährt sich rasch durchs Haar, um es etwas zu bändigen. Er nimmt den leichten Regenmantel von der Sessellehne, im Flur im Vorbeigehen seine Autoschlüssel und verlässt die Wohnung.

Das Autoradio ist auf *France Inter* eingestellt. Die Abendnachrichten laufen, hauptsächlich Berichte über den Präsidentschaftswahlkampf. Nach den letzten Meinungsumfragen vor dem ersten Wahlgang an diesem Wochenende liegt der Kandidat der Rechten,

Pierre Guérin, weit vorn. Ihnen zufolge hat er über fünf Punkte Vorsprung vor seinem ernsthaftesten Herausforderer, Eugène Schneider, dem Champion der größten Oppositionspartei. Von den anderen zehn Kronprätendenten kann, heißt es im Kommentar des Senders, nur die Vertreterin des Zentrums noch punkten, wahrscheinlich auf Kosten Schneiders, dem sie am meisten Stimmen wegnähme.

Soubise, den Ellbogen im offenen Fenster, betrachtet die Gegend und hört zerstreut zu.

Der Moderator redet weiter über Politik, er erinnert an die Unterzeichnung des Dekrets zum Bau des EPR-Reaktors[1] in Flamanville am 11. April letzten Jahres. Guérin, derzeit Finanz- und Wirtschaftsminister und Kandidat bei den Präsidentschaftswahlen, habe heute erklärt, für wie gut er dieses Projekt halte, das eine neue Ära für die französische Atomindustrie einläute und ihren führenden Rang bekräftige. Überrascht stellt Soubise lauter und hört aufmerksam zu. Vor ein paar Monaten noch war die Haltung des Ministers ganz anders, er war entschieden gegen die neue Technologie. Warum diese Kehrtwende? Jetzt? Das Timing droht Guérins eigene Projekte zu gefährden. Es sei denn, er plant irgendeine Schweinerei.

Sobald der Moderator geendet hat, greift Soubise zum Handy und sucht die Nummer von Cardona im Telefonbuch – vielleicht hat der eine Erklärung für dieses Rätsel –, ohne zu merken, dass er von der Spur abkommt. Sein rechtes Vorderrad streift den Gehsteig, er steuert zu heftig gegen und landet in einem parkenden Lieferwagen. Aufprall, der Sicherheitsgurt spannt sich, der Airbag bläst sich auf, die Hand mit dem Telefon wird nach oben gerissen und der Apparat schlägt ihm die Augenbraue auf, die zu bluten anfängt.

Soubise steigt gereizt aus, betrachtet die Schäden, Auto kaputt, die Frontschürze schleift am Boden und streift das linke Rad. Er schaut sich mit einem langen Seufzer um. Rote Rinnsale auf seinem Regenmantel. Er flucht und wischt mit dem Handrücken darüber. Sinnlos, er vergrößert die Flecken nur. Hinter Soubise hat ein Autofahrer angehalten und fragt, ob alles in Ordnung sei. Schlägt vor, den Rettungsdienst zu rufen. Nicht nötig. Pannendienst? Gern.

Bis sein Wagen abgeschleppt ist und er seine Adresse an der Windschutzscheibe des anderen Wagens hinterlassen hat, ist Soubi-

---

1 *European Pressurized Reactor*: Atomreaktor der dritten Generation.

se schon eine dreiviertel Stunde zu spät dran. Es ist dunkel geworden und Barbara ruft an, besorgt. Er beruhigt sie, aber fürs Abendessen sagt er ab, fast erleichtert. Er müsse nach Hause, um seine verletzte Augenbraue zu desinfizieren und sich umzuziehen, und würde viel zu spät da sein. Sie bietet ihm an, zu kommen, aber er lehnt ab, sie solle sich um ihre Gäste kümmern, er werde sie anrufen, bevor er ins Bett geht, und gute Nacht sagen.

Zwanzig Minuten später setzt ein Taxi Soubise vor seiner Haustür ab. Auf seinem Stockwerk angekommen, steckt er den Schlüssel ins Schloss, dreht ihn um und erstarrt. Etwas irritiert ihn. Er braucht eine oder zwei Sekunden, um zu begreifen, dass die Tür nicht abgeschlossen war. Er schließt seine Tür immer ab. Zweimal. Vielleicht hat er es vergessen, als er heute Abend gegangen ist, aber … Geräuschlos öffnet Soubise die Tür und schleicht hinein.

Der Flur liegt im Dunkeln. Er wartet, bis seine Augen sich an das mangelnde Licht gewöhnt haben, und lauscht. Die Treppenhausbeleuchtung hinter ihm erlischt. Jetzt ist es vollkommen schwarz. Ein paar Sekunden vergehen, dann sieht er es, undeutlich, flackernd, in seinem Arbeitszimmer. Ein Lichtbündel. Eine Taschenlampe. Jemand ist hier. Jetzt hört er es auch. Tastaturgeräusche, Papiergeraschel. Er hat eine Waffe, aber die befindet sich dort, bei dem oder den Eindringlingen.

Leise geht Soubise zur Küche am anderen Ende des Flurs. Ohne den Blick von der Richtung zu wenden, aus der die Gefahr droht, ertastet er seinen Messerblock auf der Arbeitsplatte und nimmt das größte heraus.

Er geht durch die Wohnung. Das Arbeitszimmer liegt ganz vorn, zur Straße hinaus, die zweite Tür nach dem Wohnzimmer. Gegenüber das Schlafzimmer mit der Ankleide und links das Bad. Langsam nähert er sich dem Licht, kann endlich einen Blick ins Zimmer werfen. Ein einzelner Mann, der seine Rückkehr nicht bemerkt hat. Soubise tritt auf die Schwelle, in der rechten Hand das Messer, die linke auf dem Lichtschalter. Einen Moment lang mustert er die vornübergebeugte Gestalt. Breitschultrig, dunkler Parka, Kapuzenmaske, Handschuhe, sichere Bewegungen, ein Profi. Er beobachtet die Aktivität einer externen Harddisk, die mit Soubises Laptop verbunden ist. Dessen Kontrolllampe blinkt.

Immer noch keine Reaktion.

Soubise macht Licht, bleibt einen Moment geblendet stehen.

Der Mann hat sich aufgerichtet, ebenfalls überrascht. Er fängt leise an zu fluchen, dreht sich um und sieht, dass ihn der Hausherr in flagranti erwischt hat. Schnell bemerkt er das Messer. Reflexhafte, beruhigende Geste, ein Schritt vorwärts. »Warten Sie, ich erkläre es Ihnen.«

Soubise hebt seine Waffe. »Komm nicht näher.«

»Wir können uns verständigen.«

»Geh zum Fenster und dreh dich um.«

Der Einbrecher zögert.

»Mach schon!«

Der Einbrecher gehorcht.

Soubise kommt ins Zimmer, mustert einen Moment lang seinen Computer. Der Fortschrittsbalken auf dem Bildschirm ist zu drei Vierteln voll. Er kopiert meine Dateien. Warum, für wen? Soubise unterbricht den Vorgang, dann schaut er den Mann an, der ihn nicht aus den Augen lässt.

»Ich hab gesagt, du sollst dich umdrehen.«

»Besser, Sie lassen mich gehen.«

»Du bist in meiner Wohnung, du hast mich angegriffen, ich hab mich mit den verfügbaren Mitteln gewehrt. Wenn ich dich ersteche, wird kein Hahn danach krähen.« Soubise greift nach seinem Handy. »Ist also besser, wenn du das Maul hältst und gehorchst.« Er wählt die 17 und will gerade auf die Anruftaste drücken, als sein rechter Arm brutal nach hinten gerissen wird.

Ein zweiter Einbrecher. Mit einer Hand umklammert er Soubises Handgelenk und kontrolliert die Waffe, mit der anderen stößt er ihn gegen die Wand. Stark, schnell. Aufprall. Gesicht voraus, die Nase bricht. Aufprall. Das Handgelenk knallt gegen den Türrahmen und bricht. Soubise schreit auf, verliert das Messer. Dreht sich um, der zweite Angreifer, ebenfalls maskiert, setzt zu einem Fausthieb ins Gesicht an. Soubise weicht aus, wendet das Gesicht ab. Gegenangriff, blindlings, erstaunlich schnell. Der Schlag ist nicht sehr wirkungsvoll, aber er überrascht den Gegner und trifft ihn seitlich am Kopf. Der Mann weicht etwas zurück, packt Soubise an den Schultern und stößt ihn vor Wut grunzend in Richtung Schreibtisch. Soubise verliert das Gleichgewicht, taumelt nach vorn und stürzt mit der Schläfe gegen die Tischkante. Bricht leblos zusammen.

Keuchen, die beiden Maskierten stehen reglos über der Leiche.
»Wir verduften!«, sagt der eine.
Der andere rührt sich nicht.
»Mach schon, wir hauen ab!«
Endlich eine Reaktion. Die Harddisk. Sie verschwindet in einem Beutel. Dann wieder Zögern, der Computer?
»Nimm endlich die Beine in die Hand!«
Das Licht geht aus. Hastige Schritte im Flur. Sein Kumpel verdrückt sich. Der zweite Einbrecher packt den Laptop, reißt mit einer knappen Bewegung alle Kabel ab und steckt ihn in die Tasche. Dann verschwindet er ebenfalls.

Im Studio reagiert Erwan als Erster, nach einem langen Augenblick der Verblüffung. »Hast du alles?« Er schüttelt seinen Freund heftig. »Oh! Julien!« – »Lass mich los! Geht's noch!« – »Hast du alles gespeichert?« – »Ja!«
»Das Video und was er in seinem Computer hatte?«
»Ich sag doch, ja! Lass mich jetzt los!«
»Zeig's mir noch mal.«
»Wozu?«
»Ich will sehen, dass wir wirklich alles draufhaben.«
Widerwillig geht Julien zum iMac. Er braucht ein paar Sekunden, bis er so weit ist, die Maus anzufassen. Er holt tief Luft, dann fängt er an, schiebt den Cursor im Quicktime-Fenster vorwärts und hält bei der Silhouette eines Maskierten an, der sich vor der Kamera im Zwielicht zum Objektiv beugt.
Das Licht geht an.
Scheiße ... Aber was ... Warten Sie, wir können uns verständigen ...
Auftakt zu einer kurzen Auseinandersetzung, surreal, weil der dramatische Ausgang bekannt ist. Drei Gestalten beginnen ein morbides Ballett der Gewalt. Nur Soubise ist identifizierbar. Kampfgeräusche, Keuchen, Schläge, Krachen, Schmerzensschrei, blutendes Gesicht, Klagelaute, Grunzen. Weitere Schläge, Möbel fallen um, Stöße, ein Körper fällt.
Dann nichts mehr, nur noch Keuchen. Und das dringende Bedürfnis, etwas zu tun.
Julien hält den Film an.
Saffron zittert. »Dieser Typ, Soubise, ist tot.«

Sie wissen es alle drei, es geht jetzt nicht mehr bloß ums Hacken, sie sind in einen Einbruch und Überfall, wahrscheinlich mit Todesfolge, verwickelt. Und zwar nicht auf irgendwen. Der Ärger, der auf sie zukommen kann, ist ungleich größer geworden.

Erwan stellt die Frage, die allen dreien durch den Kopf geht.

»Julien, kann man das bis zu uns zurückverfolgen?«

Julien zuckt die Achseln, senkt die Augen, zögert. »Normalerweise müssten wir sicher sein.«

»Normalerweise?« Erwan regt sich auf. »Was soll das heißen, normalerweise?«

»Normalerweise heißt normalerweise. Ich hab deine IP-Adresse gespoofed, um sie zu verstecken, und bin über mehrere Apparate und Server gegangen, bevor ich die Verbindung zum Computer dieses Blödmanns hergestellt hab. So wäre er nie bis zu dir gekommen, aber ...«

»Aber?«

»Wie konnte ich wissen, dass zwei Kerle bei ihm einbrechen und seinen Laptop klauen würden? Wusstest du es? Wenn sie sich das System anschauen, werden sie rausfinden, dass jemand drin war! Dann fangen sie an zu suchen, wer das war, das ist sicher. Und wenn sie gut sind, wird es dauern, aber sie werden es rausfinden.« Wie um sich weiter zu rechtfertigen, fügt Julien hinzu: »Es sollte diskret sein, so ein Scheiß war nicht vorgesehen!«

Erwan murmelt zwischen den Zähnen »Wenn sie gut sind«, dann explodiert er: »Verflucht noch mal!« Eine Zeitlang Stille. Er geht langsam durchs Zimmer, stützt sich einen Moment aufs Fensterbrett, holt tief Luft.

Die beiden anderen schauen ihn an, warten. Erwan kommt zu ihnen zurück. »Okay, wir müssen uns beruhigen. Und nachdenken.«

Alle drei setzen sich im Kreis auf die Kissen.

Erwan müsste reden, aber er bleibt stumm, also fängt Saffron an, mit unsicherer Stimme. »Müssten wir nicht die Polizei rufen?«

Die beiden Jungen füsilieren sie mit Blicken und Erwan antwortet: »Sicher nicht! Das ist das Letzte, was wir tun dürfen. Julien ist schon mal verurteilt worden, weil er sich in Computersysteme gehackt hat, und seine Bewährung würde aufgehoben. Er käme sofort ins Gefängnis. Und ich hatte schon heftige Auseinandersetzungen mit Soubise. Genau deshalb sind wir heute Abend hier.

Kommt also nicht in Frage, dass wir mit den Bullen reden, ist zu riskant.«

Julien schlägt vor, das Video ins Netz zu stellen. »Das ist unsere beste Chance. Wenn es erst mal öffentlich ist, sind wir mehr oder weniger in Sicherheit.«

Erwan überlegt einen Moment. »Ist es möglich, herauszufinden, wer eine Datei auf eine öffentliche Videowebsite gestellt hat?«

»Nicht so leicht. Und wir können uns verstecken, damit wir nicht so schnell identifiziert werden können, aber ... Es gibt immer ein Risiko.«

»Dann nicht, nicht ins Netz.«

»Verdammt, Erwan!«

»Nicht ins Netz! Nicht sofort. Uns bleiben noch zwölf Tage bis zu unserer Operation. Nach dem, was heute Abend passiert ist, wird es eine Untersuchung geben. Wenn wir darein verwickelt werden, werden wir verhört, auf die eine oder andere Art in die Enge getrieben, und *Gédéon* fällt ins Wasser, das kommt nicht in Frage. Wir verzichten nicht auf eine Aktion, die wir seit sechs Monaten vorbereiten, ein echt großes Ding, von dem alle träumen und das noch nie jemand durchgezogen hat.«

»*Gédéon*? Und was passiert, wenn deine Profis uns vorher finden?«

»Wir verschwinden. Wir haben schon alles geplant, oder? Maximal zwei Wochen müssen wir durchhalten, simple Routine.« Stille, dann steht Erwan auf. »Sehr gut, die Entscheidung ist getroffen. Die üblichen Sicherheitsmaßnahmen. Julien, du weißt, wo du hingehen musst, und arbeitest weiter an *Gédéon*. Saf', ich nehm dich mit, ich bring dich in Sicherheit, dann geh ich in mein Versteck.«

Saf' seufzt und nickt.

Erwan nimmt ihr Gesicht in die Hände. »Ich kümmere mich um das Video, wenn *Gédéon* gelaufen ist. Versprochen! Und jetzt *action*!«

In den folgenden Sekunden beginnt das Klarmachen zur Flucht.

Julien kümmert sich um den Computer. Nachdem er die Festplatte so gut wie möglich gesäubert hat, schaltet er den iMac ab und verstaut ihn in einem großen Müllsack. Dann gibt er Erwan den USB-Stick. »Die Dateien, die ich Soubise geklaut habe. Mit dem Video. Das ist die einzige Kopie. Wäre besser, noch eine zu machen.«

»Nein, die hier genügt. Die Info kontrollieren, erinnerst du dich? Saf'?«

Die junge Frau, dabei, alle Spuren ihrer Anwesenheit im Studio verschwinden zu lassen, dreht sich zu Erwan um.

»Du bewahrst ihn auf. Julien und mich kennen die Bullen. Dich hat niemand auf dem Radar. Außerdem wird Julien beschäftigt sein, und ich muss mich bewegen können, es ist riskanter, wenn ich ihn habe. Da.«

Saffron zögert, dann streckt sie die Hand aus. Der Stick verschwindet in einer Tasche ihrer Jeans.

Das Aufräumen dauert bis nach Mitternacht.

»Von jetzt an Schluss mit den Handys. Ihr werft eure Chips und eure Batterien weg. Alle Kontakte laufen über Facebook, mit dem gültigen Code. Und Treffen finden am gewohnten Ort statt.«

Sie brauchen noch eine gute Stunde, um ein paar Sachen einzupacken und zu prüfen, ob nichts in der Wohnung bleibt, das sie verraten oder *Gédéon* in Gefahr bringen könnte. Und eine weitere, um ein letztes Bier zu trinken, bis sie sich entschließen können, sich zu trennen.

Als sie die Wohnung gegen zwei Uhr morgens verlassen, verfehlt Julien, angespannt und ungeschickt, im engen Treppenhaus eine Stufe und lässt fluchend den Mac fallen. Entnervt steht er wieder auf, lehnt die Hilfe der beiden anderen ab. Geht weiter. Ein paar Minuten später wird der Computer in Saffrons altem schwarzen Golf verstaut, Erwan und Saf' steigen ein, und Julien geht zu Fuß in die Nacht.

2. Samstag

Ein anthrazitgrauer Peugeot 307 hält vor einem Gusseisenarchitektur-Gebäude in der Parallelstraße der Rue de Réaumur, direkt vor der Kreuzung Sébastopol. Darin zwei Männer. Der Beifahrer, ein großer, kräftig gebauter Schwarzer mit kurzen Haaren in einem dunkelblauen Parka steigt aus, einen Beutel in der Hand. Drei rasche Schritte, und er steht unter einem düsteren Portalvorbau. Er tippt den Code ein, drückt die schwere Metalltür auf und verschwindet.

Im ersten Gebäude, zur Straße hin, lauter Konfektionswerkstätten und Showrooms für Prêt-à-porter-Mode. Er geht durch einen düsteren Gang und kommt in einen Hof, der vom Neonlicht des Lofts im Erdgeschoss erhellt wird. Die einzigen Lebenszeichen sind seine gummisohlengedämpften Schritte und das durch die mattierten Scheiben verunreinigte bläuliche Licht.

Die Tür, die er sucht, liegt direkt neben dem Mülleimerunterstand. Neben der Tür ein Schild: *SISS – Société Info Services Sécurité* (Gesellschaft für Informations- und Sicherheitsdienste). Der Mann horcht, gedämpftes Klimaanlagengeräusch, und klopft.

Nach ein paar Sekunden öffnet ihm ein schmerbäuchiger Bärtiger, der offenbar allein ist. Hinter ihm mehrere Schreibtische, Computer und auf dem Boden ein Wirrwarr von Kabeln. »Tag, Jean.« Ohne abzuwarten, streckt er mit argwöhnischer Miene die Hand aus.

Der Beutel wechselt den Besitzer.

»Wir haben auch den Laptop mitgenommen.«

Überraschung, mit Angst gemischt. »Warum?«

Der Schwarze antwortet nicht, fragt stattdessen: »Wann?«

»Das war nicht vorgesehen!«

»Geht dich nichts an. Wann?«

Zögern. »Morgen früh um acht, hier.« Der Bärtige macht die Tür wieder zu.

Scoarnec steuert den alten Volkswagen präzise und vorsichtig über die kleinen Landstraßen in der Pariser Umgebung.

Saffron neben ihm, hypnotisiert von dem Asphalt, der im Licht der Scheinwerfer vorbeizieht, sieht in einer Endlosschleife die Szene wieder vor sich, die sie im Video zweimal mitangesehen haben. Er ist tot. Ihr Verstand ist blockiert. Sie weiß nicht, wo sie ist, sie weiß nicht, wohin sie fährt. Ein Blick zu Erwan. Er scheint ruhig. Sie ist unfähig zu sprechen. Ihre Nerven liegen blank. Sie spürt schmerzhaft den Stoff ihrer Jeans an den Beinen. Der USB-Stick in ihrer rechten Tasche brennt auf ihrem Schenkel.

Erwan hält vor dem Tor eines verlassen wirkenden Anwesens, parkt am Rand eines Weges und hilft Saffron beim Aussteigen. »Wir sind da. Hier kannst du dich bis *Gédéon* verstecken.« Lächeln. »Ich bin sicher, es wird dir gefallen.« Er nimmt sie an der Hand, zieht sie einen Pfad unter Bäumen entlang. Die Dunkelheit dort ist schwärzer als schwarz.

An seinen Arm geklammert geht Saf' mit halbgeschlossenen Augen, wie eine Schlafwandlerin.

Vor der Tür eines massiven Gebäudes macht Erwan Halt. Nicht weit entfernt in der Dunkelheit das Plätschern von Wasser. Er klingelt. Um diese Zeit? Im ersten Stock wird es hell, dann im Erdgeschoss. Die Tür geht auf. Sie werden geblendet.

Eine große Frau im Morgenrock, breites, weißes Gesicht mit vorspringenden Backenknochen, zwei blassblaue Augen, ins Kupfer spielende rote Mähne. »Erwan!« Sie umarmt ihn. Ohne einen Blick für Saffron.

»Ich hab dir eine Freundin mitgebracht, Sylvie Jeansaint. Ich vertrau sie dir ein paar Tage an. Es ist wichtig, Tamara.«

Schneller Blick zu Saf'. »Wenn du's sagst. Aber nur unter einer Bedingung: Du bleibst übers Wochenende hier.« Tamara dreht sich um, bevor er antworten kann, holt einen Schlüssel aus einem Schrank und reicht ihn Erwan. »Der rote Pavillon, du kennst ihn schon. Du nimmst das rechte Appartement, das linke ist schon besetzt. Maurice lässt Gérard das Stück lesen, das er für ihn geschrieben hat.« Sarkastische Schnute. »Kannst dir's vorstellen.« Die Frau grüßt mit einer Handbewegung und macht die Tür wieder zu.

Saffron ist völlig verloren.

Roter Pavillon. Kleines Appartement, komfortabel. Im Livingroom stechen die Blautöne eines Nicolas de Staël grell von der scharlachroten Wand ab. Im beruhigenden weißen Schlafzimmer ein Gemälde des Fujiyama im Frühling.

Saf' beginnt lautlos zu weinen.

Erwan führt sie sehr sanft zu dem makellosen großen Bett, zieht sie mit behutsamen, keuschen Gesten aus und hilft ihr, unter die Bettdecke zu kriechen. Auf dem Rücken liegend, mit geschlossenen Augen und nassem Gesicht, lässt sie sich gehen.

Erwan holt im Bad ein Glas Wasser, durchsucht den Toilettenschrank, findet wie erwartet ein Sortiment Schlafmittel und trifft umsichtig seine Wahl. Saf' ist nicht an Schlaftabletten gewöhnt. Er kommt ins Schlafzimmer zurück, lässt sie die Kapseln schlucken, setzt sich auf die Bettkante und hält ihre Hand. Kaum eine Minute später schläft sie.

Vier Uhr morgens, der graugesichtige junge Polizeioffizier, der die Männer von der *Brigade criminelle* empfängt, sieht sauer aus. Er hatte im Kommissariat des 17. Arrondissements Bereitschaftsdienst, als der Anruf kam. Endlich mal was Interessantes. Aber es gibt noch weitere Bereitschaften in Paris, bei der Staatsanwaltschaft und am Quai des Orfèvres. Und bei der Polizei herrscht die unerbittliche Realität der Nahrungskette, wie anderswo auch. Ein Verbrechen gehört der Kriminalpolizei. Vor allem wenn sie in dem Moment nicht viel zu tun hat.

Also zieht er ein langes Gesicht, der müde kleine Leutnant in Uniform, als er den drei Herren in Zivil voraus die mit rotem Läufer belegten Treppen zu Soubises Wohnung hinaufsteigt. »Seine Lebensgefährtin hat uns angerufen. Gegen zwei Uhr früh. Sie hatte ihn gerade gefunden.«

Er wendet sich an den Mann direkt hinter ihm, den freundlichsten von den dreien.

Anfang vierzig, nicht sehr groß, braune Mähne, Seitenscheitel, Brille. Ein Playmobilschnitt über einem Allerweltsgesicht. Wildlederblouson, Jeans und Slipper. *Commandant Michel Pereira, Criminelle*, hat er sich vorgestellt. Commandant. Und er spricht auch am meisten. Wahrscheinlich der Teamchef.

»Gefunden? War sie nicht bei ihm?«

»Nein. Sie lebt nicht mit ihm zusammen.«

»Verheiratet? War sie seine Geliebte?«

»Ledig, also nein. Sie waren nicht verheiratet. Sie waren zusammen, aber noch nicht so lange. Heute Abend hatte sie Gäste bei sich zu Hause. Das Opfer, ein gewisser Benoît Soubise, sollte auch kommen, aber er hat abgesagt. Autounfall, angeblich. Jedenfalls sagt sie das.«

»Was wollte sie dann hier? War es ausgemacht, dass sie danach zu ihm kommt?« Der so unausgegoren fragt, folgt direkt hinter Pereira. Mit seinen Turnschuhen und dem städtischeren, jugendlichen Outfit ist er wahrscheinlich ein unterer Dienstgrad. Einfacher Polizist. *Thomas* hatte er nur gesagt, als er ihm die Hand gab.

»Der Frau zufolge wollte er wieder anrufen und hat es nicht getan. Sie hat sich Sorgen gemacht und ist zu ihm gefahren.« Der Polizeioffizier vom 17. zögert. »Sie ist ziemlich erschüttert. Glaube ich zumindest.«

Als die vier Männer Soubises Stockwerk erreichen, sagt der letzte Typ von der 36², der bis dahin noch nicht den Mund aufgemacht hat, nicht mal um guten Tag zu sagen, sich im Hintergrund gehalten und überall umgeschaut hat: »Sagen Sie mir den Namen der Lebensgefährtin noch mal?«

Der kleine Leutnant dreht sich überrascht zu Pereira um und erntet nur ein wohlwollendes Lächeln. So antwortet er dem großen Hageren, der ein sehr elegantes schwarzes Samtjackett trägt und in so gebieterischem Ton spricht, dass klar wird, wer hier zu befehlen hat: »Barbara Borzeix. Sie wohnt in der ...«

»Das sehen wir noch. Ist sie das unten bei den Feuerwehrleuten?«

»Ja.«

Unverzüglich erhält Thomas, *Toto*, den Befehl, sich um die Frau zu kümmern, zu prüfen, ob sie in Ordnung ist, und wenn ja, sie *zu ihnen* zu bringen und um Geduld zu bitten. Dann wendet sich *schwarzer Samt* an ihren Gastgeber vom Siebzehnten und begrüßt ihn endlich. »Pétrus Pâris«, die Hand ist schmal und zart, der Händedruck fest, »nach Ihnen.« Und er schubst den Polizeioffizier in die Wohnung vor ihnen, die offen ist, wobei er sich bemüht, den Techniker von der Spurensicherung, der an der Tür arbeitet, nicht zu stören. Tatsächlich ist er der Teamchef.

Der andere, Pereira, ist nur der Stellvertreter. Der zeigt beim Eintreten auf das Schloss. »Einbruchspuren?«

»Keine.«

»Die Leiche?« Immer noch Pereira.

»Hinten im Arbeitszimmer.«

»Todesursache?« Pâris.

Diese beiden kennen sich in- und auswendig.

»Der Gerichtsmediziner ist dran, er wird es Ihnen vielleicht sagen können. Der Mann hat sich geprügelt, das ist sicher, in dem Zimmer herrscht Chaos. In der Nähe des Toten haben wir ein Küchenmesser gefunden, aber niemand hat es eingesetzt. Jedenfalls nicht gegen das Opfer.«

Sie gehen durch den Flur und bleiben auf der Schwelle zum Tatort stehen, neben einem Mann in Zivil. Dem Arzt. Begrüßungen,

---

2 36 ist die Nummer des Hauses am Quai des Orfèvres, in dem die Kriminalpolizei residiert.

die zwischen alten Bekannten üblichen nachlässigen Höflichkeiten. Im Zimmer weitere Techniker, Ausrüstung, Markierungen. Eine Leiche. Heruntergeleierte Erklärungen zur Todesursache. Die Todeszeit scheint mit den Aussagen der Frau übereinzustimmen, zwischen zwanzig Uhr und zwei Uhr morgens. Es hat einen Kampf gegeben. Das Handgelenk und die Nase des Opfers sind gebrochen, eine Augenbraue verletzt und der Schädel auf der linken Seite eingeschlagen. Diese Verletzung hat wohl zum Tod geführt. Wahrscheinlich auf eine Tischkante aufgeschlagen. Der Schreibtisch ist markiert.

Pâris mustert das billige Möbelstück aus dunklem Holz, Typ Ikea, von weitem. Er bemerkt den Drucker rechts, auf einem Metallrollkasten mit Schubladen, und die leere Tragtasche des Laptops links auf dem Boden. Papiere liegen verstreut herum. Herunterhängende Kabel. Es fehlt etwas. Ein Computer zum Beispiel. Zerstreut hört er jemand sagen: *schiefgegangener Einbruch*. Er wendet sich an Pereira, der ihn beobachtet, deutet mit dem Kinn zur Mitte des Raums. »Und im Rest der Wohnung irgendwas Besonderes?«

»Nein, auf den ersten Blick ist nichts angerührt worden. Unser Mann hatte noch seine Papiere bei sich, Bargeld, eine teure Uhr. Ebenso im Schlafzimmer, eine weitere, ältere Uhr aus Gold, und zwei oder drei Kleinigkeiten, Kette und Siegelring, ebenfalls aus Gold, in einer Schatulle auf dem Nachttisch. Meiner Meinung nach ist er zurückgekommen und hat den oder die Einbrecher überrascht. Sie hatten keine Zeit, irgendwas mitzunehmen.«

Außer dem Computer vielleicht. Komischer Einbruch. Wieder ein Blick von Pâris zu Pereira, der mit einer Grimasse und einem Nicken antwortet.

Eine Stunde später sind die Jungs vom Siebzehnten fast alle verschwunden. Auch Pâris ist zum Quai des Orfèvres zurückgekehrt. Pereira ist noch da. Mit ihm Ange Ballester, der Pedant, ein athletischer Mittdreißiger – er ist Langstreckenläufer –, sehr gepflegt, der inzwischen angekommen ist, um die Arbeit der Techniker zu überwachen. Für den Augenblick sucht er vor allem den Schlüssel zu einem gepanzerten Kästchen, das er in einem der Schränke von Soubises Arbeitszimmer entdeckt hat.

Ebenfalls vor Ort Estelle Rouyer und Claude Mesplède, zwei der drei Beamten, die Pereira in die anderen Stockwerke geschickt hat, um die Nachbarn zu befragen, als die anderen Bewohner sich über den Trubel aufzuregen begannen.

»Ich hab ihn.« Und *last but not least* Yves Coulanges, genannt *La Coule*, ein gut aussehender Blondschopf, der Querdenker laut Pâris.

»Wo war er?«

»Im Badezimmer. In einem Korb mit Kämmen, Bürsten und Deodorants.«

»Komischer Platz für ein Versteck.«

»Gar nicht. Wärst du drauf gekommen?«

»Du bist es.«

Coulanges zuckt die Achseln und geht vor Pereira zu dem Kästchen. Er schließt auf und öffnet es. Darin ein paar Goldstücke, persönliche Papiere, eine Box Visitenkarten mit dem Logo der CEA[3], ein Ersatzmagazin und eine Glock 19 im Holster. Ein Polizeiausweis mit der Trikolore. »Verflucht, dieser Soubise war ein Kollege.«

Die 36, zwei winzige, niedrige Zimmer hintereinander unter dem Dach, kaum voneinander getrennt und vollgestopft mit den verwaltungsüblichen genormten Metallmöbeln. An schlechten Tagen arbeiten hier acht Personen, das ganze Team von Pâris. Gedämpftes Licht, Computer aus grauer Vorzeit, an den Wänden abgenutzte, verwaschene Pastellfarbe, eine schwächliche Grünpflanze im Duell mit drei kümmerlichen Kakteen. Auf den Schränken Verpackungsmaterial und leere Flaschen *Single malts*. Hinter jedem Bürosessel Nippes nach dem Geschmack des Arbeitsplatzinhabers oder Fotos.

Und ganz hinten in dieser Höhle sitzt Pâris, der leise spricht. Hinter ihm nur ein einziges Foto. Eine Frau um die vierzig mit zwei jungen Mädchen. Seine Familie. Hinter ihm.

Ihm gegenüber Barbara Borzeix. Groß, mit einer eindrucksvollen, kastanienbraunen, goldschimmernden Mähne. Schlichte, aber geschmackvoll gewählte Kleidung. Verführerisch, sogar im Schmerz. Sie hat nicht geweint, nicht vor ihnen. Die Beine übereinandergeschlagen, verschlossen, presst sie einen Becher mit schwarzem Kaffee in den Händen. Sie hat ihn noch nicht angerührt.

---

3 Commissariat à l'énergie atomique – Kommissariat für Kernenergie; oberste Atombehörde Frankreichs, die in den Bereichen Energie, Verteidigung, Informationstechnologie, Biowissenschaften und Gesundheit tätig ist.

»Sie kennen also Monsieur Benoît Soubise seit vier Monaten. Wie haben Sie sich kennengelernt?«

»Beim Poker.«

»Spielen Sie oft?«

Borzeix nickt schwach. »Wenn ich die Gelegenheit habe.«

»In Klubs oder privat?«

»Beides.«

»Und Sie haben sich wo getroffen?«

»Im *Aviation Club* an den Champs Élysées.«

Kurze Pause.

»Seit wann sind Sie zusammen ausgegangen?«

»Seit etwas über zwei Monaten.«

Tastaturgeklapper von Thomas, der im Hintergrund die Aussage mitschreibt.

Neben ihm steht Leutnant Pierre-Marie Durand, der letzte Neuzugang der Gruppe. Auch er sehr groß, sehr schlank, Typ Intellektueller, immer ein Buch in Reichweite, sehr auf Sprache und Orthographie der Protokolle bedacht.

Eine Manie, die Thomas auf die Nerven geht.

Noch ein vierter Mann ist im Raum, ein ungebetener Gast. Auch er ist gerade erst in ihrem Umkreis aufgetaucht. Er heißt Nicolas Fourcade und ist stellvertretender Staatsanwalt. Ein kleiner Neuer. Vollkommen kahl, Brillengläser, die genauso rund sind wie sein Gesicht und seine verdutzten Augen vergrößern. Er hat darauf bestanden, bei der Aussage der Zeugin anwesend zu sein. Zur Kontaktaufnahme und Eingewöhnung.

Genug, um Pâris misstrauisch zu machen. Er fragt weiter. »Was hat Ihr Lebensgefährte so gemacht?«

»Er war nicht mein Lebensgefährte.«

»Was dann?«

Borzeix öffnet den Mund, um zu antworten, und macht ihn unentschlossen wieder zu. »Ich weiß nicht. Vielleicht doch mein Lebensgefährte, ja.«

»Lassen wir das. Also, was hat er gearbeitet?«

»Verkaufsingenieur. Für die EGT.«

»EGT?«

»Électricité générale et technique.«

»Was verkauft die EGT?«

»Industrie-Schaltschränke. Sie beliefert die EDF[4] und vor allem die Areva[5] ... den Atom-Konzern.«

Belustigtes Lächeln von Pâris über diese Präzisierung. Sie scheint zu glauben, dass ich nicht weiß, was die Areva ist.

Borzeix bemerkt es.

»Kommen wir zum Ablauf dieses Abends zurück. Er sollte zum Abendessen zu Ihnen kommen, richtig?«

Borzeix nickt, dann berichtet sie von den Ereignissen des Abends, so wie sie sich daran erinnert. Der Anruf, der Unfall, die aufgeschlagene Augenbraue.

Damit ist schon eine der Verletzungen erklärt.

Unterbrechung von Fourcade, der Genaueres wissen will.

Gereizt fällt Pâris Borzeix, die antworten will, ins Wort, dazu kämen sie später. Er bittet sie, fortzufahren, was nach dem Pannendienst passiert ist und wann genau Soubise in seine Wohnung zurückgekehrt ist. Ihr zufolge.

»Kurz nach einundzwanzig Uhr dreißig, denke ich.«

»Sind Sie sicher?« Wieder Fourcade.

Borzeix nimmt ihr Handy aus der Handtasche, überfliegt die Anrufliste und schaut auf. »Ich habe ihn um einundzwanzig Uhr siebzehn angerufen. Da wurde sein Wagen gerade vom Pannendienst abgeholt. Er wohnt Richtung Place des Ternes und sein Unfall geschah, wie er sagte, in der Avenue Trudaine.«

»Wir werden das überprüfen, nicht wahr, Commandant?«

Pâris mustert den stellvertretenden Staatsanwalt, der nicht mit der Wimper zuckt, über die Schulter von Borzeix hinweg. Der Blick ist nicht freundlich. »Fahren Sie fort.«

»Er hat sicher nicht lange für den Heimweg gebraucht, wenn er sofort ein Taxi gefunden hat.«

»Okay, er kommt also zwischen einundzwanzig Uhr dreißig und einundzwanzig Uhr fünfundvierzig zu Hause an. Und dann?«

Leichte Überraschung. »Und dann? Wie soll ich das wissen?«

»Sie haben versucht, ihn zu erreichen, oder?«

»Ja, mehrmals. Aber viel später. Als meine Gäste gegangen waren.

---

4 Staatliche französische Elektrizitätsgesellschaft.
5 Der französische Industriekonzern Areva ist Weltmarktführer auf dem Gebiet der Atomtechnologie; er befindet sich in Staatsbesitz.

Ich war besorgt. Er hatte mich nicht wieder angerufen, wie er versprochen hatte. Ich habe mich gefragt, ob sein Unfall nicht schlimmer war, als er dachte, ob ihm schlecht geworden war.«

»Um wie viel Uhr war das?«

»Ich weiß nicht, ein Uhr oder viertel nach ein Uhr morgens.«

»Was haben Sie dann getan?«

»Ich bin zu ihm gefahren, um zu schauen, ob alles in Ordnung ist.«

Borzeix berichtet, dass bei ihrer Ankunft die Tür offen stand, sie sei hineingegangen und habe den Leichnam gefunden. Nach dem ersten Schock habe sie die Feuerwehr angerufen. Die dann die Polizei alarmierte. Die Fortsetzung wüssten sie.

»Es war also ein schiefgegangener Einbruch?«

»Wie kommen Sie darauf?«

Zum ersten Mal dreht sich Borzeix zu Fourcade um. »Das haben die anderen Polizisten vorhin gesagt.«

»Wir wissen es nicht. Vielleicht.« Pâris scheint einen Moment zu zögern, dann entschließt er sich. »Hatte Ihr Lebensgefährte einen Computer zu Hause? Einen tragbaren?«

»Ich weiß nicht. Möglich. Wahrscheinlich.« Kurze Pause. »Ja, ich glaube, ich habe ihn einmal mit einem tragbaren gesehen. Warum?«

Pâris kommt nicht zum Antworten, sein Handy auf dem Schreibtisch fängt an zu vibrieren. Pereira. Er nimmt ab, »Sag mir alles«, hört ein paar Sekunden zu. »Ich verstehe. Kommst du?« Wieder Stille. »Okay, bis gleich.« Er legt auf und schaut Borzeix lange an, bevor er wieder zu sprechen beginnt. »Was war noch der Beruf Ihres Lebensgefährten?«

Fourcade hört eine ganz leichte Spannung in Pâris' Stimme. Borzeix ebenfalls. »Verkaufsingenieur. Was ist denn?«

»Und Sie, in welchem Bereich arbeiten Sie?«

»Wirtschaftsrecht. Was ist denn los?«

»Sie sind Juristin? Anwältin?«

»Bis 2004 Anwältin. Dann bin ich in die Rechtsabteilung einer Hoch- und Tiefbaufirma gewechselt, die ich seit letztem Jahr auch leite.«

»Welche Firma?«

»PRG.«

Pâris hält einen Moment inne. PRG, der Picot-Robert-Konzern. Einst, in einem anderen Leben, war er bei einer anderen Polizei. Borzeix, jung, schön und vor allem brillant. Sie kontrolliert die ganze Rechtsabteilung der Nummer eins der französischen Betonunternehmen. Auf einen Schlag sitzt nicht mehr dieselbe Frau vor ihm.

»Ich verlange, dass Sie mir antworten, was ist los?«

»Commandant? Können wir uns unter vier Augen unterhalten?«

Fourcade macht Anstalten, aufzustehen.

»Das wird nicht nötig sein, Monsieur. Mademoiselle Borzeix«, Bedürfnis, das achtunddreißigjährige Fräulein auf seinen Platz zu verweisen, »sehen Sie einen einzigen guten Grund, warum Monsieur Soubise, Ihr Lebensgefährte«, Pâris insistiert auf diesem Wort, »Sie über seine wahre Tätigkeit belogen hat?«

Verwirrung. Nicht gespielt. Das kann Pâris unterscheiden, schon lange.

»Was heißt das?«

»Der verstorbene Benoît Soubise war offenbar Polizeioffizier, wie ich.«

Ein Schlag für Borzeix. Schwankend stellt sie ihren immer noch unberührten Kaffee auf den Schreibtisch. Nach ein paar Sekunden bekommt sie wieder etwas Farbe.

Fourcade sagt ausnahmsweise nichts.

Pâris ist es zufrieden und fängt wieder an. »Das ist alles sehr merkwürdig. Ein Mann wird in seiner Wohnung überfallen, er stirbt. Gestohlen wird nichts. Seine Lebensgefährtin findet den Toten, und es scheint so, als hätte er sie über sein Leben belogen. Und über seine Arbeit als Polizist. Es sei denn, dass Sie uns an der Nase herumführen. Haben Sie etwas zu verbergen, Mademoiselle Borzeix? Besser, Sie sagen es uns jetzt, denn früher oder später finden wir es doch heraus.«

Der Blick von Borzeix, bis dahin ratlos und verloren ins Leere gerichtet, kehrt zu Pâris zurück, eisig.

Sie hat sich schnell wieder gefasst, die kleine Dame.

»Was unterstellen Sie mir?«

»Im Moment nichts.«

»Ich war den ganzen Abend mit Freunden zusammen. Am anderen Ende von Paris. Rufen Sie sie an, sie werden es Ihnen bestätigen.«

»Das werden wir tun. Aber zunächst müssen wir uns mit Ihnen befassen. Und ich glaube, das wird länger dauern als vorgesehen. Kann ich Ihnen noch einen Kaffee anbieten?«

Aus dem Augenwinkel bemerkt Pâris, dass Fourcade ihn aufmerksam beobachtet. Der stellvertretende Staatsanwalt hat schnell begriffen, dass die Geschichte eine neue Wendung genommen hat. Die eine Karriere befördern – oder zunichte machen könnte.

Wieder in den Räumen des SISS. Es ist kurz nach acht Uhr morgens. Draußen ist es hell, ein schöner Tag, aber die Räume sind immer noch in künstliches Neonlicht getaucht. Ein unangenehmer Geruch nach kalter Pizza hängt in der Luft.

In einem durch Mattglasscheiben abgetrennten Bereich, der für Versammlungen und als Lager für Elektronikelemente dient, mit denen niemand etwas anfangen kann, berichtet der Bärtige vom Vortag, mit graugrünen Ringen unter den Augen wegen der durchwachten Nacht, von seinen Entdeckungen. »Eure Datenübertragung war unvollständig und nicht zu entziffern.« Er deutet auf die externe Harddisk, die am Vorabend bei Soubise benutzt wurde. »Zum Glück hatte ich den PC.«

Jean, der große Schwarze, der zu seiner Linken sitzt, deutet ein Lächeln an, ohne den Blick von der schmutzig weißen Decke zu nehmen. Neben ihm sitzt ein anderer Mann, kleiner, knochig, rothaarig, ein Kläffer. Er heißt Michel und scheint sich nicht gerührt zu haben, seit er den Hintern auf den Stuhl gepflanzt hat.

»Das System war passwortgeschützt. Manche Dateien auf der Festplatte auch. Nichts besonders Schwieriges, ich konnte alles retten. Ich hab euch Kopien gemacht.«

Der Bärtige schiebt zwei DVD-RW auf dem Tisch zu dem letzten Teilnehmer der kleinen morgendlichen Party, einem Mann unbestimmten Alters mit einem jugendlichen Gesicht unter gepflegtem, graumeliertem Haar. Knapp vierzig? Er trägt einen gut geschnittenen grauen Dreiteiler und Krawatte, sogar am Samstagmorgen. Er ist der Chef der beiden anderen Knilche, derjenige, der die Rechnungen des Informatikers zahlt. Bar. »Bringt ihr den Computer zurück?«

»Dafür ist es ein bisschen zu spät.«

Jean und Michel mucksen sich nicht.

»Na gut, dann gebe ich ihn am Montag einem von meinen Jungs, damit er ihn gründlich untersucht. Vielleicht sind noch Dateien drauf, die schlecht gelöscht worden sind und die man noch retten kann.«

»Ist das wirklich nötig?«

»Sie entscheiden, aber man weiß nie.«

Der Auftraggeber winkt lässig *Machen Sie nur*. »Können Sie uns einen Augenblick allein lassen?«

Der Bärtige nickt und geht hinaus.

Nach ein paar Sekunden: »Der Mist, den ihr gebaut habt, hilft uns nicht gerade.« Der Ton bleibt höflich, aber darunter hört man den Zorn.

»Es war ein Unfall«, erwidert der Rotschopf angespannt und rutscht auf seinem Stuhl hin und her.

»Ihr wart zwei gegen einen, gab es keine Möglichkeit, ihn unblutig zu neutralisieren?«

»Er hat Jean mit dem Messer bedroht, er war rasend vor Wut.« Michel dreht sich zu seinem Komplizen um, der nickt. »Wir haben getan, was wir konnten. Entweder das, oder wir hätten riskiert, dass er uns enttarnt.«

Der Mann im grauen Anzug nickt und dankt im Stillen dem Himmel, dass Soubise seine Dienstwaffe nicht zur Hand hatte. »Ich war heute dort. Die *Brigade criminelle* ist eingeschaltet worden.«

Lange Stille. Die Crim', das ist keine gute Nachricht.

»Na gut, und was machen wir?« Jeans Stimme ist ruhig.

»Euer Auftrag ist beendet, also macht ihr euch ganz klein, bis wir mehr über die Fortschritte der Ermittlung wissen. Mit etwas Glück hat euch niemand gesehen und alles ist gut in der besten aller Welten. Ihr habt nur den Computer mitgenommen?«

»Ja.«

Der graue Anzug zieht eine Grimasse.

»Was?«, fragt Michel unsicher.

»Sie werden sich fragen, warum nur der Laptop verschwunden ist. Vor allem wenn sie herausgefunden haben, wer Soubise war.«

Der Rotschopf stößt seinen Stuhl zurück und springt auf, gereizt. »Ich hab's dir gesagt, wir hätten bleiben und noch anderes Zeug klauen sollen!«

»Du bist doch abgehauen wie eine gesengte Sau!«

»Was?«

Die beiden Schläger starren sich ein paar Sekunden lang herausfordernd an, dann haut der Chef mit der flachen Hand auf den Tisch, um das Ende der großen Pause anzuzeigen. »Beruhigt euch. Es ist ohnehin zu spät und nicht mehr zu ändern. Ich werde nachdenken, wie ich den Mist, den ihr angerichtet habt, am besten aus der Welt schaffe.« Jemand mit so einer Karriere wie Soubise hat sich wohl kaum nur Freunde gemacht, ich werde schon etwas finden.

Saffron erwacht, wie aus dem Koma. Zimmer unbekannt. Großes Bett. Kopfkissen und Laken neben ihr sind zerknüllt, das Bett ist benutzt worden. An der Wand die elegante Silhouette des Fuji. Wo bin ich? Der Film von Schlägerei und Tod, live, Voyeurismus und Schuldgefühl, auf einmal ist alles wieder da. Dann die nächtliche Flucht neben Erwan, der erschreckend kalt ist. »Erwan?« Keine Antwort. Sie steht auf. Nackt. Ihre Kleider liegen am Fußende. Keinerlei Erinnerung.

Das Badezimmer, rot-weiße Kacheln, luxuriöse Dusche, in die Wand eingelassen. Unter dem Wasserstrahl taucht Saf' allmählich aus ihrer Erstarrung auf, sie duscht abwechselnd kalt und warm. Und plötzlich Panik. Es ist Samstag, der 28. April. Mein Zug nach Cahors, um sieben Uhr fünfundfünfzig. Mein Vater, Omama.

Saffron springt aus der Dusche, stürzt zu ihrer Uhr. Elf Uhr zehn. Eisiger Schauer. Sie schlüpft in den Bademantel, der im Badezimmer hängt, läuft ins Schlafzimmer, die Jeans, die Hosentasche, das Handy ist noch da. Sie nimmt es, streichelt es, flüchtet sich ins Bad, verriegelt die Tür, drückt auf die Nummer ihres Vaters. Es klingelt zwei Mal, die vertraute Stimme. Schnell machen, sehr schnell, ihn am Reden hindern. »Dad ...«

Am anderen Ende Frankreichs ein Mann mit zerfurchtem Gesicht und Dreitagebart, überrascht. Seit wann hat sie ihn nicht mehr *Dad* genannt?

»... ich komme nicht, ich konnte nicht kommen.« Die Wörter überschlagen sich, rasend schnell. »Ich bin bei einem Freund auf dem Land. Das Telefon funktioniert nicht richtig, ich ruf wieder an. Umarme Omama.«

Saf' hört, wie die Tür des Appartements aufgeht. Ungeschickt, mit zittrigen Fingern nimmt sie den Chip und die Batterie ihres

Handys heraus, wirft sie in die Toilette, drückt auf die Spülung und atmet tief durch. Habe ich jetzt Angst vor Erwan?

Gespräch abgebrochen. Neal Jones-Saber ruft zurück. Kein Klingelton, nur die Mailbox. Verletzt steckt er sein Handy wieder ein. Schimpft vor sich hin. Saffron ist ein großes Mädchen, Familienfeste langweilen sie, gut. Aber heute ... Vor neunzehn Jahren an diesem Tag ist Saf's Mutter Lucille, die große Liebe seines Lebens, im Libanon umgekommen. Und Saf' hat am selben Tag Geburtstag, sie wird einundzwanzig. Fest des Lebens und des Todes. Sie hätte sich überwinden können. Er fühlt sich verlassen, wieder einmal, trödelt noch eine Weile herum, dann rafft er sich endlich auf und geht zu seinen Gästen in ein Restaurant im Zentrum von Cahors.

Später, nach dem Mittagessen, der Nachmittag ist schon weit fortgeschritten. Neal geht langsam am Ufer des Lot entlang, mit seinen beiden engsten Freunden, alten Komplizen. Der erste ist Terrence Cooke, Pariser Korrespondent einer großen britischen Tageszeitung, *The Herald*. Ein sanftmütiger Mann mit dem für die Untertanen Ihrer Majestät so charakteristischen rosigen Teint und kaum jünger als Neal. Er hat die Reise gemacht, um an diesem Jahrestag bei seinem Freund zu sein. Der andere ist Pierre Salleton, der Wirt des Restauraunts *Au Sanglier Bleu*. Wie jedes Jahr hat er das Festessen geplant und gekocht. Auch er ist ein Bonvivant.

Verdauungsspaziergang. Schweigend rauchen die drei Männer kurze Zigarren. Sie kommen zum Pont Valentré, einer großartigen festungsartigen Konstruktion, und gehen hinüber. Zwischen den beiden Türmen bleiben sie stehen, lehnen sich an die Brüstung und blicken in die Strömung zwischen den mittelalterlichen Pfeilern. Ein geruhsamer Nachmittag.

»Jetzt«, sagt Salleton, ohne den Blick vom Wasser zu lösen, »sag uns, was mit deiner Tochter los war. Und keine Märchen, wir sind unter Männern.«

»Keine Ahnung.« Mit den Jahren ist der britische Akzent von Jones-Saber fast verschwunden. »Sie hat angerufen, kurz vor zwölf, nur um zu sagen, ich komme nicht. Nur das, ich komme nicht. Sie hat mir keine Zeit gelassen, auch nur ein Wort zu sagen. Sie hat aufgehängt und seither ist ihr Handy ausgeschaltet.«

»Machst du dir Sorgen?«

Neal richtet sich auf, mustert Salleton. »Sorgen? Nein, warum? Familie langweilt sie, Festessen auch. In ihrem Alter hat sie jedes Recht dazu. Nein, ich bin eher traurig.« Neal beugt sich wieder über die Brüstung und schnipst seinen Zigarrenstummel in den Fluss. »Die Kommunikation zwischen mir und meiner Tochter ist abgerissen. Ich habe ihr die Mutter nicht ersetzen können.«

Salleton wendet dem Fluss den Rücken zu. »Hör auf mit diesem Küchenpsychologen-Pathos und lass die Rumspinnerei. Wenn sie nicht zu dir kommt, fahr unter irgendeinem Vorwand nach Paris und mach ihr einen kleinen Besuch, einfach so, ganz nebenbei.«

Eine Weile schauen die drei schweigend auf den Fluss, dann stimmt Neal zu. »Vielleicht eine gute Idee.«

Salleton fährt fort, als hätte er nur darauf gewartet. »Ein Freund von mir hat ein sehr gutes Restaurant in Paris, *Chez Gérard*, wo alle Politiker der Hauptstadt verkehren. Mitten im Wahlkampf findest du da genug Material für eine deiner gastronomischen Kolumnen. Politik und gutes Essen, deine Engländer werden begeistert und mein Freund wird entzückt sein, das ist sehr gut für die Kundschaft. In Paris wirst du dann schon eine Gelegenheit finden, deine Tochter zu sehen.«

Cooke richtet sich nun auch auf und nimmt ein Paket Cigarillos aus der Brusttasche. »Abgemacht. Ich fahre morgen früh nach Paris zurück, ich nehm dich mit. Und wenn du drauf bestehst, gehe ich mit dir ins *Chez Gérard* mittag- oder abendessen. Ich bin sicher, dass du einen Berater brauchst, um die politische Karte der Gäste zu entziffern.«

Neal lächelt, die drei Männer spazieren weiter.

Borzeix unterschreibt schließlich ihre Aussage und verlässt den Quai des Orfèvres gegen sechzehn Uhr. Draußen wird sie, müde und von den Geschehnissen und Entdeckungen der Nacht aus dem Gleichgewicht gebracht, eine ganze Weile von der sorglosen Menge mitgetrieben, die samstags durch das Quartier Saint-Michel flutet. Endlich winkt sie einem Taxi und ist ein paar Minuten nach siebzehn Uhr unten vor ihrer Haustür.

In ihrer Wohnung angekommen, lässt sie sich auf das Sofa im Wohnzimmer fallen, blickt sich um, um wieder Kontakt zu ihrer Einrichtung zu bekommen, mit den schicksten Designermöbeln, die heute Abend so abgehoben wirken, und bemerkt, dass noch Reste von gestern auf dem Esstisch stehen. Also ist die Putzfrau heute Morgen nicht wie vorgesehen da gewesen. Noch eine Unannehmlichkeit.

Eine zu viel.

Borzeix bricht in Tränen aus, ein paar Minuten lang weint sie lautlos, dann fasst sie sich wieder. Sie schaltet ihr Handy ein und wählt, ohne nachzusehen, ob jemand sie zu erreichen versucht hat, die Nummer ihrer Chefin, die sie auswendig weiß. Sie landet direkt auf der Mailbox. Eine kurze Ansage: *Elisa Picot-Robert, hinterlassen Sie mir eine Nachricht*, gefolgt vom üblichen Pfeifton. Borzeix findet die Worte nicht, zu früh, um zusammenzufassen, was passiert ist, und legt auf.

Sie legt ihr Handy auf die Theke ihrer amerikanischen Küche und holt sich im Bad ein Schlafmittel. Sie muss schlafen.

Feierabend in der 36, Pâris erstattet seinem Abteilungsleiter Bericht, Kommissar Stanislas Fichard, einem dicken Mann mit täuschend gutmütigem Gehabe und einem Überfluss an Schweiß. Er ist vorbeigekommen, um sich über die Sache informieren zu lassen. Ein Polizeioffizier ermordet, das ist keine Kleinigkeit. Aber es ist Wochenende, und Fichard hat keine Lust, sich lange aufzuhalten.

Pâris weiß das und stellt sich darauf ein. Nur das Wesentliche. »Im Moment gibt es keinen Grund, Mademoiselle Borzeix nicht zu glauben. Wir haben mit der Überprüfung angefangen, wie viel Zeit sie gestern Abend mit ihren Gästen verbracht hat, und das Resultat stimmt mit ihren Erklärungen überein. Außerdem hat der Gerichtsmediziner den Todeszeitpunkt präzisiert. Er ist sicher, dass er lange vor Mitternacht liegt. Wir erwarten den gerichtsmedizinischen Abschlussbericht für Mitte der Woche.«

»Diese Borzeix ist also nicht schuldig?«

»Sie war nicht anwesend ...« Fourcade ist reingekommen, offiziell, um den Chef zu treffen. »Aber das schließt eine Verbindung zu dem Mord nicht aus. Ich finde es merkwürdig, dass das Opfer sie über seinen Beruf als Polizist belogen hat, Sie nicht?«

Fichard ignoriert den jungen Staatsanwalt und wendet sich an seinen Untergebenen: »Glauben Sie, sie versucht uns was vorzumachen?«

»Über die Lüge von Soubise? Nein.«

»Aber trotzdem, er hat sie belogen. Warum, Ihrer Meinung nach?«

Pâris zuckt die Achseln. »Sie begegnen sich in einem Spielklub, kein empfehlenswerter Ort für einen Polizeioffizier. Vielleicht lag es daran. Das Problem ist, dass sie sich gefallen, also sehen sie sich wieder. Und die Lüge bleibt. Schwierig, so was rückgängig zu machen.« Pause. »Es ist auch nicht auszuschließen, dass er wegen der Arbeit dort war.«

»Ihretwegen?«

»Wegen ihr oder etwas anderem. Bei der DCRG[6] ist alles möglich.«

»Was haben Sie sonst über ihn?«

»Nicht viel. Die DAPN[7] hat sich nur dazu herabgelassen, uns über seinen Dienst zu informieren. Für alles andere, glaube ich, werden Sie bei Ihren Abteilungsleiterkollegen an der Place Beauvau anfragen müssen. Ich habe etwas formuliert.« Pâris reicht Fichard ein Blatt Papier.

»Was noch?«

»Es wurden zwei Individuen, wahrscheinlich Männer, bemerkt, die ungefähr um zweiundzwanzig Uhr überstürzt das Haus des Opfers verlassen haben. Sie sind in einen dunklen Wagen gestiegen, Kompaktlimousine, Clio oder Golf, der Zeuge war sich nicht sicher, und sind schnell weggefahren.«

»Kennzeichen?«

»Negativ. Im Moment. Ich habe zwei meiner Jungs an die Videoüberwachung des Viertels gesetzt. Jetzt am Wochenende ist bei Banken und Apotheken nicht sofort mit Resultaten zu rechnen. Bei der Präfektur haben wir vielleicht mehr Glück. Jedenfalls sind die beiden dran und liegen ganz gut in der Zeit.«

---

6 *Direction centrale des renseignements généraux* (Zentraler Nachrichtendienst), meist abgekürzt zu RG: berühmt-berüchtigte Polizeieinheit, die oft verdächtigt wurde, eine politische (Geheim-)Polizei zu sein, und in viele Skandale verwickelt war. Wurde 2008 mit der *Direction de la surveillance du territoire* zur *Direction centrale du renseignement intérieur*, dem wichtigsten französischen Inlandsnachrichtendienst, vereinigt.

7 *Direction de l'administration de la police nationale*, Direktion für die Verwaltung der nationalen Polizei.

»Wir haben also schon zwei Verdächtige. Gut. Die Telefonverbindungen?«

»Sind wir dran. Auch an den Unterlagen des Opfers. Vor allem an seinen Konten, immer im Zusammenhang mit dem Spiel. Vielleicht hatte er Schulden.«

»Sie sagen, es sei nichts anderes mitgenommen worden als ein Computer?«

»Offenbar. Soubise besaß einen, in einem der Schränke haben wir eine leere Verpackungsschachtel, eine Gebrauchsanweisung und eine vor kurzem ausgestellte Garantie, aber nicht den dazugehörigen Laptop gefunden. Wir müssen noch in seiner Dienststelle nachschauen, vielleicht ist er dort.«

Fichard wirft sich in die Brust und legt Pâris komplizenhaft die Hand auf die Schulter. »Ich kümmere mich um Beauvau, verlassen Sie sich auf mich.« Er gönnt den beiden Männern ein Lächeln. »Gut, ich muss los. Soll ich Sie mitnehmen, Herr Staatsanwalt?«

»Nein, ich bleibe noch einen Moment.«

»Also dann, wenn Sie erlauben ...« Der Kommissar greift nach seinen Autoschlüsseln in der Hosentasche und begleitet die beiden aus seinem Büro. Er schließt hinter sich ab und geht nach einem letzten förmlichen Gruß den Flur hinunter.

Sobald er verschwunden ist, wendet sich Fourcade an Pâris. »Sie haben nichts von der CEA gesagt. Aber Sie werden doch Kontakt mit ihnen aufnehmen, oder?«

»Gleich morgen. Wenn ich dort jemanden auftreibe.«

»Ich brauche Ihnen nicht zu sagen, dass Sie da vorsichtig sein müssen, Sie wissen, dass Atom bei uns eine heikle Sache ist.«

Wirklich nicht dumm. Er hat sich über mich erkundigt. Pâris sagt sich, dass er sich vielleicht hätte absichern und Fichard auch von der PRG berichten sollen. Einer Firma, die der Macht so nahe steht. Aber dann – nein, sinnlos, dem Chef einen Schreck einzujagen. Jetzt noch nicht.

Auch Fourcade lächelt. »Ich gehe nach Hause, es war ein langer Tag. Guten Abend, Pâris.«

»Guten Abend, Herr Staatsanwalt.«

Pâris nimmt einen der Dienstwagen und fährt nach Hause, ein Einfamilienhaus in Rosny, einem Wohngebiet draußen vor der Stadt.

Auf der ganzen Fahrt, die an einem Samstag um diese Zeit, mit wenigen Staus, nicht lange dauert, geht ihm der Fall nicht aus dem Kopf. Die DCRG, die Lüge von Soubise, die Atombehörde. Und jetzt noch die PRG, wie ein Faustschlag in den Magen, brutale Wiederkehr der Vergangenheit, seines Scheiterns, seiner Demütigung. Er ahnt, dass er nicht schadlos davonkommen wird.

Er kommt in seiner Straße an, fast ohne es gewollt zu haben, ganz mechanisch. Sie ist schmal und still, von praktisch identischen kleinen Einfamilienhäusern gesäumt. Er hält in einem schattigen Abschnitt, ein paar Dutzend Meter von seiner Haustür entfernt.

Die PRG, noch einmal in seinem Leben, eine zweite Chance?

Seine älteste Tochter, sie ist fünfzehn, kommt mit einem gleichaltrigen Jungen aus der Haustür. Er kennt ihn, und er mag ihn nicht. Die beiden steigen auf einen Motorroller, was er ihr ausdrücklich verboten hat, und fahren knatternd davon. Pâris rührt sich nicht. Seine Beine wiegen zwei Tonnen.

Ein Auto hält vor der Einfahrt. Seine Frau steigt aus. Als die beiden Insassen sich verabschieden, erkennt er einen Kollegen seiner Frau, der am selben Gymnasium unterrichtet wie sie. Der Mann versucht sie zu küssen, sie weicht aus, es wird nur ein Kuss auf die Wange und ein warmes Lächeln. Ein letztes Winken, und sie verschwindet im Haus.

Das Auto des anderen Lehrers entfernt sich.

Pâris rührt sich immer noch nicht. Keine Lust, seine Frau, seine Töchter zu sehen. Seit er bei der Criminelle ist, hat er ihnen nichts mehr über seine Arbeit erzählt. Nach und nach hat er sie zu Fremden werden lassen. Jäher Anfall von Klarsicht, er wollte in ihren Augen nicht seine Niederlage erkennen.

Er tastet in seinen Taschen nach einer Zigarette, unterbricht sich, ihm fällt wieder ein, dass er versprochen hat, aufzuhören und diesmal durchzuhalten. Eine weitere Viertelstunde vergeht, bis er sich endlich aufraffen kann, ins Haus zu gehen, ohne recht zu wissen, warum. Es ist nach zehn Uhr abends.

Seine Frau Christelle ist in der Küche und wärmt in der Mikrowelle eine Mahlzeit auf. »Da bist du ja. Wie geht's, hattest du einen guten Tag?«

Pâris antwortet mit zweimaligem Brummen, nimmt drei Bierflaschen aus dem Eisschrank und lässt sich auf das Sofa im Wohnzimmer fallen, vor den Fernseher, wo ein Fußballspiel läuft. Christelle ruft ihre jüngere Tochter, die oben in ihrem Zimmer ist. »Zum Essen, Liebes.« Dann, mit verhaltener Stimme, alle Silben sehr deutlich artikulierend, wie Lehrer das können: »Ich hätte besser auswärts gegessen.«

Sie hat recht, denkt Pâris, während er seine zweite Flasche Bier aufmacht, die Frage ist nur, wie lange ich diesen Schiffbruch noch aushalte.

Samstagabendzeremonie. Erwan hat Saffron gewarnt, die einzige Verpflichtung hier sei, dass man an dem Salon der Hausherrin teilnimmt. Und hinzugefügt, meist sei das nicht unangenehm, hier verkehrten ganz interessante Leute.

»Was für Leute sind das?«

»Warum fragst du?«

»Ich weiß nicht. Ich fühl mich nicht wohl hier. Ich habe nichts mit denen gemeinsam.«

Erwan lächelt Saffron an. »Das ist doch gerade der Sinn und Zweck. Hier wird dich niemand suchen. Das ideale Versteck. Und was diese Altrevolutionäre angeht, die in den Gängen herumspuken, keine Angst, die sind harmlos. Wenn sie ihre Arbeit gemacht hätten, wäre es nicht so weit gekommen. Also ...«

Großes Wohnzimmer, Holzbalken, tiefe Sofas, monumentaler Kamin, üppiges Holzfeuer, nicht nur wegen der Inszenierung, die Nächte am Ufer der Seine sind noch kühl und feucht. Sehr wenig Leute heute Abend, die üblichen Gäste sind nach Hause gefahren, um am nächsten Tag pflichtbewusst wählen zu gehen.

An einem Ende des Raums sitzt der Schriftsteller und Regisseur mit seinem Schauspieler an einem Spieltisch, unter dem goldenen Licht einer Lampe, stumm, eingehüllt in die Blase einer Go-Partie, die sich stundenlang hinzieht.

Auf einem Sofa vor dem Feuer sitzt Tamara, mit offenem Haar, in einem Hauskleid aus bunter Andenwolle, neben dem Direktor eines großen Pariser Theaters, der hier in Ruhe die Saisoneröffnung im Herbst vorbereiten will. Auf einem anderen Sofa in der Nähe, aber geschützt vor den Flammen, Erwan, der entspannt, fast glücklich redet. Saf' neben ihm, still, zerstreut, träumt von Cahors.

Tamara serviert Cognac.

Erwan nimmt einen großen Schluck und redet weiter, den Blick auf die Reflexe der Flammen in Tamaras Haar geheftet, die sie in einer ausgeklügelten Inszenierung tanzen lässt. »Ich beneide die Theaterleute. Über vierzig Jahre, nachdem sie den *Frankenstein* des Living Theatre gesehen haben, reden die glücklichen Zuschauer immer noch von den an einem Gerüst hängenden Körpern, die ein einziges Ganzes bildeten, das dann zerplatzte und in tausend Stücke zerfiel. Zuerst redete es mit einer einzigen Stimme, nach dem Zerfall mit vielen. Wer kann so unmittelbar, in Fleisch und Blut begreiflich machen, dass alles, was uns an die Welt bindet, alle Bindungen, die uns ausmachen, die einzelne und zugleich gemeinsame Existenz durchziehen? Ich wünschte, ich hätte nur einen Bruchteil ihrer Überzeugungskraft.« Erwan hält inne. Wegen der Erregung, der Angst, zu ehrlich zu sein? Saffron spürt die Muskeln seines Schenkels, der sich an ihren presst, sie sieht das aufflackernde Begehren in Tamaras Augen. Die beiden Go-Spieler heben den Kopf, plötzlich aufmerksam.

Der Theaterdirektor seufzt, legt den Arm um Tamaras Schultern, lächelt Erwan zu. »Sie haben ganz recht. Aber ich habe Angst, dass all das kaputt geht. Wenn morgen Guérin, wie ich befürchte, haushoch gewinnt, können die meisten Kulturschaffenden mit Anspruch sich auf Schlimmes gefasst machen. Geld und Profit werden die Herrschaft übernehmen.«

Erwan ist aufgestanden, sehr bleich. »Ich rede von Kultur, und Sie reden mir von den Wahlen. Ihre repräsentative Demokratie ist am Ende, links oder rechts, überall dieselbe Agonie, unsere Zivilisation ist klinisch tot. Ich schreie Ihnen ins Gesicht, dass uns die großen Stimmen fehlen, um dieser Tatsache in der vollkommenen Form des Theaters, der Literatur, der Malerei, des Films einen universellen Ausdruck zu verleihen. Und Sie, Sie reden vom ersten Wahlgang der Präsidentschaftswahlen. In diesem Land unterhalten die Kulturleute obszöne Beziehungen zu den Politikern, und das trübt ihren Geist. Sie widern mich an. Sylvie, wir gehen schlafen.«

Auf dem Weg zum roten Pavillon murmelt Saf': »Nicht besonders diskret.«

Erwan schweigt.

3. Sonntag

Als Pâris das kleine Café im fünfzehnten Arrondissement betritt, ist Pereira schon da, das *Journal du Dimanche* ausgebreitet vor sich auf der Theke, eine Tasse Kaffee in der Rechten. Die beiden Männer begrüßen sich, ein zweiter Espresso wird bestellt.

Pereira faltet die Zeitung zusammen und nimmt sich die Zeit, seinen Chef zu betrachten. »Siehst ja großartig aus. Schlecht geschlafen?«

Kopfschütteln.

»Viel gefeiert zu Hause?«

Pâris stürzt seinen Espresso in einem Zug herunter. »Ich hab mich heute die ganze Nacht im Kreis herumgedreht.« Er winkt dem Kellner. »Noch einen.« Pause, die in Wirklichkeit keine ist. »Wenn ich nach Hause komme, frag ich mich, warum.« Wieder Pause, der Espresso kommt. Er trinkt. »Und ehrlich gesagt, regt mich das nicht mal auf. Ich bin müde.« Er dreht sich zu seinem Stellvertreter um. »Schockiert dich, was ich sage?«

Pereira ist ein guter Familienvater, glücklich, wenn er zu Hause ist. Er könnte viel sagen über diese Art, die Dinge zu sehen. Aber das Leben und sein Beruf haben ihn gelehrt, dass Ratschläge zu diesem Thema meist nutzlos sind. »Mein älterer Sohn ist bis September zu einem Praktikum in England, ich kann dir die Schlüssel zu seinem Studio geben, wenn du willst.«

Pâris nickt, sein Gesicht entspannt sich. Sein Handy fängt an zu klingeln. Das Büro. Er nimmt ab. »Ich höre!« Ein paar Sekunden vergehen, dann werden fast zwei Minuten lang Satzfetzen ausgetauscht, bevor das Telefon wieder in die Tasche wandert, aus der es gekommen ist.

»Am Sonntagmorgen? Geht ihm auch seine Frau auf die Nerven?«

Ironische Grimasse von Pâris. »Er hatte die Informationen von der DCRG. Über Soubise.«

»Schon?«

»Beauvau hat sich beeilt, bemerkenswerter Eifer.«

»Du bist ein Quengler. Was sagen sie, die Spione?«

»Soubise, gut angesehen bla-bla-bla, dann Versetzung zum Sicherheitsdienst der CEA. Seit drei Jahren. Keine persönlichen Sachen, also auch kein Laptop im Ministerium. Seit er gegangen ist, hatte er nicht mal mehr eine Büroklammer dort. Das behaupten sie wenigstens.«

»Das ist alles?«

»Nein, mehrere Namen von potentiellen Feinden sind genannt worden. Die meisten im Zusammenhang mit seiner letzten Mission.«

»Und das ist alles?«

Pâris nickt.

»Wir sind kleine Nummern.«

»Ja, wenig für einen Typ, der zwanzig Jahre dabei war, zwölf davon bei den *Renseignements généraux*.«

»Was denkst du?«

»Dass wir im Moment Thomas auf die offiziellen möglichen Feinde ansetzen. Ich ruf ihn an, wenn wir gehen.« Pause. »Ach ja, was hältst du davon, dass man an einem Sonntagmorgen so unversehens empfangen wird?«

»Vom Chef der CEA? Wegen eines einfachen Sicherheitsoffiziers?« Pereira zuckt die Achseln. »Mich wundert nichts mehr. Und ich hab dir schon gesagt, ich bin nicht wie du, ein ...«

»Quengler, ich weiß.« Pâris' Gesicht hellt sich zum ersten Mal heute auf. »Gehen wir zu Cardona. Doch noch eins, zum Abschluss: Fichard scheint unsere kleine Initiative von heute morgen nicht besonders gefallen zu haben. Er wäre gern informiert worden. Also sachte beim Herrscher des Atoms.«

»Du kennst mich, im Umgang mit Chefs war ich immer respektvoll.«

Zweites Grinsen von Pâris. Er bezahlt drei Kaffees und folgt Pereira hinaus in die Rue Leblanc.

Sie gehen über die Straße zum Hauptsitz der CEA.

Ein Wachmann öffnet ihnen die schwere, zweimal abgeschlossene Tür. »Kommen Sie, meine Herren, Sie werden erwartet.« Die Worte des Wachmanns hallen in der leeren Eingangshalle wider. Er prüft ihre Dienstausweise und begleitet sie zum Fahrstuhl.

Sechster Stock. Ein langer stiller Flur. Sie durchqueren ein Zimmer mit drei unbesetzten Arbeitsplätzen, wahrscheinlich das Hauptquartier der Assistentinnen des Chefs, und bleiben vor einer weiteren Tür stehen. Diesmal klopft der Wachmann und wartet.

Durch die Wand dringt eine Stimme. Knapp. *Lassen Sie sie eintreten ...*

Sie kommen in einen großen, eher kahlen, kalten Raum, an dessen Ende sie ein Mann in den Fünfzigern mit asketischem Äußeren erwartet. Mager und streng, wie das Reich, über das er herrscht.

Er ist allein. Ruhig. Selbstsicher.

Soldatenmönch, denkt Pereira sofort, eifriger Diener der Republik.

Einige Indizien da und dort, eine Medaille der Ehrenlegion für Zivilisten, zwei Ehrendoktortitel berühmter Universitäten auf den Namen Joël Cardona, das diesjährige Jahrbuch der ehemaligen Schüler der École polytechnique, drei Fotos, ein altes von einer Gruppe Studenten – Polytechnique-Absolventen? Sein Jahrgang? – und zwei mit grauen Eminenzen der Politik, bestätigen Pereiras ersten Eindruck.

Pâris reicht ihrem Gastgeber die Hand und eröffnet die Feindseligkeiten. »Pétrus Pâris. Vielen Dank, dass Sie uns so schnell empfangen. Ich glaube, Commandant Soubise war ein enger Mitarbeiter.«

Auf dem Gesicht des Chefs der CEA nichts, außer einem sehr kurzen Zwinkern. Er löst rasch den physischen Kontakt zu Pâris und übersieht Pereira.

»Sind Sie erstaunt, mich an einem Sonntagmorgen hier anzutreffen?« Er bittet die beiden Polizisten, ihm gegenüber vor dem Schreibtisch Platz zu nehmen. »Unsere Sicherheitsoffiziere gehören zum Haus, zur Familie, könnte ich sagen, der Tod von einem von ihnen ist also keine banale Angelegenheit. Und der von Commandant Soubise ist unter besonders tragischen Umständen eingetreten.« Kurzes Schweigen. »Was können Sie mir sagen?«

Die beiden Polizisten wechseln einen Blick und Pâris antwortet. »Er wurde bei sich zu Hause ermordet, in der Nacht von Freitag auf Samstag, wahrscheinlich gegen zweiundzwanzig Uhr, und ohne bekannte Zeugen. Das sind die einzigen sicheren Fakten, die wir haben. Es ist möglich, dass er Einbrecher überrascht hat, als er unvorhergesehen nach Hause kam. Aber das ist nur eine Hypothese. Wir suchen weiter, in seinem Privatleben wie beruflich. Hatte er Feinde? Hatte er mit heiklen Akten zu tun? Ihre Mitarbeit wäre uns sehr nützlich.«

»Da kann ich Ihnen, ganz offen gesagt, nicht viel versprechen. Die Aufgaben von Commandant Soubise waren sehr unterschiedlich und unterlagen oft, mehr oder weniger, dem Militärgeheimnis. Bei der Kernenergie, wissen Sie, ist man schnell beim Militärgeheimnis.«

»Was für Aufgaben waren das?«

»Ich hatte sehr wenig direkten Kontakt mit ihm. Deshalb habe ich mir heute Morgen, bevor ich Sie empfangen habe, seine Personalakte angesehen. Daraus werden hauptsächlich zwei Bereiche ersichtlich. Personenüberprüfungen im Rahmen von Einstellungsverfahren, jährliche Gespräche mit gewissen Schlüsselpersonen des Personals, Kontrollbesuche in den Niederlassungen, Analyse der Gefahren von außen, diese Art von Dingen.«

»Es könnte also sein, dass er Bewerber von der Einstellung ausgeschlossen hat oder dass er manchen Abteilungsleitern auf die Füße getreten ist?«

»Ja.«

»Macht das viele potentiell Verärgerte aus?« Zum ersten Mal schaltet sich Pereira ein.

»Ich weiß es nicht. Damit beschäftige ich mich nicht.«

»Könnten wir uns seine Unterlagen anschauen?« Immer noch Pereira.

»Das bezweifle ich sehr. Wir werden aber eine interne Ermittlung anstellen, deren Resultate wir Ihnen natürlich mitteilen werden, sobald sie vorliegen.«

Pâris fragt weiter. »Und der zweite Bereich?«

»Wir haben ein paar Probleme mit militanten Anti-Atom-Gruppen, die zum Teil mit dem schwarzen Block in Deutschland in Verbindung stehen, und Commandant Soubise war an ihrer Neutralisierung beteiligt, soweit die möglich ist. Natürlich innerhalb des gesetzlichen Rahmens.«

»War er in jüngster Zeit in Zwischenfälle verwickelt?«

»Ja. Und die Zeitungen haben es breitgetreten, ausgiebig übrigens. Vor sechs Monaten in Marcoule, als ein neues Forschungsprojekt gestartet wurde, ist unser gesamter Führungsstab mehrere Stunden lang blockiert worden. Ein Dutzend Umweltschützer haben sich an die Tore gekettet. Um den Durchgang frei zu machen, musste die Polizei die Ketten durchschneiden. Soubise hat sich um die juristische Seite der Angelegenheit gekümmert. Wahrscheinlich deshalb war eines Morgens sein Auto mit Schlamm bedeckt. Jedenfalls hat sich die Gruppe, die die Aktion in Marcoule durchgeführt hat, dazu bekannt. Sie behaupteten, es handle sich um radioaktive Erde, die in der Nähe von La Hague gesammelt wurde. Soubise hat Anzeige erstattet, das Verfahren läuft noch.«

»Kennen Sie den Namen dieser Gruppe und ihrer Mitglieder?«

»Nein, mit solchen Details beschäftige ich mich nicht. Ich habe Soubise bei dieser Gelegenheit zwei oder drei Mal getroffen, um die von ihm vorgeschlagene Strategie zu genehmigen. Wir waren uns einig, dass diese Leute eher symbolische und virtuelle Aktionen durchführen als direkt und gewaltsam anzugreifen, und wir wollten ihnen nicht zuviel mediale Aufmerksamkeit verschaffen. Aber vielleicht haben wir uns getäuscht. Über all diese Fakten können Sie sich bei den zuständigen Justizbehörden informieren.«

»Borzeix. Sagt Ihnen dieser Name etwas?«

»Nein. Nie gehört.« Nicht das geringste Zusammenzucken bei Cardona.

Pâris fragt sich: aufrichtig oder glänzender Schauspieler? »Die letzte Lebensgefährtin des Opfers.«

Nun gestattet Cardona sich ein Lächeln. »Lieber Herr, ich habe keinerlei Anlass, diese Person zu kennen. Ich interessiere mich nicht für das Privatleben meiner Untergebenen, ich wusste kaum, wer Commandant Soubise ist.«

Pâris fährt fort: »Soubise arbeitete in diesem Gebäude?«

»Ja.«

»Könnten wir einen Blick in sein Büro werfen?«

»Ist das nötig?«

»Sogar zwingend. Aber machen Sie sich keine Sorgen, wir wollen vor allem sehen, ob der Laptop des Opfers, der nicht bei ihm zu Hause war, vielleicht hier ist.«

»Aha.«

Pâris glaubt, bei seinem Gesprächspartner einen Anflug von Beunruhigung zu sehen. »Ich bezweifle, dass wir hier irgendetwas Interessantes finden. Aber seien Sie versichert, dass wir, sollte das doch der Fall sein, nichts ohne Ihre Erlaubnis tun werden.«

»Das ist selbstverständlich.« Cardona steht auf, um zu zeigen, dass das Gespräch zu Ende ist.

»Ich rufe jemanden, der Sie hinführt. Ich muss wählen gehen.«

Die beiden Polizeioffiziere verabschieden sich und folgen einem anderen Wachmann, der sie drei Stockwerke tiefer führt. Er schließt ihnen Soubises Büro auf, bleibt im Türrahmen stehen und wartet. Ein nüchtern möblierter weißer Würfel mit einem Fenster, das nicht zu öffnen ist. In der Mitte des Raums auf dem Schreibtisch ein brandneuer Computer.

»So neu, dass er nie benutzt worden ist«, amüsiert sich Pereira. »Er ist nicht mal angeschlossen. Glaubst du, sie haben sich die Mühe gemacht, ein Betriebssystem zu installieren?«

Pâris übergeht die ironische Bemerkung seines Stellvertreters und nimmt den Raum in Augenschein.

Im Schrank keinerlei Akten, nur Büromaterial. Ebenso in den Schubladen. Kaum persönliche Gegenstände, nur ein gerahmtes Schwarz-Weiß-Foto von den Felsen in Étretat an der Wand und einige Kakteen auf einem Regal hinter dem Schreibtischsessel. Ein paar Zeitschriften, Bücher.

Kein Laptop.

»Gut aufgeräumt. Ich denke, es ist unnötig, die Spurensicherung herzuschicken.« Pereira wendet sich an den Wachmann. »Könnten wir einen Blick in die Büros der anderen Mitglieder des Sicherheitsdienstes werfen?«

»Das wird nicht möglich sein. Ich habe keine Anweisung dazu bekommen. Außerdem arbeiten sie alle in Saclay, im Verwaltungssitz der Behörde. Nur Commandant Soubise hatte hier sein Büro.«

Pâris geht zu dem Foto an der Wand und betrachtet die im Regen aufgenommenen Felsen.

Auf dem Foto ist vor den Felsen in einiger Entfernung eine weibliche Silhouette von hinten zu sehen. Helle, üppige Mähne, es könnte Borzeix sein. Étretat, eine bestimmte Richtung der Romantik. Gut gewählter Ausschnitt, aber doch ein Amateurfoto. Vielleicht vom früheren Inhaber dieses Arbeitsplatzes.

Pâris hätte ein ähnliches aufnehmen können. Zwei Mal war er mit seiner Frau dort. Und es regnete. Jedes Mal. Er seufzt. Sinnlos, sich noch länger hier aufzuhalten.

Letzter Sonntag im April und erster Präsidentschaftswahlgang. In einer sehr stillen Straße eines Vorstadtwohnviertels dicht bei Paris wartet eine Gruppe von etwa dreißig Fotografen und Kameraleuten plaudernd vor der Tür eines Wahlbüros.

Ein schwarzer Citroën mit Chauffeur und Leibwächtern hält an. Ein Mann steigt aus, ein gut erhaltener, gebräunter Fünfzigjähriger, dynamisch in dunklem Anzug und Krawatte. Guérin, der Kandidat der Rechten, den alle Meinungsumfragen als Sieger sehen.

Blitzlichtgewitter. Der Mann lächelt.

Im Wagen ist seine Frau Sonia, kurzgeschnittenes schwarzes Haar, königsblaue Augen, sittsames blauweißes Kleid, kurze Jacke in denselben Farben, in ein Telefongespräch vertieft. »Nein, drängen Sie nicht, Briançon ist im Programm des Kandidaten nicht vorgesehen ... Wir werden Bosquin schicken, einen alten Bergführer ... Genau. Die Einwohner von Briançon werden entzückt sein.« Sie legt auf, hebt den Kopf.

Guérin nimmt sie ungeduldig bei der Hand und zieht sie zum Eingang des Wahlbüros.

Wieder Blitzlichtgewitter. Bilder des vereinten Paars.

Guérin presst ihren Arm, dass es weh tut, und sagt sehr leise: »Lächle. Wenn du's noch kannst.«

Eugène Schneider, der wichtigste Herausforderer Guérins, hat in einer neuen Stadt der großen Pariser Banlieue gewählt. Sein Wahlkampfleiter, Paul Dumesnil, Jugendfreund und Helfershelfer seit eh und je, holt ihn im Auto vom Wahlbüro ab.

»Was gibt's Neues?«

»Nicht viel. Nach den letzten Umfragen keinerlei Chance, dass du die Nase vorn hast. Und im zweiten Wahlgang immer noch vier Punkte Rückstand gegenüber Guérin. Die Tendenz ist stabil.«

»Wir müssten was Hübsches finden, was wir dem Mistkerl anhängen können.«

»Träum nicht. Wir haben schon gesucht und nichts Konkretes gefunden.«

Schneider betrachtet die Vorstadttristesse, die am Fenster vorbeizieht. »Dieser geldbesessene Kerl, der den Volkstribun spielt, widert mich an.«

»Erspar mir deine Gemütszustände, sie nutzen nichts, sie bringen uns keine einzige Stimme.« Dumesnil wirft einen schrägen Blick auf Schneider. »Du siehst nicht gut aus, heute Morgen ...«

Schneider antwortet heiser: »Mireille fehlt mir.«

»Daran hättest du vielleicht früher denken sollen, bevor du dir angewöhnt hast, sie zu schlagen.«

»Schlagen, du übertreibst.« Zögern. »Sie hat ihre Klage zurückgezogen.«

»Um deinen Wahlkampf nicht zu stören. Sie ist fair.«

»Ich hoffe immer noch, dass sie zurückkommt.«

»Das, Alter, hängt nicht von mir ab. Dafür geh ich mit dir ins *Prieuré* essen, um die Melancholie zu vertreiben. Die sich für einen Kandidaten verbietet.«

In der Nähe von Paris angekommen, denkt Schneider an etwas anderes, der Wahlkampf beschäftigt ihn wieder. »Hast du das Dekret über den EPR in Flamanville gesehen?«

»Ja.«

»Eine verdammte Kehrtwende. Monatelang blockiert sein Ministerium jeden Vorstoß in diesem Bereich. Offiziell ist das Projekt nicht sicher, und dieser Arsch posierte als Umweltschützer. Dabei weiß jeder, dass er unter der Hand für einige seiner guten Freunde arbeitet. Und ein eventueller Erfolg des EPR ist bis auf weiteres nicht gut für ihre Geschäfte. Also, wie erklärst du dir seinen Meinungsumschwung?«

»Keine Informationen.«

»Wenn Guérin sich bei dem Thema bewegt, dann weil er einen guten Grund hat. Atomenergie ist ein heikles Thema bei unserer Wählerschaft, gibt es da nichts, was man ausbeuten kann? Versuch, das rauszufinden.«

Dumesnil zuckt die Achseln. »Das kostet nichts. Ich werde sehen, was ich tun kann.«

Thomas hat in der 36 gut gearbeitet. Die in die von Cardona erwähnten Vorfälle verwickelte Umweltgruppe heißt Ökokrieger. Ihr Anführer, fast könnte man sagen Guru, ist ein gewisser Erwan Scoarnec, dessen Name auch auf der Liste der DCRG über Soubise steht. Sogar der, der am häufigsten auftaucht. Der Junge ist noch nicht besonders alt, sechsundzwanzig, und hat sich schon bei vielen, zunehmend militanten Zwischenfällen hervorgetan. Auseinandersetzungen mit Jägern, Antipelzaktionen, Angriffe auf Laboratorien, die *In-vivo*-Versuche mit Tieren anstellen. Dann legt er zu. Besetzung von Strommasten, Blockade von Transportzügen mit radioaktiven Abfällen und von Atomanlagen. Verschiedene Sachbeschädigungen. In Frankreich und im Ausland. Das Ganze häufig begleitet von Tätlichkeiten gegen Vertreter der Staatsgewalt oder Repräsentanten des Staats. Im Allgemeinen als organisierte Bande.

Und jetzt ein Mord?

Scoarnec wohnt im 13. an der Place des Alpes. Nicht so weit von der CEA. Es ist Wahlsonntag, die Straßen sind leer und Pâris hat nicht die geringste Lust, nach Hause zu gehen. So überredet er seinen Stellvertreter, beim Boulevard Vincent-Auriol abzubiegen, um zu sehen, ob sie es mit einem Mörder zu tun haben. Oder bloß mit einem Überzeugten.

Auf dem Weg kommt Pereira noch einmal auf das Gespräch mit Cardona zurück: »Nette Nummer.«

»Ja.« Pause. »Es kann auch bloß die angeborene Neigung der französischen Atomindustrie zur Undurchsichtigkeit sein.«

»Kannst du mir das etwas langsamer wiederholen?«

»Die CEA existiert seit fünfzig Jahren und kontrolliert mehr oder weniger alles, was in Frankreich mit Atomenergie zu tun hat. Die Forschung ebenso wie die Militärprogramme und vor allem die zivile Nutzung, via Areva. Die CEA hält die meisten Anteile an Areva. Und dieses Industrieunternehmen ist das Huhn, das goldene Eier legt. Über die Electricité de France produziert es den größten Teil unseres Stroms und sichert uns weltweit die führende Rolle in der Atomenergie. Wir sind in diesem Bereich Weltspitze, das beziffert sich in Dutzenden Milliarden Euros. Diese Henne darf man nicht schlachten. Deshalb das Schweigen auf allen Ebenen. Kannst du dir vorstellen, was passiert, wenn die Leute anfangen, nach den möglichen Schäden zu fragen?«

»Sind wir deshalb von der Tschernobyl-Wolke verschont geblieben?«

Pâris nickt. »Unter anderem.«

»Woher weißt du das alles?«

»Von dem Fall, der mir deine Bekanntschaft verschafft hat.« Pâris' Ton ist ironisch. »Es hat mit einer Firma namens Centrifor angefangen, die bekanntlich Zentrifugen für Kernkraftwerke herstellt. Sie ist der große Konkurrent von Siemens, der aktuelle Lieferant der Areva. PRG hat sie aufgekauft, unglaublich billig, um nicht ins

Detail zu gehen. Jedenfalls musste ich mich damals mit dieser Frage beschäftigen. Und ich habe ein gutes Gedächtnis.«

Pause.

»Und wenn es das nicht ist?«

»Was denn?«

»Wenn es nicht, wie du sagst, das Schweigen bla-bla-bla ist?«

»Dann werden wir General Cardona wieder besuchen.« Pâris schnalzt mit der Zunge. »Eine Sache versteh ich nicht: Warum war Soubise der einzige Bulle, der in der Zentrale gearbeitet hat? Und die Aufräumaktion, so schnell? Und Borzeix?«

»Aber was denn?«

»Wer ist Barbara Borzeix?«

»Eine schöne Frau, die gern Poker spielt.«

»Die PRG verkauft Beton. Die Atomindustrie braucht Beton. Viel. Borzeix ist die Leiterin der Rechtsabteilung der PRG, eines Konzerns mit engen Beziehungen zur Macht.«

»Diesen Leuten verdankst du doch deine Superbeförderung zu uns, also ein bisschen Respekt. Gib zu, bei der Crim' geht's dir doch besser als bei der *Brigade financière*, oder?«

Pâris presst die Kiefer zusammen und schaut hinaus auf den Boulevard Auguste Blanqui, in den sie gerade eingebogen sind.

»Entschuldige.«

Ein paar Sekunden lang wird die Stille nur vom Motorengeräusch und von RTL irgendwo draußen gestört. Das Radio im Auto ist abgestellt.

Pâris fängt an, ein Päckchen Zigaretten zu suchen, bricht ab und schüttelt über sich selbst den Kopf. »Ist ganz nah von da, wo wir hinfahren.«

»Was?«

»Das Schloss der Rentner[8], es liegt neben der Wohnung von Scoarnec.«

Pereira zieht ein Päckchen Kaugummi aus der Tasche und reicht es seinem Chef.

»Danke.« Pâris nimmt zwei und gibt das Päckchen zurück. »Die Arbeit dort hat mir gefallen, weißt du.«

»Ich weiß. Auch wenn's meine Vorstellungskraft übersteigt.«

---

8 Spitzname für den Sitz der *Brigade financière*.

»Als sie mich mit einem Fingerschnipsen in die 36 geschickt haben, hab ich gemerkt, dass meine Arbeit sinnlos war. Dass ich ein Nichts war.«

»Wenn Chefs Eier hätten, würde so was nicht passieren.«

»Du irrst dich, den Chefs geht's genauso, sie haben auch keine Wahl. Alles verlieren oder nach und nach die Würde verlieren. Das hab ich getan, ich habe meinen Mund gehalten und meine Beförderung angenommen. Und wenn ich sehe, wo ich heute gelandet bin, frag ich mich, warum.«

»Du bist ein guter Bulle. Das denke nicht nur ich.«

Wieder Stille.

Schließlich redet Pereira wieder, über etwas anderes. »Wenn Soubise sich aus anderen als privaten Gründen an Borzeix rangemacht hat, muss man sich fragen, warum er das getan hat.«

»Und für wen. Nicht für Beauvau, offensichtlich, denn dort arbeitete er nicht mehr.«

»Was uns wieder zu Cardona bringt, und zu, wie hast du das noch genannt?«

»Angeborene Neigung der französischen Atomenergie zur Undurchsichtigkeit.«

»Ich wette, dass wir noch einmal zur CEA müssen.«

»Vielleicht nicht. Wir, ich meine, ich bilde mir vielleicht nur etwas ein. Das Foto im Büro von Soubise ...«

»Mit den Felsen?«

»Ich glaube, Borzeix ist drauf. Es ist sehr persönlich, dieses Foto, sehr privat. Möglich, dass die Geschichte zwischen ihnen ehrlich war.«

Pereira schüttelt den Kopf, nicht überzeugt. »Wir überprüfen das. Das Einzige, was wir im Moment mit Sicherheit wissen, ist, dass der Laptop fehlt. Und dass dieser Computer richtig wichtig sein muss, denn wenn jemand einen Bullen nur deswegen umbringt, muss einiges drauf sein.«

Pâris mustert einen Moment Pereiras Profil, der grimmig lächelt, ohne den Blick von der Straße zu wenden. Sein Stellvertreter ist ein Spürhund, der gern Blut riecht. Und diesmal ist das Opfer ein Kollege, das heißt fast ein Familienmitglied.

Der Wagen bremst neben einem Parkplatz, sie stellen ihn auf dem Boulevard ab, etwa fünfzig Meter von ihrem Ziel entfernt.

In dem Gebäude, in dem Scoarnec wohnt, finden sie einen mürrischen Concierge, der ihnen, als sie ihre Ausweise zücken, ohne Zögern sagt, wo der *Kleine* wohnt, im Hinterhaus unter dem Dach. Nein, er hat ihn heute Morgen nicht gesehen, er hat mehr zu tun, als die Mieter zu überwachen. Wenn er drüber nachdenkt, hat er ihn auch gestern nicht gesehen.

Die zwei Polizisten lassen den Griesgram sich wieder in seiner Loge verbarrikadieren und begeben sich zu dem angegebenen Gebäude. Kein Fahrstuhl, sie steigen die steilen alten Treppen hinauf, deren Stufen vom Lauf der Zeit glattpoliert sind. Vor Scoarnecs Tür angekommen, klopfen sie und warten. Keine Antwort. Nach etwa einer Minute klopfen sie wieder, lauter, und diesmal rufen sie auch. Es ist Wochenende, vielleicht schläft Scoarnec nach einer turbulenten Nacht tief und fest.

Niemand macht auf, aber im Stockwerk darunter kommt jemand ins Treppenhaus und schimpft, weil sie zu laut sind. »Tag und Nacht! Es ist Sonntag, verdammt! Nie hat man seine Ruhe!«

Pâris steigt ein paar Stufen hinunter und steht einem Mann in den Dreißigern in T-Shirt und Unterhose und mit zerzaustem Haar gegenüber. »Haben Sie Schwierigkeiten mit dem Nachbarn von oben?«

»Wer sind Sie?«

Pâris zeigt seinen Ausweis, und der Nachbar richtet sich auf, sofort auf der Hut. »Haben Sie Probleme mit ihm?«

»Nein, eigentlich nicht.« Zögern. » Ihm und seinen Kumpels ist es egal, ob sie Krach machen oder nicht. Das ist alles.«

Im obersten Stockwerk trommelt Pereira wieder an die Tür. Scoarnecs Nachbar schaut einen Moment auf seine Füße, dann sagt er: »Er ist nicht da.«

»Woher wissen Sie das?«

»Vorgestern haben sie mich mitten in der Nacht geweckt. Als sie abgehauen sind. Sie haben höllischen Krach gemacht. Und sie waren angespannt.«

Pâris fällt ihm ins Wort. »Sie, das heißt mehrere?«

»Ja. Der Typ von oben und ein anderer Kerl. Und ein Mädchen, glaub ich.«

»Warum sagen Sie, dass sie abgehauen sind?«

»Weil sie nicht wiedergekommen sind.«

»Vielleicht haben Sie sie nicht gehört.«

»Wenn er da ist, dann weiß ich das. Die Wände hier sind aus Zigarettenpapier.«

»Um wie viel Uhr in der Nacht sind sie abgehauen?«

»Gegen zwei Uhr morgens.«

Plötzliches Verschwinden, das zur Todeszeit von Soubise passt.

Mit einer Stimme, die keinen Kommentar zulässt, befiehlt Pâris dem Nachbarn, sich anzuziehen, ruft Pereira und schickt ihn zum Concierge. Wenn sie Glück haben, hat er einen Zweitschlüssel für Scoarnecs Wohnung und sie brauchen die Tür nicht einzuschlagen.

Ein paar Minuten und Verhandlungen später, in denen er alle Beteiligten an das Prinzip Gefahr im Verzug erinnert, um die Einwände zum Schweigen zu bringen, betritt Pâris die Wohnung von Scoarnec. Er schaut sich nur kurz um, ob alles in Ordnung ist, bevor der Rest der Gruppe und die Techniker kommen, die er zur Verstärkung angefordert hat. Allein, um nichts durcheinanderzubringen.

Und zu seinem persönlichen Vergnügen.

Denn Pâris schätzt diesen Moment. Eine angenehme Entdeckung, als er zur Crim' gestoßen ist. Als Erster die Wohnung eines Opfers oder Verdächtigen betreten, versuchen zu spüren, wer die Räume bewohnt, wie die Leute leben.

Oder lebten.

Das Erste, was ihm bei Scoarnec auffällt, ist das Chaos überall. Nicht das Resultat einer Durchsuchung, sondern so, wie es eine unordentliche Person anrichtet. Pâris erkennt es wieder, es entspricht seinem eigenen, er ist nur bei der Arbeit ordentlich.

Das Studio ist nicht sehr groß, aber hell. Die Fenster sind weit offen, über den Zinkdächern ist ein Stück Himmel zu sehen. Pâris geht hin, unten liegt der gepflasterte Hof, still. Pâris atmet zweimal tief, er mag dieses Studio. Er dreht sich um. Links Regale, mit Büchern vollgestopft, eine Schlafcouch, über die eine exotisch gemusterte Decke aus dicker Wolle geworfen ist, Plakate an den Wänden, Zeitschriften und Papiere überall, auf allen Möbeln. In der Küchenecke Gläser, schmutziges Geschirr, der Mülleimer ist nicht geleert. Hinten unter dem Fenster ein improvisierter Arbeitstisch, mit EDV-Kabeln übersät.

Auch hier kein Rechner.

Mitgenommen, gestohlen?

Pâris geht ins Bad. Auf den Ablagen, im Schränkchen unter dem Waschbecken und im Spiegelschrank darüber nichts Besonderes. Aber das Wesentliche nicht. Die normalen Toilettenartikel fehlen, Zahnbürste, Zahnpasta, Kamm oder Bürste, Deodorant. Kein Duschgel oder Haarwaschmittel in der Kabine. Kein Kulturbeutel. Mitgenommen. Das Allernötigste. Abreise. Überstürzt.

Flucht?

Auf den schmutzigweißen Kacheln Körperhaare, auch einige Kopfhaare. Kurze, dicke, dunkelkastanienblonde. Und braune. Sehr lange, sehr feine. Ein Mädchen.

Das, das der Nachbar an jenem Abend mit Scoarnec gehört hat?

Über dem Klo an die Wand gepinnt die Reproduktion eines 68er-Plakats mit der Parole: *Macht die Augen auf, schaltet den Fernseher aus.* In die rechte untere Ecke hat jemand etwas gekritzelt, eine dicke gelbe Ente, die ihn vage an irgendwas erinnert. Was war das noch? Irgendetwas aus seiner Kindheit? Die Augenblicke mit seinem Großvater fallen ihm ein. Pâris seufzt, sein Gedächtnis wird wirklich immer schlechter, lächelt, auch gut, dann bemerkt er einen Wäschesack. Er hebt den Deckel hoch und schaut hinein. Er ist halb voll. Unter den Klamotten entdeckt er ein originelles T-Shirt, ganz in Schwarz und Grünblautönen. Was für den Sommer. Definitiv weiblich.

Lebte das Mädchen hier?

Sie zu identifizieren versuchen. Vielleicht ist Scoarnec jetzt bei ihr.

Aus einem Impuls heraus steckt Pâris das Kleidungsstück in die Tasche und kehrt in den großen Raum zurück.

Ein Blick zu Pereira und den beiden Zivilbeamten, die im Flur warten, dann schaut er sich noch einmal um. Das erinnert ihn alles an seine Studentenzeit. Damals lebte er in ähnlichen Wohnungen. Mit Mädchen, die manchmal ihre Sachen vergaßen. Oder liegen ließen, um ihr Terrain zu markieren.

Die Bibliothek ist sehr intellektuell, Situationisten, Philosophen aus den Jahren 1980–90, ein paar schwergewichtige marxistische und anarchistische Texte. Umweltschutzpropaganda natürlich, teils auf Englisch. Und viele Noirs. Einige Amerikaner, Italiener, viele Franzosen, die unvermeidlichen Manchette, Daenincks, Izzo, Fajardie. ADG, der in einem anderen Genre an Céline heranreicht, der etwas weiter auf demselben Regalbrett steht. Weitere Klassiker. Bücher, die vom intensiven Lesen abgenutzt sind.

Bücher, von denen die meisten auch Pâris wieder und wieder gelesen hat.

Scoarnec ist ein gebildeter Typ, der denkt. Vielleicht schräg, aber er denkt.

Und der flieht?

Unten an den Regalen Aufbewahrungsschachteln. Nicht ordentlich aufgereiht. Auf die Vorderseite ist mit Marker geschrieben, was sie enthalten: Bank, EDF, SFR ... Fast alle sind leer. Keine Spuren hinterlassen. Die Hypothese von der Flucht bestätigt sich.

Scoarnec ist entschieden ein plausibler Verdächtiger. Wenigstens zwei Leute sind gesehen worden, als sie das Gebäude von Soubise verließen. Drei Personen verlassen ein paar Stunden später das von Scoarnec.

Dieselben, alle Komplizen auf der Flucht?

Pereira ruft ihn, die anderen sind da, für Pâris ist es Zeit, ihnen Platz zu machen.

Eine Gruppe Männer, verantwortlich für Guérins Wahlkampf, in der Bar eines großen Pariser Hotels. Sie trinken Whisky, um sich die Zeit zu vertreiben. Gute Laune und entspannte Stimmung, alle Zeichen stehen auf Grün.

Ein Auto hält vor dem Hotel. Guérin und seine Frau steigen aus. Camille Guesde, der Wahlkampfleiter von Guérin, der auf sie gewartet hat, ist da. Sobald er sie sieht, stürzt er auf Guérin zu und zieht ihn beiseite.

Sonia tut, als sähe sie nichts, und geht allein ins Hotel. Guesde ist in den Fünfzigern, wie der Kandidat. Sehr groß, sehr mager, kahl, mit schmalem Gesicht und vorspringender Nase. Seine Haltung ist krumm, er beugt sich mit hängenden Armen zu seinen Gesprächspartnern hinunter wie ein Stelzenvogel bei der Brut. Davon abgesehen, ist er ENA-Absolvent, intelligent, aber nicht so intelligent, wie er glaubt, ohne jeden Sinn für Humor und mit einer Berufung zum Mann im Hintergrund. Guérin vertraut ihm, weil er ihn sich nicht als möglichen Rivalen vorstellen kann. Guesde sagt leise: »Soubise, das ist erledigt.« Er reicht Guérin eine CD-Rom, die dieser einsteckt.

»Und wie sieht's aus?«

»Schlecht. Du wirst es selbst sehen. Soubise und daher die CEA wissen fast alles. Wir haben zu spät gemerkt, dass Soubise sich an Borzeix rangemacht hat. Da war das Übel schon passiert.«

Guérins Gesicht fällt zusammen. »Meinst du, die CEA wird das während des Wahlkampfs verwenden?«

»Ich glaube nicht. Das entspricht nicht den Gepflogenheiten des Hauses. Nicht so, nicht direkt politisch.« Pause. »Die PRG dagegen könnte Cardona in ernsthafte Schwierigkeiten bringen.«

Guérin richtet sich auf. »Gehen wir, man wartet auf uns.«

»Geh schon mal vor, ich komme nach.« Guesde wartet, bis Guérin im Hotel verschwunden ist, und geht dann zum Parkplatz.

Ganz hinten in einer anderen schwarzen Limousine wartet der Auftraggeber des Einbruchs, der bei der SISS aufgetaucht war. »Und?«

»Ich habe ihm die CD gegeben, alles in Ordnung.«

»Was sagt er zum Tod von Soubise?«

»Ich hab ihm nichts davon gesagt. Nicht jetzt. Es eilt nicht. Die Medien haben noch nichts gebracht. Warten wir die offiziellen Ergebnisse des ersten Wahlgangs ab, sie sind gut, das wird den Schock abmildern. Und es gibt Ihnen Zeit, Gegenmaßnahmen zu überlegen. Die Criminelle hat vielleicht schon Verdächtige, wenn ich ihm die Nachricht bringe.«

»Darauf zähle ich.«

»Das wäre tatsächlich besser für Sie, Michelet. Und für mich. Lassen Ihre Vorgesetzten Sie immer noch in Ruhe?«

»Der Direktor der Renseignements Généraux weiß, dass ich Ihnen, also dem künftigen Präsidenten nahestehe. Da er sich Sorgen um seine Zukunft macht, ist ihm klar, dass er mir besser keine Fragen stellt und die Zügel schleifen lässt. Auch weiter oben schauen sie lieber woandershin.«

»Teilen Sie mir mit, wenn sich das ändern sollte.«

Die beiden Männer verabschieden sich. Unterpräfekt Michelet fährt los und entfernt sich, Guesde geht zu den anderen in die Hotelhalle.

Kurz nach seiner Ankunft in Paris macht sich Neal auf den Weg zu seiner Tochter, die auf seine Anrufe immer noch nicht antwortet. Er geht zu dem kleinen Studio in der Rue du Faubourg-Saint-Martin, das er für sie gemietet hat.

Er steigt in den vierten Stock hinauf und klingelt. Keine Reaktion. Er schaut auf die Uhr, drei Uhr nachmittags, nicht weiter erstaunlich, sie hat zu tun. Er geht wieder runter und findet die Concierge mitten in einer Familienversammlung. Neal hat ein einschmeichelndes Lächeln und einen unwiderstehlichen kleinen englischen Akzent, sie nimmt sich Zeit, ihm zu antworten.

»Ihre Tochter wohnt seit Monaten nicht mehr hier.«

»Wie, sie wohnt nicht mehr hier? Ich bezahle die Miete, sie ruft mich einmal wöchentlich an, und sie hat nie etwas gesagt.«

Die Concierge zögert. »Sie kommt nur noch, um ihre Post abzuholen.« Angesichts des betretenen Gesichts des naiven Vaters fragt die Concierge: »Haben Sie Probleme mit ihr?«

»Vielleicht.«

»Kinder!« Seufzer. »Wenn Sie einen Blick in ihre Wohnung werfen wollen, sie versteckt ihren Schlüssel oben rechts über der Tür. Sie werden sehen, in der Fuge zwischen Türrahmen und Decke ist ein Loch.«

Zwei Minuten später betritt Neal das Studio. Die Luft ist stickig. Er öffnet das Fenster, Straßenlärm wie ein Schwall Leben. Nackte Matratze, Eisschrank leer, der Stecker ist rausgezogen. In den Küchenschränken ein paar Konservenbüchsen.

Neals Beine geben nach. Er streckt sich auf dem Bett aus, Blick zur Decke.

Deine Tochter ist eine Unbekannte. Verschwunden das brave kleine Mädchen, die gute Schülerin, die angehende Tiermedizin-Studentin in Paris, die dich einmal in der Woche anruft. Sind sie je etwas anderes gewesen als Masken? Wo, wann hast du den Kontakt verloren? Wahrscheinlich seit langem. Sei ehrlich, hat es je einen Kontakt gegeben? Seit dem Tod von Lucille – hast du je etwas anderes in Saf' gesucht als das Bild ihrer toten Mutter?

Die weiße Decke dreht sich langsam, höhlt sich aus, Schwindel.

Am späten Nachmittag fahren Pâris und Pereira in die Rue du Faubourg-Saint-Martin. Der Concierge bei Scoarnec hat seine Schuldigkeit getan, er hat die Existenz eines Mädchens bestätigt, eine prächtige Schwarzhaarige mit sehr langem Haar, und von den Gewohnheiten des Paars berichtet. Vor allem sind sie zu dem Araber an der Ecke gegangen. Bei dem hat Coulanges einen Scheck mit Datum vom letzten Freitag in die Finger bekommen, mit dem das Mädchen Bier und Chips bezahlt hat. Gegen neunzehn Uhr. Der Scheck hat einen Namen verraten, Saffron Jones-Saber, der im Telefonbuch stand, mit Adresse.

Hier, im zehnten.

Im Strafregister (STIC) nichts über sie, das Fräulein mit dem englischen Familiennamen hat sich nichts zuschulden kommen lassen. Anscheinend. Aber Estelle Rouyer, die mit Thomas in der 36 geblieben war, hat herausgefunden, dass sie einen alten schwarzen Golf hat. Also eine dunkle Kompaktlimousine, wie sie vor dem Haus von Soubise gesehen wurde, in der zwei potentiell verdächtige Individuen kurz nach dem geschätzten Todeszeitpunkt von Soubise weggefahren sind. Zwei Individuen, von denen eines ein Mädchen war?

Ausreichender Grund, um unverzüglich an ihre Tür zu klopfen. Oder zu klingeln.

Pâris klingelt. Zweimal kurz. Sie warten. Zunächst nichts, dann bewegt sich etwas. Jemand kommt zur Tür. Schwerer Schritt. Nicht weiblich. Ein Mann macht auf, begrüßt sie mit verschlafenem Gesicht und fragt, was sie wollen. Mit leichtem englischen Akzent. Angesichts seines Alters vielleicht der Vater.

Pereira zeigt seinen Ausweis. »Polizei. Wir suchen Mademoiselle Saffron Jones-Saber. Sie wohnt doch hier?«

»Was wollen Sie von ihr?«

»Wer sind Sie?«

»Ihr Vater.«

Pâris mustert den Mann mit dem gebräunten Gesicht und dem grauen Bart. Ziemlich kräftig gebaut, sieht nach Abenteurer aus, gerade nachlässig genug. Ein alter Kämpfer. Das verstärkt den Reiz des Gesamteindrucks. Er spricht gut Französisch. »Sie heißen?«

»Neal. Jones-Saber.«

»Ist Ihre Tochter da?«

»Warum wollen Sie das wissen?« Ein Hauch Unruhe in der Stimme.

»Dürfen wir eintreten?«

Misstrauen von Neal.

Pâris ergreift das Wort, sein Ton ist beruhigend. »Das Gesetz ermächtigt uns dazu, und es ist in ihrem Interesse.«

Nach einer kurzen Denkpause, der Form halber, tritt Neal beiseite und lässt die beiden Polizisten herein. »Ist meiner Tochter etwas zugestoßen?«

Pereira geht in die Mitte des Studios. Er schaut sich um und dreht sich zu seinem Chef um, schüttelt den Kopf.

Niemand.

Pâris nickt, schaut auf das unbezogene Bett. Eine seit langem verlassene Wohnung. »Nichts, soweit wir wissen. Aber wir würden gern mit ihr sprechen. Über eine Angelegenheit, in der sie uns sicher helfen kann.«

»Was für eine Angelegenheit?«

Pâris geht wieder zu Neal, der im Flur stehen geblieben ist, und lächelt. »Wir sind von der Brigade criminelle.« Er zieht das bei Scoarnec gefundene T-Shirt aus der Tasche und zeigt es. »Erkennen Sie das?«

Keine Reflexbewegung, nur eine Bestätigung der Fakten. »Es gehört meiner Tochter. Ich habe es ihr letztes Jahr gekauft. Wo ist sie?«

»Das wüssten wir gern. Haben Sie eine Idee?«

»Nein. Muss ich mir Sorgen machen?«

»Nicht unbedingt. Wohnen Sie in Paris?« Auch Pereira ist näher gekommen.

»Nein.«

»Wo?«

»In Cahors.«

»Schöne Stadt. Und was tun Sie so?«

»Ich bin Restaurantkritiker.«

Pâris mustert Neal, dessen Stirn von Sorgenfalten durchzogen ist. Der Mann ist fertig. Wieder ein Vater, der nichts mehr versteht. »Sie sind hier, um ...«

»... zu essen. Und darüber zu schreiben.«

»Und nicht, um Ihre Tochter zu sehen?«

Keine Antwort.

»Wie lange?«

»Ein paar Tage.«

»Wo können wir Sie erreichen? Im Hotel, bei einem Freund?«

»Im Hotel. *Jeu de Paume*, auf der Île Saint-Louis.«

»Das ist nicht so weit von uns. Sie finden uns hier.« Pâris reicht dem Engländer eine Karte, die der widerwillig nimmt. »Teilen Sie uns mit, wenn Sie etwas von Ihrer Tochter hören. Es ist wirklich in ihrem Interesse.«

Tiefe Stille in den Straßen von Paris. In weniger als einer Stunde werden die offiziellen Ergebnisse des ersten Wahlgangs bekannt gegeben. Alles weist darauf hin, dass die Wahlbeteiligung sehr hoch war. Die Franzosen sitzen vor ihren Fernsehern.

Ein grauer Mercedes fährt langsam auf die Zentrale von Guérins Partei in der Rue du Quatre-Septembre zu. Auf dem Rücksitz eine große, circa vierzigjährige Frau auf dem Gipfel ihrer Schönheit: zarte, glatte Züge in einem eckigen Gesicht, blassgrüne Augen, goldblonde, kunstvoll zu einem Knoten geschlungene Mähne. Eine Schönheit, die bei den Männern, denen sie begegnet, einen Angstschauer hervorruft, der unendlich anziehend ist.

Aufrecht, regungslos betrachtet sie die vorbeiziehenden Straßen, hört nicht auf das Radio im Hintergrund, denkt an ihre Geschäfte. Das BlackBerry neben ihr auf dem Sitz, in Reichweite, klingelt. Sie sieht den Namen auf dem Display. Borzeix. Eine gereizte Bewegung, sie nimmt sich die Zeit, ein Päckchen Cigarillos aus ihrer Handtasche zu nehmen, zieht einen heraus, zündet ihn an, schaltet den Lautsprecher ein und nimmt das Gespräch an, ohne das Telefon aufzuheben.

... *Elisa, ich versuche Sie seit gestern Abend zu erreichen* ...

Elisa Picot-Robert nimmt einen ersten, tiefen Zug.

... *Was ich Ihnen sagen muss, ist schwierig* ...

Schweigen.

... *Ich hatte einen Geliebten* ...

Elisa artikuliert lautlos *ist mir völlig egal*.

... *Ich glaubte, er sei Verkaufsmanager in irgendeinem Unternehmen* ...

Pause.

... *Er war Polizist.*

Mit einer heftigen Bewegung greift Elisa nach dem Handy, stellt den Lautsprecher ab und hält das Gerät ans Ohr. »Ich höre.«

... *Er ist gestern ermordet worden, und sein Computer ist gestohlen worden. Es wird ermittelt* ...

Elisa Picot-Robert drückt ihren Cigarillo im Aschenbecher aus. Keine Zeit mit unnützen Worten verlieren. »Treffen wir uns heute Abend, um Mitternacht. Vorher kann ich nicht. In der Firma, in Ihrem Büro. Es war gut, dass Sie angerufen haben. Ich brauche Ihnen nicht mein Beileid auszusprechen, nicht wahr?« Sie legt auf, wirft das Handy in ihre Tasche, außer sich.

Der Mercedes erreicht die Rue du Quatre-Septembre.

Gruppen von Parteiaktivisten stehen lächelnd auf der Straße. Dank der ausländischen Korrespondenten ist eine zuverlässige Hochrechnung der Wahlergebnisse bereits bekannt, Guérin liegt weit vorn.

Elisa weicht ihnen aus und geht in den ersten Stock, in die Patrizier-Etage.

Kurz vor Schließung der letzten Wahllokale filmt das Fernsehen die Aktivisten, die sich vor den verschiedenen Parteizentralen versammelt haben und die letzten Sekunden zählen. Die Ergebnisse sind von den Gesichtern abzulesen, verhaltene Freude bei Guérin, Enttäuschung und Ernst bei Schneider.

Die ersten Zahlen werden genannt.

Guérin an der Spitze, mit achtunddreißig Prozent der Stimmen, Beifall und begeisterte Hochrufe bei seinen Anhängern. Schneider ist mit neunundzwanzig Prozent guter Zweiter, verhaltener Beifall im anderen Lager, Kopf hoch, die Wahl wird im zweiten Wahlgang gewonnen.

Knapp eine Viertelstunde später erscheint Guérin auf der monumentalen Treppe, die die Eingangshalle, in der sich die Parteimitglieder drängen, mit den oberen Etagen verbindet. In den zwei Stunden, die er sich mit seinen Beratern eingeschlossen hatte, hat er sorgfältig die Analyse des ersten Wahlgangs vorbereitet. Er will sehr schnell auftreten, vor den anderen, um an diesem Abend den Ton anzugeben und die Medien zu gewinnen. Er bleibt in der Mitte der Treppe stehen, umgeben von seinen nächsten Begleitern, darunter Camille Guesde, um den Fernsehkameras Zeit zu lassen, die Ovationen aus der Halle zu filmen.

Anderswo im Gebäude telefoniert Sonia mit einem Parteibonzen, um die morgige Versammlung in einer Stadt vorzubereiten, in der Guérin die große Mehrheit der Stimmen gewonnen hat. Sie muss ein Triumph werden, um die Dynamik des Sieges zu steigern. Später ist immer noch Zeit, die umkämpften Wahlkreise zu besuchen. Sie gehen die Lokalergebnisse durch, Wahlbüro für Wahlbüro.

Vor Sonia läuft der Fernseher, France 2, der Ton ist sehr leise gestellt. Von Zeit zu Zeit wirft sie einen Blick auf den Bildschirm. Sie sieht Guérin, der mit XXL-Lächeln die Aktivisten grüßt.

Der Moderator weist auf die eher ungewöhnliche Präsenz von Elisa Picot-Robert, Chefin der PRG, in der Gruppe von Begleitern hin. Genau in diesem Augenblick dreht sich Guérin zu Elisa um, nimmt vertraulich ihren Arm, beugt sich zu ihr und spricht leise mit ihr, lachend. Das Fernsehen fängt diesen Moment der Intimität ein.

Sonia erstarrt. Sie schaut zu.

Dann löst sich Guérin von der Gruppe, geht allein die letzten Stufen hinab, mischt sich in die Menge, die Kameras folgen ihm, Händeschütteln, Lächeln, gute Worte. Sonia wendet sich wieder ihrem Gesprächspartner zu. »Entschuldige, Raymond. Könntest du die letzten Zahlen wiederholen, ich war etwas zerstreut.«

Guérin steigt auf die Tribüne gegenüber der Treppe, er wird eine Rede halten.

Sonia schaltet den Fernseher aus.

Scoarnec hat sich heimlich von der Hausherrin einen tragbaren Fernseher ausgeliehen, und jetzt liegen er und Saffron auf dem Bett in der Wohnung im roten Pavillon und hören die ersten Kommentare nach Bekanntgabe der Resultate. Es riecht nach Hasch.

Saf' döst vor sich hin, Fernsehbilder haben sie schon immer eingeschläfert.

Scoarnec stellt den Ton ab. »Alles Hanswurste.« Er steht auf. »Ich muss weg.«

»So spät?«

»Ich hab noch was zu tun vor *Gédéon*.«

Saffron sieht plötzlich verloren aus.

Erwan streichelt ihr über die Wange. »Mach dir keine Sorgen. Für dich ist alles in Ordnung. Keiner sucht dich. Keiner weiß, dass du hier bist. Tamara nimmt dich für zwei Wochen auf. Sie wird dir keine Fragen stellen. Du isst, du schläfst, du liest ein bisschen. Nimm's als Ferien.«

»Im Allgemeinen such ich mir gern die Zeit, den Ort und die Freunde für meine Ferien selbst aus.«

Scoarnec hört nicht mal hin. »Hör gut zu, was du tun musst. Erstens schaust du auf Facebook nach. Mindestens zweimal am Tag. Wenn Julien mit den Vorbereitungen für *Gédéon* fertig ist, wird er sich mit dir verabreden. Wahrscheinlich Ende der Woche. Du bringst den Stick wie geplant in Sicherheit und triffst dich mit ihm. Er gibt dir das Programm, und du gibst ihm den Code, damit er den USB-Stick holen kann, wenn er ihn braucht. So kann er nach *Gédéon* den Mord an Soubise ins Netz stellen. Wir haben nie all unsere Eier im selben Korb. Klar? Hast du verstanden?«

Saf' nickt.

»Ich schaue auch immer auf Facebook nach. Ich werde also wissen, wann ihr euch verabredet, und wir können uns hinterher treffen, mit den üblichen Vorsichtsmaßnahmen. Wenn etwas schiefgeht, sehen wir uns am nächsten Tag um zwölf Uhr. Alles nicht kompliziert, wir haben das schon Dutzende Male gemacht. Okay?«

»Schon gut, ich bin nicht blöd.«

Scoarnec sucht ein paar von seinen Sachen zusammen und wirft sie durcheinander in eine Plastiktüte. Mit dem Rücken zu ihr redet er weiter. »Zweiter Auftrag, dein Abend mit dem anderen.« Pause. »Du musst den Druck wirklich bis zum Ende aufrechterhalten.« Er sieht Saffrons Grimasse nicht.

»Ich habe keine Lust, hinzugehen. Pierre steht zu *Gédéon*, es sind nur noch zehn Tage, und ich habe einen guten Grund, ich muss mich verstecken.«

Scoarnec kommt zum Bett zurück, beugt sich zu ihr, streicht ihr mit einer zärtlichen Geste eine Strähne aus dem Gesicht. »Reizende kleine Provinzbürgerin. Gerade weil er erfahren wird, dass wir auf der Flucht sind, musst du ihn beruhigen, ihm erklären, dass wir keine Mörder sind, und ihm wieder Vertrauen einflößen. Für *Gédéon*.« Kuss auf die Stirn. »Alles hängt von dir ab. Noch ein Mittwoch und es ist vorbei.« Er streicht ihr übers Haar. »Tu's für mich, ja?«

Saffron wendet den Kopf ab, sie möchte kotzen. Dieser Kerl, der da um mich rumstreicht, liebe oder hasse ich ihn?

Scoarnec richtet sich wieder auf, schnappt sich die Plastiktüte, bleibt an der Tür stehen. »Ich nehm das Auto, Tamara leiht dir ihres, das ist abgemacht. Die nächste Zeit könnte turbulent werden, wir müssen vorsichtig sein und rigoros. Maximale Sicherheit. Halt dich an die Anweisungen. Ich liebe dich.« Und er verschwindet.

Der Wahlabend ist Hauptthema aller Fernsehsender.
Im Erdgeschoss von Guérins Parteizentrale steht ein großes Büfett für seine Anhänger bereit. Schinken, Käse und Landwein. Auf mehreren Fernsehern laufen die Debatten und Kommentare der verschiedenen Sender.
Im ersten Stock kommentieren Guérin und diejenigen aus seiner Mannschaft, die nicht in einem Fernsehstudio sitzen, dazu ein paar ausgewählte Freunde, die Vorstellung von diesem oder jenem und trinken Champagner.
Sonia ist nicht aufgetaucht.
Elisa, die eine ganze Weile gedankenverloren am Treppengeländer gelehnt hat, den Blick auf die Menge der Anhänger gerichtet, ohne sie zu sehen, drängt Guérin in eine Fensternische. »Soubise, waren wir das?«
»Was?«
»Seine Ermordung.«
Der Kandidat erbleicht. Er ist ermordet worden? Das ist neu. Sturmwarnung. Und dann, woher weiß sie das? Sie, und ich nicht? Ihr nicht die Oberhand lassen, schnell reagieren. »Nicht hier. Nicht jetzt. Aber, kleiner Rat nebenbei, warte nicht auf uns, räum in deinem Laden auf. Wir hätten weniger Probleme, wenn die PRG kein Glashaus wäre.«

4. Montag

Eine Viertelstunde nach Mitternacht lässt sich Barbara Borzeix von einem Taxi vor dem Firmensitz der PRG in der Avenue Hoche absetzen. Sie fährt lieber nicht selbst, weil sie zu verstört ist und nicht mehr schnell genug reagiert. Das Gebäude vor ihr erscheint ihr plötzlich unbekannt. Sehr schnell öffnet ihr ein Wachmann, und sie fährt in ihre Etage, die sechste. Flure, dunkle, verlassene Büros. Wieder das Gefühl, sich auf unbekanntem Gelände zu befinden. Sie hat das Gebäude oft spät nachts verlassen, ohne auch nur daran zu denken, aber so spät hineingegangen ist sie noch nie. Vage Angst?

Endlich, ihr Büro.

Sie schaltet die Deckenlampe und alle anderen Lichter ein, schaut sich in dem großen Raum um, die vertrauten Möbel, der dicke tabakbraune Teppichboden, der Schreibtisch, die crèmefarbenen Schränke und die Sitzecke, ein schwerer Sessel und ein kleines Sofa um einen niedrigen Tisch aus Glas und Stahl. Der Ort, an dem sie seit drei Jahren den größten Teil ihrer Zeit verbringt.

Das Gefühl, nicht ganz bei sich zu sein, etwas abseits zu stehen, hält an. Keine Zeit, sich in ihrem Unbehagen einzurichten, Elisa Picot-Robert trifft kurz darauf ein. Immer noch makellos gekleidet, geschminkt und frisiert, nach einem ganzen Abend gesellschaftlicher Repräsentation. Die Ähnlichkeit mit Hitchcocks Blondinen, die noch in den ärgsten Katastrophen korrekt und kühl bleiben, ist frappierend, und wahrscheinlich ist das kein reiner Zufall.

Elisa, die im ganzen Haus »bei sich« ist, setzt sich in den bequemsten Sessel neben dem niedrigen Tisch und wendet sich an Borzeix. »Machen Sie uns einen Kaffee, Barbara, und dann setzen Sie sich zu mir. Sie müssen mir die ganze Geschichte erzählen.«

Borzeix, froh, sich zu beschäftigen, kümmert sich um die Kaffeemaschine, mit dem Rücken zu ihrer Chefin. Seit sie mit dieser Frau zusammenarbeitet, hat es keine einzige Auseinandersetzung gegeben. Sie funktionieren gleich, vertrauen sich. Sie kommt an den niedrigen Tisch, stellt zwei Tassen Kaffee darauf, setzt sich und fängt an. »Vor vier Monaten habe ich einen Mann kennengelernt, etwa vierzig, ziemlich romantisch, Typ Regenspaziergänge am Meer ...«

Elisa lässt sie nicht aus den Augen, ihr Blick ist gereizt. »Kürzen Sie ab. Wo sind Sie ihm begegnet?«

Kalte Dusche, aber sie muss fortfahren, damit fertig werden, und zwar schnell. »In einem Spielclub, beim Poker. Sie wissen, dass ich gern spiele, wir haben darüber gesprochen.«

»Und Sie haben dieses gefährliche Vergnügen ganz gut im Griff, ich weiß. Darum geht es nicht. Bleiben wir bei der Sache.«

»Da gibt's nicht viel. Er hat sich als Verkaufsingenieur einer Zulieferfirma der Electricité de France vorgestellt, und ich habe ihm gesagt, dass ich in der Rechtsabteilung einer Hoch- und Tiefbaufirma arbeite. Ohne weitere Präzisierung. Er hat nicht das geringste Interesse an dem Thema gezeigt, auch keine Fragen über meine Arbeit gestellt.«

»War er bei Ihnen zu Hause?«

»Natürlich. Oft.« Eine zärtliche Erinnerung steigt in ihr auf. »Meine Wohnung gefiel ihm sehr.«

»Das wundert mich nicht. Und was hat er bei Ihnen finden können?«

Borzeix bleibt eine Weile stumm. Der Dialog wird zur Gerichtsverhandlung. Deine Chefin richtet über dich. Normal. Was hast du denn erwartet? »Fast alles. Scheibchenweise. Je nachdem, an welchen Akten ich arbeitete. Ich habe immer Arbeit mit nach Hause genommen.«

»Gut. Wenigstens wissen wir jetzt, wie er es angestellt hat. Kommen wir zu seinem Ableben.«

»Am Freitagabend wollte er zum Essen zu mir kommen. Er hatte einen Autounfall, nicht schwer, und ist unvorhergesehen nach Hause zurückgekehrt. Anscheinend war jemand in seine Wohnung eingebrochen, es gab einen Kampf, er wurde getötet. Mitten in der Nacht habe ich seine Leiche gefunden.« Sie schaudert, ihre Stimme wird schwach.

Elisa Picot-Robert rührt sich nicht.

Borzeix fängt wieder an. »Die Polizei hat mich lange verhört, es sah so aus, als verdächtigten sie mich. Erst da habe ich seinen wirklichen Beruf erfahren, er war Polizist. Und dass sein Laptop gestohlen wurde. Mehr weiß ich nicht.«

»Wer leitet die Ermittlung?«

»Die Criminelle. Ein gewisser Pâris und sein Team.«

Elisa erstarrt und wird bleich. Sie schaut Borzeix nicht mehr an, sondern starrt auf ihre auf den Knien gekreuzten Hände. Schnell überlegen. Diese Frau war eine vorbildliche Mitarbeiterin. War. Kindisch, enttäuschend und deshalb gefährlich, aber keine Verräterin. Ihr so viel sagen, dass sie nicht das Gefühl hat, ganz verloren zu sein, aber so wenig wie möglich, um keine alten Geschichten aufzurühren. Und Guérin raushalten. Er oder seine Umgebung hängt da mit drin. Eine Geheimdienstaktion, die schiefgelaufen ist. Sofort begraben.

Als Elisa den Kopf hebt und Borzeix anblickt, begegnet diese ihrem Blick, eisig. Ein Tête-à-Tête mit einem Eisbär.

Die große Chefin spricht langsam, jedes Wort sorgfältig artikulierend. »Dieser Polizist, Pâris, ist für mich kein Unbekannter, das sollten Sie besser wissen. Vor ein paar Jahren hat sich die Justiz dafür interessiert, zu welchen Konditionen mein Vater die Firma Centrifor aufgekauft hat, die jetzt zu unserem Konzern gehört. Pâris war damals bei der Brigade financière und mit der Untersuchung beauftragt. Ein hartnäckiger Schnüffler, der die Reichen nicht mag und sich als Rächer der Enterbten geriert. Der alte Pasquier, der Vater von Sonia Guérin, hat seine Beziehungen spielen lassen. Er hat uns von Pâris befreit, indem er ihn zur Criminelle hat versetzen lassen, unter dem Deckmantel einer Beförderung. Es würde mich wundern, wenn er dafür dankbar wäre. Und das verschärft natürlich unser Problem.« Elisa trommelt zwei Minuten lang auf ihr Knie, dann fährt sie fort. »Treffen wir das Maximum an Vorsichtsmaßnahmen. Wir werden Ihre Akten von allen kompromittierenden Dokumenten säubern ... für den Fall, dass es eine Durchsuchung gibt.«

»Kompromittierend, das heißt?«

»Denken Sie nach. Alles, was den schneidigen Soubise interessiert hat. Zu Ihrer Orientierung, Ihr verstorbener Geliebter«, das Wort betont Elisa grausam, »war zur CEA abgestellt. Deshalb müssen wir absolut alles los werden, was den *Jardin des Hespérides*[9] betrifft.« Sie steht auf; geht zu den Schränken. »An die Arbeit. Aber eins muss ich Ihnen doch noch sagen: Sie suchen sich Ihre Partner schlecht aus.«

Borzeix erstickt fast vor Kummer und Zorn. Verraten, betrogen in der Liebe, gedemütigt, herumkommandiert bei der Arbeit. Sie war schwach genug gewesen, Elisa fast als Freundin zu betrachten. Sie würde ihr Leben wieder zusammensetzen müssen.

Sie steht ebenfalls auf und setzt sich an ihren Computer.

Die beiden Frauen arbeiten schweigend. Am frühen Morgen ist nichts mehr übrig vom *Jardin des Hespérides*, weder in den Akten noch im Computer.

Elisa Picot-Robert seufzt, wischt unsichtbare Staubspuren von ihrem Kostüm. »Gut. Ich gehe nach Hause mich frisch machen. Dann treffen wir uns gleich wieder im Büro, wie gewöhnlich. Aber heute Abend räumen Sie bei sich zu Hause auf. Gründlich. Und vor allem, Barbara, lassen Sie sich nicht gehen. Sie werden diesen

---

9 Hesperiden: Nymphen der griechischen Mythologie, die in ihrem Garten einen Baum mit goldenen Äpfeln hüteten.

Mann vergessen, wie Sie andere vergessen haben. Sie und ich, wir sind vom selben Schlag. Was für uns zählt, ist nur, was in diesem Haus passiert.«

Als Pierre Moal die Brasserie an der Place d'Italie betritt, setzt er sein übliches Gesicht eines zufriedenen, anständigen Vierzigjährigen auf. Das des gut eingeführten, man kann sagen, fest im Sattel sitzenden Journalisten, der keinen Kohldampf schiebt. Pierre Moal ist ein Name, der in der kleinen Welt der Pariser Presse zählt. Als Polizei- und Gerichtsreporter der führenden Tageszeitung wird er von allen respektiert, besonders wegen seines unvergleichlichen Informantennetzes. Mit dem er so enge Beziehungen unterhält, dass er oft, wie an diesem Morgen, unerwartet vielversprechende Anrufe erhält. Nur der *Canard* ist besser, was den Zustrom spontaner Informationen angeht. Und beim *Canard* will er landen, irgendwann.

Claude Petit ist schon da und wartet hinten in einer diskreten Nische. Er arbeitet im Innenministerium, im Büro der sogenannten »reservierten« Fälle der Renseignements Généraux. Ihre ersten Kontakte kamen vor fünf Jahren zustande, zur Zeit des vorigen Präsidenten, als Moal sich für die Aktivitäten der Polizeigewerkschaften zu interessieren begann. Petit war damals Delegierter der offiziell links ausgerichteten Gewerkschaft der Polizeioffiziere und gern bereit, die Verhandlungen mit der Regierung zu beeinflussen, indem er der Presse verstohlen Informationen zukommen ließ, die den Interessen seiner Organisation nützten.

Oder seinen eigenen.

Bei Typen wie Petit weiß man nie. Auch wenn Moal zugeben muss, dass er bis jetzt von den vertraulichen Mitteilungen *seines Claude* nie enttäuscht worden ist. Und wenn Petit sich heute hierher bemüht, dann sicher nicht, um mit ihm zu scherzen. Wachsam sein.
»Wem oder was verdanke ich die Ehre?«

Petit blickt von seiner Tasse auf, schluckt den Bissen Croissant, den er im Mund hat, ohne zu kauen runter, und wischt sich den Mund ab, bevor er antwortet. »Tag, Pierre, ich hatte in der Gegend zu tun.«

Moal lächelt breit. »Aber natürlich.«

Petit gibt das Lächeln zurück. »Sagen wir, eine kleine Überprüfung, die mir gestern unversehens aufgebrummt worden ist, dabei habe ich so schon genug zu tun. Als ich hier vorbeikam, hatte ich Lust, mir die Zeit zu nehmen und dir guten Tag zu sagen.«

Moal winkt der Kellnerin und bestellt einen Espresso und einen weiteren Milchkaffee für Petit. Bis die Bestellung kommt, konzentriert sich das Gespräch auf Überflüssiges, Frauen, Kinder, die Neue aus dem Satz, mit der Moal ins Bett geht, das Leben, das zu schnell vorbeigeht. Als die Kaffees da und sie wieder allein sind, beugt sich Petit zu Moal vor und redet in vertraulichem Ton. »Bei all meiner Schufterei in den letzten Wochen bringt's der Chef doch fertig, mir noch was aufzuhalsen. Ich soll 'ne dumme Geschichte überprüfen, mieser Auftrag, ich fühl mich nicht wohl bei der Sache. Ich glaub, sie wird *pschitt* machen.« Er deutet mit den Fingern eine Explosion an und nimmt sich ein weiteres Croissant.

Moal lehnt sich zurück, er lässt sich Zeit. Das Annäherungsritual ist zu Ende. Ruhig bleiben. Er zieht einen Block und einen Filzstift aus der Tasche und legt sie demonstrativ auf den Tisch. »Erzähl.«

Petit isst sein Croissant auf und trinkt seine Tasse aus. »Ich bin nicht sicher, ob das was für dich ist.«

»Lass das mich beurteilen.«

»Wie du willst. Zuerst eine Meldung aus der Rubrik Vermischtes. In der Nacht von Freitag auf Samstag ist ein Mann in seiner Wohnung überfallen worden. Er ist tot. Die Crim' ermittelt. Haben deine Kumpels von der 36 dir nichts gesagt?«

Moal, der bequem auf seiner Bank sitzt, begnügt sich mit einem Kopfschütteln. Kommen lassen.

»Gut. Sie hatten gerade so viel Zeit, ihm einen Laptop zu klauen, das Neueste vom Neuen. Anscheinend sind sie gestört worden.«

»Mach's kurz, Claude. Sag mir, was ein Bonze von den Renseigements Généraux wie du damit zu tun hat.«

»Bonze, du schmeichelst mir.« Pause. »Aber nicht völlig falsch. Der Tote ist ein Kollege von uns. Zur CEA abgestellt. Und sobald Atomenergie im Spiel ist, du weißt schon ...«

Moal notiert *RG*, Pfeil, *CEA*, *Atom*. Das letzte Wort eingekringelt. »Hat der Kollege einen Namen?«

»Ich weiß nicht, ob ich dir das sagen darf.«

Nun beugt Moal sich über den Tisch. »Du weißt, dass du mir vertrauen kannst. Ich schreib wie immer ›ungenannte Quelle im Ministerium‹.«

Petit tut, als überlegte er, und nickt dann: »Soubise, Benoît, Commandant de Police.«

Moal notiert Namen und Dienstgrad. »Okay. Danke. Aber das sagt mir immer noch nicht, warum du dich damit beschäftigst. Das tust du nicht nur, weil der Tote ein Kollege ist. Die von der 36 werden sich dranhalten, sie mögen es genauso wenig wie ihr, wenn einem Bullen was passiert.«

»Also gut, im Verdacht steht eine Umweltschutzgruppe, eine von der ganz radikalen Sorte. Wir beobachten die Leute seit einiger Zeit. Sie bewegen sich im Umkreis einer Art Guru, dessen Akte nicht ganz jungfräulich ist, wenn du verstehst, was ich meine. Wir befürchten ein Abdriften in die Gewalt, und dieser Mord wäre das erste Zeugnis dafür.«

Moal schreibt *Umweltschützer (Terrorismus?)*, ohne etwas zu sagen. Bringt nichts, den Enthüllungsdrang seines Kumpels von der Polizei zu unterbrechen.

»Der Typ heißt Scoarnec, Erwan Scoarnec. Er wohnte hier in der Gegend.«

Moal notiert *Scoarnec*. »Wohnte?«

»Er ist abgehauen. Die Crim' sucht ihn seit gestern, um ihn zu vernehmen.«

»Und du.«

»Und ich.«

»Warum du? Ihr beobachtet ihn, okay. Aber warum übergebt ihr nicht einfach der Crim' eure Informationen?«

»Weil«, Claude Petit zögert, ihm ist sichtlich unwohl, »dieser Scoarnec bei zwei oder drei Meetings der Alternativen gesehen wurde, an denen Schneider teilgenommen hat.«

»Schneider ... DER Schneider? Der Herausforderer von Guérin?«

»Eben der. Deshalb eilt es. Er und Scoarnec sollen sogar mehrmals miteinander gesprochen haben.«

Moal schreibt *Schneider* und zeichnet einen Pfeil zwischen *Scoarnec* und *Schneider*. »Stehen sie sich tatsächlich nah, oder ist auch Schneider nur ein potentielles Ziel deiner, in Anführungszeichen, Ökoterroristen? Manchmal ist von außen schwer zu unterscheiden, ob mit jemand geredet oder ob er angegriffen wird.«

»Ich weiß es nicht. Noch nicht. Deshalb bin ich an der Sache dran. Aber wenn's wirklich um Terrorismus geht: Es kommt nicht in Frage, dass sie die laufende Wahl stören. Bis jetzt ist doch alles ganz gut gegangen.«

Pierre Moal klappt seinen Block zu und steht auf. »Nicht, dass ich mich mit dir langweile, aber ich hab noch zu tun. Ein paar kleine Nachforschungen.«

Petit legt die Hand auf Moals Arm, um ihn einen Moment aufzuhalten. »Hilfst du mir, so helf ich dir, Pierre. Auch deshalb bin ich hier. Du hast andere Quellen als ich. Wenn du irgendwas erfährst, melde dich.«

»Wie immer.« Moal legt fünfzehn Euro auf den Tisch. »Das müsste reichen.«

»Danke, Pierre.«

»Nichts zu danken. Auf ein andermal.«

Moal kehrt mit großen Schritten zu seiner Zeitung zurück. Gleich etwas schreiben, um sein Territorium zu markieren, aber vorsichtig bleiben. Dieser Scoop, wenn es einer ist, gehört ihm. Sofort eine Spalte auf der Seite »Aus der Gesellschaft« reservieren. Noch nicht auf der ersten, aber das könnte noch kommen. Dann ein paar Nachforschungen anstellen. Petit ist kein Chorknabe.

Als Nicolas Fourcade in sein Büro im Palais de Justice kommt, kann er seine Überraschung nicht verbergen. Der Oberstaatsanwalt, sein Chef, ist da und wartet auf ihn, er sitzt da, wo gewöhnlich die Beschuldigten Platz nehmen. Der erste Besuch dieser Art, und, offen gesagt, wahrscheinlich der einzige. Normalerweise setzen sich die Stellvertreter in Bewegung. Fourcade ist sofort auf der Hut, zu Recht.

Nach den üblichen Höflichkeitsfloskeln kommt der Staatsanwalt direkt zur Sache. »Diese Soubise-Geschichte, fühlen Sie sich der gewachsen? Sie sind neu hier, vielleicht wäre es richtig, sie ab sofort einem erfahreneren Untersuchungsrichter anzuvertrauen.«

»Habe ich irgendetwas getan, was das Verfahren gefährdet?«

»Nein, keineswegs. Ich frage mich nur. Ein ermordeter Polizist, die Atomenergie, ich möchte nicht, dass Ihre Karriere, die noch in den Kinderschuhen steckt, durch einen Fall gefährdet wird, der zu groß für Sie ist.«

»Bis jetzt scheint mir nichts unüberwindlich oder geeignet, meine berufliche Integrität zu gefährden. Ich hätte gerne noch ein paar Tage zur Verfügung.«

»Um?«

»Etwas besser einschätzen zu können, was all die Spuren ergeben, denen wir nachgehen.«

»Gibt es eine, die Sie für ergiebiger halten?«

»Eine radikale Umweltschutzgruppe.«

»Sehr gut. Ich habe einen Blick auf die verschiedenen Fährten geworfen und diese Hypothese scheint mir tatsächlich die vielversprechendste.« Der Oberstaatsanwalt steht auf. »Die Informationen verbreiten sich schnell im Palais, und man macht mir schon etwas Druck, einen Untersuchungsrichter einzuschalten.«

»Druck?«

»Ja, Sie wissen, wie eifersüchtig die Antiterrorabteilung ihre Weide hütet. Die 14. Kammer würde die Geschichte gern an sich ziehen, eine Frage der Legitimität, nehme ich an. Wenn man bedenkt, dass die Leute dieser Abteilung Guérin sehr nahe stehen, wäre ich mitten in den Wahlen gern sicher, dass ich Ihnen nicht zu Unrecht mein Vertrauen schenke.«

»Ich werde versuchen, Sie nicht zu enttäuschen.« Fourcade, der ebenfalls aufgestanden ist, begleitet seinen Vorgesetzten zur Tür.

»Ach, noch etwas ... Trauen Sie den kleinen Schlaubergern von der Crim' nicht, lassen Sie sich nicht an der Nase herumführen. Denn sie werden es versuchen, glauben Sie mir. Besonders Pâris, den Chef der Gruppe, müssen Sie im Auge behalten. Er hat keinen besonders guten Ruf.«

Beim letzten Punkt des Briefings am Montagmorgen, dem Mord an Commandant Soubise, erstattet Coulanges auf Aufforderung Pereiras als erster Bericht. »Die Geschichte von Barbara Borzeix ist stichhaltig.« Sein Blick wandert über die vollzählig in den zwei Zimmerchen ihrer Höhle versammelte Gruppe und macht bei Pâris Halt, ein stiller Wächter hinter seinem Schreibtisch. »Die Gäste bestätigen alle, dass sie da war, der Letzte ist kurz vor Mitternacht gegangen, und ich konnte auch den Pannendienst ausfindig machen, der sich um das Unfallauto gekümmert hat. Er bestätigt alles, dummer Kontrollverlust, dixit Soubise selbst an Ort und Stelle. Ein anderer Fahrer hinter ihm hat den Pannendienst gerufen, weil der Kollege etwas groggy wirkte nach dem Aufprall. Er war an der Augenbraue verletzt.«

»Hast du diesen anderen Fahrer gefunden?« Pereira.

»Noch nicht, aber ich bin dran. Ich will auch noch einen Blick auf die Karre werfen, mit einem vom von der Spurensicherung, nur um sicher zu gehen, dass sie nicht manipuliert worden ist. Dann mach ich mich an die Telefongespräche von Borzeix und Soubise, aber ich habe noch keine detaillierten Rechnungen. Wochenende und Wahlen, da geht alles langsamer als gewöhnlich. Ich müsste das alles heute Nachmittag bekommen.«

Pâris nickt und Leutnant Durand und Brigadier Mesplède sind an der Reihe. »Wir haben diskret ein paar frühere Kollegen von Soubise an der Place Beauvau kontaktiert, und was wir erfahren haben, bestätigt unsere ersten Eindrücke. Entschlossen, integer, ein Schürzenjäger, sicher, aber nicht von der niederträchtigen Sorte. Elegant. Der gute Republikaner eben.«

»Da wir gerade von Republikanern sprechen, ich hoffe, ihr seid gestern wählen gegangen.« Der tiefernste Vorstoß Pereiras erregt allgemeines lautes Gelächter. Der stellvertretende Teamchef ist ein rigider Verfechter der Wahlpflicht.

»Ja, Mama«, prustet Thomas. »Sonst passiert was?«

»Ein Tritt in den Hintern und Apéro-Entzug für mindestens ...« Pereira zählt gespielt konzentriert an den Fingern ab. »Zwei Tage.«

Neues Gelächter, dem Pâris ein Ende macht. »Haben die Nachforschungen im Milieu, eventuelle Spielschulden, irgendwas ergeben?«

Durand schüttelt den Kopf. »Meiner Meinung nach ist das eine Sackgasse. Ich werde dem Pokerclub des *Aviation* einen Besuch abstatten, um ein reines Gewissen zu haben, aber den Bankunterlagen von Soubise nach zu urteilen, scheint er eher vorsichtig und sparsam gewesen zu sein mit seinem Geld.« Er schaut in seine Notizen. »Außerdem beginnen seine Ausgaben fürs Spiel erst vor fünf Monaten. Davor lässt keine Kontobewegung auf eine Passion fürs Kartenspiel schließen. Zudem sind ihm alle im Klub gesetzten Beträge auf den Centime genau von der CEA erstattet worden.«

»Ach ja? Er fängt also erst zu spielen an, kurz bevor er Barbara Borzeix kennenlernt. Im Auftrag? Eine Behörde, die einen Angestellten zum Gigolo macht, das wäre eine Premiere.«

Durand grinst. »Gut, wir haben auch was bei der Videoüberwachung des Viertels gefunden.« Er wendet sich an Mesplède, der für einen jungen Polizisten ziemlich fähig, aber schüchtern ist, und fordert ihn auf, weiterzumachen. Der Brigadier räuspert sich und beginnt. »Die Kamera eines Monoprix zwei Straßen von Soubises Wohnung entfernt, in der Richtung, die unserem Zeugen zufolge die Flüchtenden eingeschlagen haben, zeigt einen schwarzen Wagen, der um zweiundzwanzig Uhr vierzehn vorbeiraste. Das passt zur Zeit des Überfalls.«

»Marke, Kennzeichen?«, fragt Pereira und steht auf, um sich einen weiteren Kaffee zu holen. Er schaut zu Pâris, der stumm ablehnt.

»Negativ. Die Bilder haben eine schlechte Auflösung. Außerdem fährt das Auto ziemlich weit entfernt am Objektiv vorbei. Die Originalaufnahmen sind nach Écully ins Zentrallabor gegangen, vielleicht können sie noch was rausholen. Jedenfalls könnte es das Fahrzeug unserer radikalen Umweltschützer sein.«

»Keine anderen Überwachungsvideos?«

»Nichts im Moment. Aber wir sollten uns keine großen Illusionen machen, drei Blocks von Soubises Wohnung entfernt belebt sich das Viertel freitagabends um diese Zeit, das verdächtige Fahrzeug hat sich wahrscheinlich im Verkehr verloren.«

»Gut, also die Umweltschützer.« Pâris seufzt, wenig begeistert von dieser Aussicht. »Ich habe gesehen, dass der Fahndungsaufruf raus ist. Okay. Was hat die Kartei für Scoarnec ergeben?«

Die Frage geht an Estelle Rouyer. »Sie bestätigt, was die DCRG uns mitgeteilt hat, also nichts, was wir nicht schon wüssten. Das einzige Interessante, was ich entdeckt habe, ist ein Name, Julien Courvoisier. Er ist mehrmals in Angelegenheiten, die Scoarnec betreffen, gehört worden, sie sind offenbar befreundet; aber auch wegen Delikten, die er selbst begangen hat. Und für die er verurteilt worden ist. Sein Spezialgebiet ist die Informatik. Der Junge ist Netzingenieur und treibt sich am liebsten in Systemen rum, in denen er nichts verloren hat. Wenn man das im Zusammenhang mit dem Verschwinden von zwei Computern in unserer Affäre betrachtet, lohnt es sich, da weiter zu graben.«

»Also der dritte Verdächtige, der bei Scoarnec war?«

Estelle zuckt die Achseln.

»Hast du eine Adresse?«

»Und Fotos.«

»Perfekt.« Pâris richtet sich auf seinem Stuhl auf. »Du gehst mit Thomas dahin, sobald wir hier fertig sind. Wenn du ihn findest, bringst du ihn her und wir reden mit ihm. Wenn nicht, gehst du nochmal zu dem Zeugen im Haus von Soubise und zu dem Nachbarn und dem Concierge von Scoarnec und zeigst ihnen sein Bild. Sie sollen uns zumindest sagen, ob unsere beiden möglichen Terroristen am Samstag zusammen waren. Die kleine Jones-Saber?«

»Nichts über sie. Sie taucht nirgendwo auf.«

Pereira ergreift wieder das Wort. »Ihr Vater hat uns gesagt, dass sie an der veterinärmedizinischen Hochschule in Maisons-Alfort studiert. Ihr solltet hinfahren, wenn ihr Zeit habt. Die Telefonrechnungen?«

Thomas antwortet. »Wie bei *La Coule*, wir sind dran. Die von Scoarnec und Jones Dingsda müssten im Lauf des Tages kommen. Für Courvoisier werd ich heute Morgen anfragen.«

»Sehr gut. Bei den Eltern von Scoarnec ist nichts zu holen. Die Kollegen in Clermont sind bei ihnen in Saint-Flour gewesen, um zu sehen, ob er sich dort versteckt, aber sie sind mit leeren Händen zurückgekommen. Seine Alten haben seit zwei Wochen nichts mehr von ihm gehört. Ihre Telefonverbindungen werden überprüft, ob sie uns vielleicht Quatsch erzählt haben.« Pereira schaut zu Pâris, um zu sehen, ob er noch etwas hinzufügen will, und da dieser, gedankenverloren, nicht reagiert, hebt er die Versammlung auf. »An die Arbeit.«

Gegen elf Uhr hat Moal seinen Text fertig. Er liest ihn noch einmal durch: In der Nacht von Freitag auf Samstag ist Commandant Soubise, ein von seinen Vorgesetzten sehr geschätzter, zum Sicherheitsdienst der CEA abgestellter Offizier der DCRG, tot in seiner Wohnung aufgefunden worden. Unseren Informationen zufolge soll es sich um einen Mord handeln. Die Brigade criminelle wurde mit der Untersuchung beauftragt.

Der Aufgabenbereich des hohen Offiziers war sensibel. Doch es hat keine offizielle Stellungnahme der CEA und der Nationalen Polizeidirektion, auch keine Pressemitteilung gegeben, trotz der Bedeutung der Frage der Atomsicherheit auf ökonomischer, politischer und militärischer Ebene. Warum dieses Schweigen? Zwar wird in Frankreich traditionell alles, was mit Atomenergie zu tun hat, mit Geheimnissen umgeben. Aber dieses Schweigen scheint einen anderen Grund zu haben, die Brigade criminelle scheint die Spur von radikalen Umweltschützern zu verfolgen, die schon mehrmals gewalttätige Aktionen durchgeführt und sich bei Krawallen an der Seite des Schwarzen Blocks hervorgetan haben, einer europaweiten ökoterroristischen Bewegung, die der Polizei wohlbekannt ist. Wir befinden uns noch mitten im Wahlkampf, und der Umweltschutz ist eine Frage, mit der man sehr vorsichtig umgehen muss. Die Ermordung von Commandant Soubise kommt, wenn die Spur sich bestätigt, die der Quai des Orfèvres verfolgt, sehr ungelegen, und in den politischen Hauptquartieren scheint man unvorhersehbare politische Auswirkungen zu befürchten. Wir berichten weiter.

Dann schickt er den Text an seine Zeitung zur Korrektur und zum Satz.

Guérin hat sich aus der Parteizentrale gestohlen, wie jeden zweiten Montag im Monat. Er sitzt allein hinten in einer langsam fahrenden, anonymen Limousine mit getönten Scheiben und kostet seinen Wahlsieg aus. Er bekommt gar nicht genug davon. Ein Gefühl der Leichtigkeit, fast Schwerelosigkeit. Bald der mächtigste Mann Frankreichs. Frohlocken. Er amüsiert sich über eine beginnende Erektion. Auch eine leise Angst zwar, Elisa wird ihn ausquetschen über diese Soubise-Geschichte, aber er verdrängt sie schnell, nicht heute, sie wird es nicht wagen.

Anruf von Sonia. Er nimmt nicht ab.

Der Chauffeur setzt ihn vor dem Lieferanteneingang von *Chez Gérard* ab, er geht hinein. In ein paar Sekunden wird er die Tür des Privatsalons öffnen, wo er sich in strengster Vertraulichkeit regelmäßig mit Albert Mermet und Elisa Picot-Robert trifft, um sich mit ihnen über den Fortschritt ihrer gemeinsamen Pläne, den Stand des Wahlkampfs und die Haltung der Medien auszutauschen.

Neuer Adrenalin- und Testosteronstoß.

Endlich hat er die führende Position in dem Trio. Ein Jahr lang war er ihr Mann gewesen. Die gestrige Wahl hat alles verändert. Ein Tagtraum: Sobald er die Tür zum Privatsalon öffnet, fällt ihm Elisa um den Hals, er wirft sie aufs Sofa und nimmt sie mit Gewalt, vor den Augen des versteinerten Mermet. Er lächelt, streichelt flüchtig sein erigiertes Geschlecht. Ich bin bereit.

Er stößt die Tür auf. Albert und Elisa empfangen ihn mit erhobenen Champagnergläsern, Ehre dem Sieger.

Sie trägt ein sehr schlichtes, gut geschnittenes dunkelblaues Kostüm mit grüner Bluse. Guérin erschauert. Sie brennt wie Eis. Mermet, wie immer in einem seiner maßgeschneiderten englischen Anzüge, deren Qualität das Vulgäre an seiner Figur nicht ganz verschleiern kann. Ein beleibter Fünfzigjähriger mit magerem Gesicht, der mit dem Ausbau des Hafenbetriebs in den befreundeten afrikanischen Ländern reich geworden ist.

Zweiter Anruf von Guérins Frau. Er kümmert sich nicht darum und geht schnell zu seinen Gästen am Tisch.

Achtlos essen sie ein prächtiges Kalbskotelett mit Morcheln und stimmen überein, dass ihre Pläne auf dem richtigen Weg sind. Elisa spricht von diesem Sieg wie von der Rendite einer Investition, und sehr flüchtig sieht sich Guérin als gute Prostituierte. Dann reden sie über das Verhalten der Medien. Im Großen und Ganzen befriedigend. Die Bosse mussten kaum eingreifen.

Das Dessert kommt, Rum-Savarin nach Art des Hauses, mit roten Früchten auf Crème Chantilly. Elisa kommt zu dem Vorfall in der Nacht von Freitag auf Samstag. »Ich habe Sie gestern gefragt, ob wir in die Sache verwickelt sind, und keine richtige Antwort bekommen.«

Guérin schaut sie an. Gnadenlos, undurchdringlich. Seine Erregung, sein schmerzhaft erigiertes Geschlecht machen ihm die Konzentration schwer. Aber er hat seinen Text gelernt. »Ein gewisser Polizeidienst hat die Annäherungsmanöver von Commandant Soubise an Führungskräfte der PRG bemerkt. Er wollte das Ausmaß der Schäden erfahren. Aber natürlich hat er nichts mit seiner Ermordung zu tun.«

»Glücklicherweise, denn wenn eine derartige Entgleisung publik würde, kann Sie das den Sieg im zweiten Wahlgang kosten.«

Mermet fragt dazwischen: »Steckt Cardona, die CEA dahinter? Was machen sie mit diesen Informationen?«

»Guesde sagt, nichts im Moment. Es ist also entscheidend für uns, bis zum zweiten Wahlgang für das Schweigen der Medien zu sorgen. Danach haben wir andere Möglichkeiten.«

Mermet nickt.

Elisa greift energisch in das Gespräch ein. »Der Computer von Soubise ist gestohlen worden.«

»Von der Seite ist nichts zu befürchten.«

Sie neigt den Kopf, versteht das Unausgesprochene und fährt fort. »Die Criminelle ermittelt. Wenn sie Soubises Aktivitäten entdeckt, kann sie sie bis zu den Renseignements Généraux zurückverfolgen.«

»Soweit ich weiß, ist die Criminelle den Mördern schon auf der Spur.« Stille. Guérin glaubt einen Punkt gemacht zu haben und will seinen Vorteil nutzen. »Wenn ich mir erlauben darf, das zu sagen, sollten unsere Großunternehmen vorsichtiger sein und Schlüsselstellen nicht verliebten Frauen anvertrauen.«

Mermet lächelt und wendet sich an Elisa. »Würden Sie sagen, dass er völlig unrecht hat, meine Liebe?«

Eisig fixiert sie Guérin. »Ich habe angefangen, mein Haus zu säubern, seien Sie beruhigt. Sie sollten das auch in Ihrem tun und sich von den alten Geheimdienstleuten in Ihrer Umgebung trennen. Sie sind eher gefährlich als nützlich.«

Mermet verabschiedet sich. »Da alles gut läuft, verlasse ich Sie, eine dringende Verabredung.«

Sobald er gegangen ist, steht Guérin auf, reicht Elisa seinen Arm. »Gehen wir nach nebenan für den Kaffee.«

Sie setzen sich auf ein kleines Sofa vor einem niedrigen Tisch. Ein Kellner bringt Kaffee und Feingebäck. Guérins Handy klingelt. Er klappt es auf. Keine Überraschung, es ist Sonia, zum dritten Mal. Er stellt das Klingeln ab, steckt das Telefon in die Tasche, dreht sich mit einer entschuldigenden Grimasse zu Elisa um und sagt ironisch. »Die künftige First Lady.« Er nimmt Elisas Hand und zieht sie zu seinem Hosenschlitz. »Siehst du, wie du auf mich wirkst?«

Sie beugt sich zu ihm, mustert ihn mit einem unergründlichen Blick. »Ich? Oder die Nähe der Macht?« Mit einer schnellen Bewegung öffnet sie zwei Knöpfe »Sie sollten aufpassen, Monsieur le Président, irgendein Idiot mit Handy könnte zum Internetstar werden, wenn er uns bei dem erwischt, was wir jetzt tun«, schiebt, ohne auf den geringsten Widerstand zu treffen, ihre Hand bis zu seinem Geschlecht. Er, ein Exhibitionist?

Guérin spürt einen Schauer seine Wirbelsäule hinaufsteigen, von der Leiste bis in den Schädel. Leicht streicht Elisa mit dem Fingernagel sein Geschlecht entlang, ohne den Blick von ihm abzuwenden. Dann nimmt sie es fest in die Hand. Er kann ein Stöhnen nicht zurückhalten und ejakuliert unbeherrscht.

Elisa lächelt, ein Lächeln, in dem Guérin viel Ironie zu lesen meint, steht mit einer einzigen fließenden Bewegung auf, geht zum Tisch mit den Essensresten, taucht ihre Hand in eine halb leere Karaffe, mit einer lockeren, natürlichen Bewegung, trocknet sie mit einer Serviette ab, nimmt ihre Handtasche, dreht sich, ganz Grande Dame, lächelnd, immer noch dasselbe Lächeln, zu ihm um und geht, mit einer kleinen grüßenden Handbewegung für den künftigen Präsidenten, der mit offenem Hosenschlitz und befleckter Hose auf dem Sofa liegt.

Neal, glatt rasiert, in beiger Leinenhose und passender Safarijacke über langärmligem rosa Hemd mit rundem Kragen, bei aller Lässigkeit viel Stil, hat schon zwei Gläser Pouilly Fumé als Aperitif getrunken und das Menu und die Weinkarte auswendig gelernt, als Cooke mit großer Verspätung kommt. Der Kritiker winkt dem Kellner, der sofort die Vorspeisen serviert. »Da du mich angerufen hast, dass du dich verspätest, habe ich für uns beide bestellt. Und die Weine ausgesucht. Leichte von der Loire. Ist dir das recht?«
»Sehr.«
»Vergiss nicht, ich verlass mich auf deine Kommentare zur Bereicherung meiner Kolumne.« Neal holt ein Notizbuch und einen gut gespitzten Bleistift heraus und legt sie auf den Tisch, bereit zu schreiben, sobald die Vorspeisen gebracht werden. Eine Grüne-Spargel-Suppe für ihn, gebratene, mit Honig glasierte Krabben für Cooke.
Ein Moment der Sammlung, dann einige Bemerkungen, die Neal sorgfältig notiert.
Beim letzten Bissen wechselt Cooke das Thema. »Hast du von deiner Tochter gehört?«
»Nichts, seit ich die beiden Polizisten in ihrer Wohnung getroffen habe.«
»Hast du's noch mal auf ihrem Handy versucht?«
Stummes Kopfschütteln. *No news.*
»Sie treibt's ein bisschen bunt, deine Tochter.«
Ohnmächtiges Auflachen von Neal. »Ich fahre nicht nach Hause, bevor ich sie gesehen habe. Ich habe das Recht auf ein paar Erklärungen.«
»Du weißt natürlich, dass du auf mich zählen kannst.«
»Wie in den guten alten Zeiten.«

»Klar, ich muss über die französischen Wahlen berichten. *But I'll do my best.*«

Nach den Vorspeisen kommt jetzt der Hauptgang. Kalbsbries mit Fenchel für Cooke, mit Pilzen und Spinat gefüllte Seezungenfilets für Neal. Die beiden kosten, es schmeckt, sie reden über dies und jenes. Dann kommt das Dessert.

Vor seinem Rum-Savarin setzt Cooke eine Verschwörermiene auf. »Ich war doch eben auf der Toilette, und im Flur lief ein Kellner vor mir her mit drei prächtigen Rum-Savarins wie diesem hier. Er machte die Tür zu einem Privatsalon auf, ich hab schnell einen Blick reingeworfen, Berufskrankheit, und rate, wen ich gesehen habe?«

Neal schüttelt den Kopf.

»Guérin, den künftigen französischen Präsidenten. In angeregtem Gespräch mit zwei Großunternehmern vom CAC 40[10], Elisa Picot-Robert, Chefin der PRG, und Albert Mermet, Präsident und Hauptaktionär des gleichnamigen Konzerns.«

»Und, ist das für deine Zeitung ein Scoop?«

»*I don't know*, ich bin unschlüssig. Dass Elisa Picot-Robert und Guérin zusammenstecken, ist nichts Neues, eher eine alte Familiengeschichte.«

»Welcher Art?«

»Profitabel. Elisa ist die Tochter von Denis Picot-Robert, der vor vierzig Jahren als kleiner Bauunternehmer angefangen hat, im reichsten Departement Frankreichs, dem 92. Der starke Mann dort war damals François Pasquier, Senator, mehrmals Minister und Präsident des Generalrats. Die beiden haben sich gesucht und gefunden. Picot-Robert wurde Hauptunternehmer beim Bau des Geschäftsviertels La Défense, dem großen Traum des alten Pasquier. Die Fortsetzung kannst du dir vorstellen, eine solche Freundschaft, wir sind in Frankreich, kostet. Oder bringt was ein.« Cooke macht eine Pause, um sich den Mund mit Wein auszuspülen. »Am Ende ist die PRG zum größten Hoch- und Tiefbau-Konzern in Frankreich geworden. Aber nicht nur das, der Gründer träumte von Diversifizierung, er liebte den Flitter und die Macht der Medien. Und dann ist er gestorben. Er hatte nur eine Tochter, Elisa, die das Geschäft

---

10 Französischer Leitindex der 40 führenden französischen Aktiengesellschaften, die an der Börse gehandelt werden.

mit festen Vorstellungen übernommen hat. Sie entlässt alle Tänzerinnen, die ihr Vater sich geleistet hat, konzentriert sich auf den Bau, das Kerngeschäft des Konzerns, und baut es international aus.«

»Die Art Frau, die man nicht oft genug trifft.«

»Und zudem sehr schön.«

»Aber was hat Guérin damit zu tun?«

»Pasquier hatte ebenfalls eine Tochter, die er in alle Geheimnisse der französischen Politik eingeführt hat. Sie war seine rechte Hand bei der Führung des Departements. Aber in Frankreich kann eine Frau allein kein politisch so bedeutendes Departement wie das 92. leiten. Sie brauchte einen Mann. Der alte Pasquier hat sie mit Pierre Guérin verheiratet, der die Klientel und politischen Sitten seines Schwiegervaters übernahm. Zur Erbschaft gehörten die Verbindungen zur PRG. Und die schöne Elisa.«

»Schläft er mit ihr?«

»Das wird unter Journalisten gemunkelt, aber es ist schwer nachzuprüfen. Guérin ist hinter jedem Weiberrock her, aber sie gehört nicht zu denen, die das mit sich machen lassen.«

»Gut, und dein Mermet, was hat der mit der Geschichte zu tun? Ménage à trois?«, fragt Neal mit betont englischem Akzent.

Cooke lacht. »Nein, ich glaube nicht. Mermet ist neu dazugekommen. Er leitet ein Familienunternehmen, das zum größten Teil in Französisch-Afrika sitzt. Da der Einfluss seines Konzerns dort wegen der Chinesen und Amerikaner abnimmt, zieht er sich nach Frankreich zurück. Er hat vor Kurzem Beteiligungen an mehreren Medienunternehmen erworben und hat auch ein Auge auf die PRG-Firmen in diesem Sektor geworfen. Das trifft sich gut, Elisa will sie verkaufen.«

»Und mit den Medien kennt Guérin sich aus.«

»Du hast es verstanden. Aber das ist kein Text für meine Zeitung. Höchstens ein giftiger kleiner Absatz über Guérins gefährliche Liebschaften in einem allgemeineren Artikel.«

Neal kritzelt ein paar Sekunden lang schweigend in sein Notizbuch.

»Wenn die Picot-Robert-Erbin ihre Medienanteile verkauft, wird sie über viel Bargeld verfügen.«

»Ja.«

»Was wird sie damit machen?«

»Gute Frage. Vielleicht vom Ausverkauf öffentlich-rechtlicher Unternehmen nach der Wahl profitieren. Wenn Guérin gewinnt, was mehr als wahrscheinlich ist. Die neue Rechte in Frankreich verschleudert gerne das Kapital ihrer Wähler.«

»Vielleicht waren sie hier, um darüber zu reden?«

»Vielleicht.«

»Ist das im Wahlkampf rausgekommen?«

»Nein, kein einziges Mal.« Cooke nimmt sich Zeit, seinen Freund zu betrachten. »Sag mal, hättest du nicht Lust, mit mir daran zu arbeiten, Nachforschungen anzustellen, weiterzugraben? Als *freelance* für meine Zeitung. Sie würden dich alle mit offenen Armen empfangen. In London erinnert man sich verdammt gut an dich.«

Neal vertieft sich in seine Notizen, lässt ein paar Sekunden verstreichen, dann hebt er den Kopf. »Führ mich nicht in Versuchung, das ist nicht gut für einen alten Journalisten, der am Ende ist. Ich kann das nicht mehr. Fast zwanzig Jahre Exil in der Rubrik Gastronomie, das prägt. Außerdem möchte ich vor allem Saffron finden.«

Eine dreiviertel Stunde später verlassen Neal Jones-Saber und Cooke das Restaurant und verabschieden sich auf dem Gehweg.

Cooke lächelt. »Keine Sorge, ich lass dich nicht in Ruhe. Je länger ich drüber nachdenke, desto besser gefällt mir die Idee deines Comebacks. Aber zuerst Saf'.«

Neal antwortet mit einem vagen Winken und geht schnell davon, Richtung Etoile zur Metro nach Maisons-Alfort. Im Vorbeigehen bleibt er an einem Zeitungskiosk stehen und kauft den *Herald*, nur um zu sehen, reine Neugier natürlich, was Cooke zurzeit so schreibt, und die große Abendzeitung. Er blättert sie schnell durch, findet die Seite »Aus der Gesellschaft«. Wenn die Polizei Saffron als Zeugin sucht, wird er vielleicht aus der Zeitung erfahren, wobei sie Zeugin geworden sein könnte. Wenig. Neal überfliegt einen Artikel mit der Unterschrift Pierre Moal, der vom Mord an Commandant Soubise berichtet, einem zur CEA, auf einen strategischen Posten, abgeordneten Polizisten. Nach Quellen aus dem Umkreis der Ermittlung verfolge die Polizei die Spur einer Gruppe von Ökoterroristen.

Der Journalist zieht eine Grimasse. Nach seiner eigenen Erfahrung führt alles, was mit Atomenergie zu tun hat, zu Verwicklungen. Aber er ist beruhigt, nichts zu finden, was seine Tochter betreffen könnte.

»Interessanter Mann, unser Neal Jones-Saber.« Am frühen Nachmittag ist Pâris mit Pereira allein im Büro.

Sein Stellvertreter schaut von der Zusammenfassung auf, die er gerade liest.

»Bevor er Restaurantkritiker wurde, war er Kriegsreporter. Vor allem im Nahen und Mittleren Osten. Arabophon und arabophil, wie es scheint. Dem Internet zufolge. Mein Englisch ist zwar ziemlich eingerostet, aber wenn ich die Artikel von ihm und anderen lese, die ich gefunden habe, war er zu seiner Glanzzeit jenseits des Ärmelkanals sehr geschätzt. Er hat sich bei der Affäre um die israelische Atombombe einen Namen gemacht. Er soll zu der Gruppe gehört haben, die deren Existenz enthüllt hat. Erinnerst du dich an die Geschichte?«

Pereira schüttelt den Kopf.

»Ja doch, sie haben sogar einen jungen Mann in Israel gefunden, der bereit war, ihre Existenz zu bezeugen. Der Typ ist dann verhaftet worden und in den Knast gewandert, zum Schweigen gebracht. Erst vor kurzem ist wieder die Rede von ihm gewesen.«

»Ja. Mag sein. Zusammenhang mit unserem Mann?«

»Keiner. Nur dass er nicht irgendwer gewesen ist, bevor er in seine kulinarische Quasi-Anonymität verfiel. Er hat sogar einen Eintrag bei Wikipedia.«

»Und hast du gesehen, was ihm das gebracht hat? Beneidenswert!«

»Seine Frau ist bei einem Attentat im Libanon umgekommen. Die gemeinsame Tochter, besagte Saffron, war damals gerade zwei. Nach der Tragödie soll er alles hingeschmissen haben, um drüber wegzukommen und sich um seine Tochter zu kümmern.«

»Foie gras und Grands crus sind mit Sicherheit weniger gefährlich.«

Pâris geht nicht auf die leichte Ironie Pereiras ein. Jones-Saber verdient Besseres, das spürt, das weiß er. Ein untypisches, engagiertes Leben, und von einem Tag auf den anderen schlägt er eine völlig andere Richtung ein. Der Mann hat sicher sehr viel mehr Facetten als der verlorene Papa, den sie gestern gesehen haben. Die Tochter ist in eine Affäre verwickelt, die mit der französischen Atomenergie zu tun hat. Der Vater hat sich einen Namen gemacht, indem er die Israelis auf dem gleichen Terrain geärgert hat. Zufall?

Pereira, der nicht gesehen hat, dass sein Chef immer noch in Gedanken versunken ist, redet weiter. »Da wir gerade von Journalisten reden, am Empfang ist gegen Mittag ein gewisser Pierre Moal aufgetaucht. Er wollte uns sprechen ... Oh, hörst du mir überhaupt zu?«

Pâris konzentriert sich wieder auf das Gespräch. »Wer wollte uns sprechen?«

»Ein Journalist namens Moal.«

»Worüber?«

»Soubise.«

»Und?«

»Ich hab ihn zum Teufel geschickt.«

Die beiden Polizisten lächeln sich zu.

»Aber er schien gut informiert. Und wie es aussieht, ist er mit den Leuten von Levasseur befreundet.«

»Glaubst du, das kommt von dort?«

Pereira hebt die Schultern. »Auf jeden Fall quasseln die Leute von Levasseur zu viel.«

»Ich hab die ersten Gutachten bekommen, interessiert Sie das?« Ange Ballester kommt ins Büro, einen Stoß Papiere in der Hand.

»Na los.« Pâris steht auf und holt sich ein Bier aus dem kleinen Eisschrank, den sie aus der Gemeinschaftskasse gekauft haben. »Willst du auch eins?«

Der Pedant schüttelt den Kopf.

Pereira ebenfalls. »Wir hören.«

»Also Soubise ... Seine Wohnung. Die Tür ist tatsächlich aufgebrochen worden, aber von jemand, der sich mit Schlössern auskennt. Saubere Arbeit. Die Fingerabdrücke auf dem Küchenmesser, das wir im Arbeitszimmer gefunden haben, stammen vom Opfer. Nichts Anormales also. Außerdem bestätigt die Autopsie, dass die Todesursache ein heftiger Aufprall der linken Schläfe auf eine harte, scharfkantige Fläche war. Die Schreibtischecke also. Aber die Leiche weist auch mehrere Hämatome auf, wahrscheinlich das Resultat harter Schläge. Einer davon in die Leber, der größere Schäden angerichtet hat. *Idem* Nase und Handgelenk gebrochen. Er ist systematisch verprügelt worden. Gründliche Arbeit.«

Pâris trinkt einen Schluck und brummt. »Was halten Sie davon?«

Ballester dreht sich zu Pereira um, der als Erster antwortet. »Der Mann kommt nach Hause, findet die Tür offen vor. Er hat seine Pistole nicht dabei, also nimmt er für alle Fälle ein Küchenmesser, was erklärt, wie das Messer ins Arbeitszimmer gekommen ist. Dort trifft er auf den oder die Einbrecher und wird rücksichtslos entwaffnet.«

»Warum hat er nicht die Polizei gerufen?«

»Unangebrachter Stolz. Du gehörst zur Familie, jemand ist bei dir in der Wohnung, ist dein erster Reflex dann, die Kollegen zu rufen oder das Problem allein zu lösen?«

Keine Antwort.

Die leere Bierflasche wandert in einen Korb mit zwei weiteren, Pâris stößt auf. »Wie auch immer, keine Ahnung, wo unsere Ökoterroristen trainiert haben, aber sie scheinen ungeheuer professionell.«

Im Sekretariat der Hochschule für Veterinärmedizin wird Neal nicht unbedingt freundlich empfangen. Saffron ist volljährig, und die Unterlagen der Schule, die die Beurteilungen der Dozenten enthalten, sind streng vertraulich. Um sie einsehen zu können, ist ein förmlicher Antrag und die Genehmigung der Hochschulleitung nötig.

Aber die Sekretärin weiß, dass das junge Mädchen tatsächlich seit Januar keine Kurse mehr besucht, der Vater also gute Gründe hat, sich Sorgen zu machen, und außerdem ist er so sympathisch mit seinen markanten Gesichtszügen und dem Lächeln eines Mannes mit viel Lebenserfahrung. Verstohlen reicht sie ihm Saffrons Akte. »Setzen sie sich dort in die Ecke, beeilen Sie sich und sagen Sie niemandem etwas davon.«

Jones-Saber blättert schnell. Okay, Saffron hat das Studienjahr gut angefangen, sie war fleißig, das ganze erste Trimester hindurch Noten um 2. Weiter. Ab Januar dann keinerlei Noten mehr. Sie verschwindet. Neal hebt den Kopf, schaut zum Fenster hinaus, ein Baum, Sonne, ein Windhauch. Zu den Festtagen am Jahresende war Saf' nach Cahors gekommen, sie war ihm fröhlich und entspannt wie sonst vorgekommen.

Er vertieft sich wieder in die Akte, ohne recht zu wissen, was er sucht. Und findet, auf einem losen Blatt – vielleicht die Hoffnung, mehr zu erfahren –, die Liste einer Arbeitsgruppe, an der seine Tochter beteiligt war, mit Namen, Adressen und Telefonnummern.

Keine Zeit, sich Notizen zu machen, es wäre auch zu auffällig, also steckt Neal, mit dem Rücken zur Sekretärin, das Blatt in seine Jackentasche, dann gibt er ihr die Akte mit einer Geste der Entmutigung zurück, bedankt und verabschiedet sich.

Guérin muss zu seinem ersten Meeting zwischen den beiden Wahlgängen fliegen. Er ist spät dran, im Auto ist er ungeduldig und springt heraus, sobald es vor dem Flughafen Le Bourget stoppt, eilt zum Privatsalon, wo etwa dreißig Journalisten und sein ganzer Wahlkampfstab auf ihn warten, der trinkt und scherzt, um seine Irritation zu überspielen.

Sonia dreht sich zu ihm um, als er hereinkommt, schiefes Lächeln und sarkastischer Blick, anderer Anzug, ein erlebnisreiches Frühstück. Guérin kehrt ihr sofort den Rücken zu.

Das Personal der Fluggesellschaft drängt alle zum Rollfeld, es ist höchste Zeit einzusteigen.

Der Kandidat setzt sich allein in einen ledernen Klubsessel am Fenster, bestellt einen Cognac und vertieft sich in den Anblick der startenden und landenden Maschinen. Sobald sie in der Luft sind, steht er mit dem Glas in der Hand auf und geht zu den Journalisten. »Haben Sie gestern Abend das Gesicht von Schneider gesehen? Was für eine Schlappe!« Er hebt sein Glas. »Ich trinke auf meinen nächsten Sieg. Wer macht mit?«

Stimmengewirr, Gelächter, schmeichelhafte Scherze, dann fragt ein Wirtschaftsjournalist: »Und was werden Sie Schneider in der Atomfrage antworten? Seine Intervention war nicht uninteressant.«

Guérin verliert den Boden unter den Füßen, versinkt. Die Atomfrage? Warum diese Frage, jetzt? Indiskretionen über den *Jardin des Hespérides*? Sonia? Nein, unmöglich. Und was hat Schneider gesagt? Zähes Schweigen um ihn herum. Er muss etwas sagen. »Die Atomfrage ist kein Thema im Wahlkampf. Ich werde mich von Schneider nicht auf das Terrain der Technokraten ziehen lassen, wo er sich gewiss sehr wohl fühlt. Worüber ich mit all den Männern und Frauen sprechen will, auch mit Ihnen hier, warum nicht, ist der Kampf gegen Armut und Ungerechtigkeit, gegen Ungleichheit und Verzweiflung. Ich möchte die Arbeit und die Arbeiter wieder zum Herz unserer Gesellschaft machen. Darum geht es mir. Und niemand wird mich von dieser Aufgabe abbringen.«

Von Kopf bis Fuß schweißgebadet kehrt Guérin den Journalisten den Rücken, lässt sein Glas zurück. Er setzt sich neben seine Frau und fragt sehr leise, mit verhaltener Wut: »Was hat Schneider gesagt, verdammt, darf ich das erfahren?«

Sonia bleibt sehr ruhig. »Nicht nur, dass du nicht ans Telefon gehst, du hast nicht einmal deine Mailbox abgehört? Ganz unprofessionell, Liebling. Schneider hat in den Dreizehn-Uhr-Nachrichten auf TF1 erklärt, dass die Regierung, der du angehörst, gerade in aller Stille ein Dekret zum EPR in Flamanville erlassen hat, das Frankreich in eine technologische Sackgasse führt und um seine führende Stellung in der internationalen Konkurrenz bringen wird. Er fordert eine öffentliche Debatte über die Entscheidungen in der Atomfrage.«

»So ein Abschaum! Er war der Erste, der die Verabschiedung des Dekrets gefordert hat, zusammen mit all den Verrätern, die sich meine Freunde nennen und nur darauf warten, mir einen Dolch in den Rücken zu stoßen!« Seit Monaten setzen sich seine besten Feinde aus seinem eigenen Lager dafür ein, dass Flamanville gebaut wird. Sie wissen, dass ein Erfolg in diesem Bereich die Preise in die Höhe treiben und seine Pläne mit der PRG und dem Mermet-Konzern konterkarieren würden. Er war nur zum Nachgeben bereit, weil die Zeit für ihn arbeitet. Die Zentralen der EPR-Reaktoren werden erst in ferner Zukunft fertig werden. Sie brauchen mindestens zwei oder drei Jahre. Bei weitem genug. »Das haben diese Idioten von der Presse vergessen, sie haben kein Gedächtnis!«

»Vielleicht, aber die ersten Reaktionen der Journalisten waren ziemlich positiv, und es ist nicht sicher, ob deine populistische Paradenummer genügt, um sie von dem Thema abzulenken.«

»Dafür werden sie bezahlen, hörst du? Wenn ich die Macht übernommen habe, werde ich einige Leute eigenhändig an Fleischerhaken aufhängen!«

Neal nimmt sich die Liste mit den Mitgliedern der Arbeitsgruppe vor. Die ersten Kontakte sind enttäuschend. Bei zwei Handys nur die Mailbox. Beim dritten Anruf lehnt eine gewisse Caroline Cordier, junge Stimme, entschieden ab, sich mit Neal Jones-Saber zu treffen, und legt ohne weitere Erklärung auf.

Vierter Versuch, Virginie Lambert antwortet. »Ach, Sie sind der Vater von Saffron.«

Neal hört die Neugier in der Stimme, verstärkt seinen englischen Akzent und gewinnt, Virginie will heute Abend mit ihm essen gehen. Aber das Restaurant sucht sie aus, ein großes Chinarestaurant in Belleville in ihrer Nähe, überlaufen.

Nach der Neugier das Misstrauen. Wenn's unbedingt sein muss. Um einundzwanzig Uhr.

Barbara Borzeix kommt um neunzehn Uhr nach Hause, am Ende ihrer Kräfte und Nerven. Der Tag nach der durchwachten Nacht, die Spannung zwischen ihr und Elisa, mit der sie die ganze Zeit zusammen war, haben ihre letzten Energiereserven aufgezehrt. Und jetzt muss sie noch hier ihre Akten aufräumen.

Und dann immer noch dieses Gefühl, dass sie nirgendwo mehr hingehört und alles, was ihr vertraut war, ihr ganzes kontrolliertes, geplantes, beherrschtes Universum, feindselig geworden ist. Selbst hier in ihrer Wohnung, die sie sich bis ins kleinste Detail ausgemalt hat, als sie sie gekauft hat, denkt sie unwillkürlich, dass jedes Möbelstück, jeder Gegenstand eine Falle oder ein Köder ist.

Getäuscht, betrogen von einem Mann, über den sie, wie sich herausstellt, gar nichts weiß. Er hat ihr Dokumente gestohlen, aber da er Polizist war, noch dazu von den Renseignements Généraux, hat er vielleicht auch ihr Telefon abgehört, überall Mikros und Kameras versteckt und ihren Computer angezapft. Die Möglichkeiten sind so unendlich, dass ihr schwindlig wird. Ihr Liebesleben eine Lüge. Ihr Berufsleben ein Desaster.

Sie wird ihm nie verzeihen.

Sie wird sich selbst nie verzeihen.

Borzeix stützt sich einen Augenblick an den Türrahmen, um nicht zu fallen, dann atmet sie tief durch und fasst sich wieder. Vernunft, Methode. Kraft. Wird sie beobachtet? Dann braucht sie keine Angst mehr zu haben, sie wissen schon alles. Falls nicht, ist es noch Zeit, zu retten, was zu retten ist. Benoît war kein richtiger Polizist mehr, er war zur CEA abgestellt. Und außerdem steht Elisa Guérin nah, und Guérin kontrolliert unter der Hand das Innenministerium. Von ihnen kann das nicht kommen.

Überleben.

Barbara zieht rasch ihre Jacke aus und legt sie zusammen mit ihrer Handtasche aufs Sofa, dann sucht sie in jedem Zimmer sorgfäl-

83

tig alle Papiere und Dokumente zusammen, die mit ihrer Arbeit zu tun haben. Sie landen alle, aber es waren nicht viele, im Designer-Kamin im Wohnzimmer. Das wirklich Wichtige befindet sich im iMac in ihrem Arbeitszimmer.

Sie schaltet ihn ein, findet rasch die entsprechenden Dateien und beginnt sie zu löschen, nachdem sie sie überflogen hat. Zwei bewahrt sie sich bis zum Schluss auf. Eine heißt *Italien-Libyen*, die andere *Jardin des Hespérides*.

Diese beiden muss sie nicht erst anschauen, sie weiß, was drin steht. Seit ein paar Monaten nehmen sie den größten Teil ihrer Zeit in Anspruch. Aber sie zögert, sie in den kleinen Papierkorb zu befördern, der unten die Taskleiste ziert.

Borzeix steht auf, geht ins Wohnzimmer zurück. Aus einem kleinen Holzkästchen, das sie von einer Indienreise mitgebracht hat, nimmt sie einen fertig gedrehten Joint. Ihre alte Manie, auf alles vorbereitet zu sein, sie hat immer vier oder fünf auf Vorrat. Sie zündet ihn an und geht auf die Terrasse. Langsam inhaliert sie die ersten Züge, um sie zu genießen und die Wirkung zu steigern. Bald kitzelt der Dunst des Grases sie in der Nase, der Rauch füllt ihre Lungen und brennt in ihrem Inneren. Es reizt sie zu husten, aber sie beherrscht sich. Angenehmer Schmerz. Das Leben. Nach einer Minute entspannt sich ihr Körper langsam. Egal ob Autosuggestion oder reale Wirkung, es tut ihr gut.

Die beiden letzten Dateien loszuwerden scheint das einzig Intelligente, was sie tun kann. Im Büro befindet sich nichts mehr, außer einer Kopie, die Elisa irgendwo anders versteckt hat. Die letzten Spuren, die letzen kompromittierenden Dinge sind bei ihr, auf ihrem Computer. Nichts für die Justizbehörden übrig lassen. Aber ... Elisa wird mir nie verzeihen. Was wird passieren, wenn die ganze Geschichte vergessen und die Wahl vorbei ist? Sie werden eine angemessene Zeit warten und mich dann entlassen. Oder schlimmer, ich werde genauso enden wie Soubise. Verfolgungswahn? Vielleicht. Ich bin müde.

Ich muss Beweise behalten.

Barbaras Blick wandert zur Straße unten. Es ist noch hell, schönes Wetter. Unten in ihrem Haus sind zwei Cafés. Die Terrassen sind überfüllt. Die Leute nutzen das milde Wetter, sie entspannen und amüsieren sich. Sie haben Glück. Vor drei Tagen noch hätte sie einen Freund, eine Freundin angerufen, sie hätten da unten ein Glas Weißwein getrunken, im Freien. Der Araber des Viertels steht vor seinem Laden, er scherzt mit einem Passanten. Die Buchhandlung ist noch offen. Jemand kommt aus dem *Cityssimo*. Praktisch, dieser neue Service der Post. Borzeix hatte dort gleich bei der Eröffnung ein Postfach genommen. Sie hatte es satt, dass ihre Concierge all ihre Papiere in Empfang nahm. Diese Klatschbase tratschte es im ganzen Haus herum.

Cityssimo.

Borzeix lächelt. Sie raucht ihren Joint zu Ende und geht wieder ins Arbeitszimmer. Eine leere DVD in den iMac, sie kopiert die beiden heiklen Dateien, dann löscht sie sie von ihrem Computer und formatiert ihre Festplatte neu. Die DVD landet in einem Umschlag. Morgen wird sie sie an sich selbst schicken.

Beweise, ein paar Karten in der Hand behalten. Wie beim Poker.

Der Abend bricht an, es ist spät, noch im Büro zu sein, vor allem nach einem besonders arbeitsreichen Wochenende und wenn nichts wirklich Dringliches zu tun ist. Aber Pâris trödelt in der 36, horcht auf die Geräusche im Flur, heute Abend ist es ziemlich ruhig, nur ein Schrei gerade eben, gefolgt von zwei schimpfenden Stimmen, die von einer schnell geschlossenen Tür erstickt werden. Er verdaut die letzten Rückmeldungen des Tages, beendet sein siebtes Bier. Ich sollte nach Hause fahren, aber ich fühl mich dazu nicht in der Lage. Und außerdem hab ich keine Lust, hier geht's mir gut.

Es klopft dreimal und die Tür geht ein Stück auf, ein Kopf erscheint.

Fourcade. »Ich habe den ganzen Nachmittag auf Ihren Besuch gewartet.« Der Ton ist kühl.

»Überlastet.«

»Ein Anruf, um mich zu informieren?«

»Stimmt. Hätte ich tun sollen.« Pâris ist müde. Das braucht er jetzt wirklich nicht.

»Verstehen Sie mich, es ist wichtig, zwischen uns ein gewisses Vertrauen herzustellen. Ich brauche häufigere Berichte.« Da der Polizeioffizier nicht reagiert, ihn nur abwesend anschaut, fährt Fourcade fort. »Was gibt es Neues?«

Seufzer, dann: »Scoarnec und Saffron Jones-Saber laufen immer noch frei herum. Vielleicht haben wir den dritten Spitzbuben ausfindig gemacht, ein gewisser Courvoisier, bei uns aktenkundig. Wegen Informationsdiebstahl. Ein Pirat. Wir setzen seinen Namen ebenfalls auf den landesweiten Fahndungsaufruf.«

»Wenn man an die beiden verschwundenen Computer denkt, hat das eine gewisse Logik. Außerdem waren es doch zwei Männer, die vor dem Haus von Soubise gesehen worden sind?«

Pâris nickt schwach.

»Das schwarze Auto?«

»Zwei meiner Jungs haben eine Videoaufnahme gefunden, auf der eines zu sehen ist, das vom Ort des Verbrechens floh. Im Moment ist es unmöglich zu sagen, ob es der Golf der kleinen Jones-Saber ist. Wir warten. Die Handys unserer drei Rebellen sind seit Samstag früh um drei tot. Außer dem der Kleinen. Ein Anruf bei ihrem Vater, gegen Mittag. Sehr kurz. Ich werde dem nachgehen.«

»Sie verstecken sich, und das tun Leute, die sich etwas vorzuwerfen haben. Ich glaube, wir haben das richtige Ende erwischt.« Bei diesen Worten liegt ein gewisses Frohlocken in Stimme und Blick des Staatsanwalts, die Affäre wird zügig abgewickelt. »Wir müssen uns die Familie und Freunde vornehmen«, sogar Genuss, »und sie nicht aus den Augen lassen. Sie werden uns zu unseren Verdächtigen führen.« Sein Blick wandert durch das Büro, die beiden Zimmerchen, in denen acht Personen arbeiten und die zusammen kaum größer sind als sein eigenes im Palais. Das er für sich allein hat. Dann bleibt sein Blick an Pâris' Korb mit den leeren Flaschen hängen. Verwirrung, dann Härte. Verachtung?

»Wollen Sie eins?«

Fourcade richtet sich brüsk auf, als wäre er bei einem Fehler ertappt worden, und schüttelt eilig den Kopf, um das Angebot abzulehnen.

Pâris steht auf, öffnet den Eisschrank, um sich eine neue Flasche zu holen, aber er ist leer. Noch ein Seufzer, dann lässt er sich wieder in den Schreibtischsessel fallen. »Das ist noch nicht alles.«

Der Staatsanwalt hört diesen Satz, als er gerade, mit einer verlegenen und leicht angewiderten Grimasse, eine Bewegung zur Tür hin macht.

Wer bist du, über mich zu urteilen? »Cardona hat gelogen. Soubises detaillierte Telefonrechnungen haben ergeben, dass sie regelmäßig telefoniert haben, seit unser Kollege zur CEA gekommen ist. Seit fünf Monaten fanden die Telefonate auch am Wochenende statt. Vor fünf Monaten hat Soubise Mademoiselle Borzeix kennengelernt.« Pâris lässt diese Informationen ein paar Sekunden lang einwirken. »Eine weitere interessante Entdeckung, der Kollege hat sehr oft nach Italien telefoniert. Wir haben ein Dutzend verschiedene Telefonnummern gefunden. Bis jetzt haben wir zwei identifiziert.«

Im Büro breitet sich wieder Stille aus. Nach ein paar Sekunden hält Fourcade es nicht mehr aus und fragt, wem diese ominösen Nummern gehören.

»Zwei Beamten von der Antimafia-Staatsanwaltschaft in Rom.«

»Wissen Sie, was er dort herausfinden wollte?«

»Noch nicht.«

»Geben Sie mir die Einzelheiten, ich werde mich darum kümmern.«

»Das wollte ich morgen früh tun. Ich glaube, es könnte auch interessant sein, die Nachforschungen zu den Telefongesprächen auszuweiten.«

»Was denn noch?«

»Die Anschlüsse gewisser Personen anzapfen, unter anderem Cardona, Borzeix, und alle Nummern identifizieren, die zum angenommenen Todeszeitpunkt im Sendebereich von Soubises Wohnung aktiviert wurden, solche Sachen.«

»All das kostet, und das Budget der Staatsanwaltschaft ist nicht beliebig dehnbar.« Sich nicht überrennen lassen. Fourcade setzt sich sehr aufrecht Pâris gegenüber. Nicht nachgeben. »Sie werden Mühe haben, das zu rechtfertigen. Borzeix? Ich dachte, die Aussage der jungen Frau sei überprüft und bestätigt worden. Und Cardona? Diese Leute sind bis auf weiteres zu den Opfern zu zählen. Wir müssen uns auf die flüchtigen Ökoradikalen konzentrieren.«

»Und wenn sie nichts damit zu tun haben?«

»Wie das?«

»Die Leute, die bei Soubise eingedrungen sind, waren Profis. Von einem Polizeioffizier im Vollbesitz seiner Kräfte überrascht, haben sie ihn schnell, ohne Waffe und vor allem ohne Lärm getötet.«

»Auch das Opfer hatte keine Waffe.«

»Doch, ein Küchenmesser. Ein großes«, Pâris betont das Wort Küchenmesser. »Nach Beendigung ihres Jobs haben die Angreifer

keinerlei Spuren zurückgelassen.« Pause. »Scoarnec und Courvoisier passen nicht ins Profil.«
»Worauf stützen Sie diese Überzeugung?«
»Ihr Strafregister und dreiundzwanzig Jahre Polizei.«
»Der Instinkt des alten Bullen.«
»Etwas in der Art.«
»Mir scheint, Ihr Instinkt hat Ihnen in der Vergangenheit schon geschadet. Bevor man eine Spur verfolgt, sollte man sich versichern, dass sie irgendwohin führt.« Deine unpassenden Initiativen und inneren Überzeugungen haben schon einem stellvertretenden Staatsanwalt und einem Untersuchungsrichter die Karriere vermasselt, denkt Fourcade. Ich will nicht der Dritte auf der Liste werden.
Wieder Schweigen.
Pâris entdeckt ein Urteil, ein Misstrauen in den Augen des Staatsanwalts, die einen Moment lang wieder auf dem Korb mit den leeren Bierflaschen liegen. Kleines Arschloch. Immer zu Diensten obendrein. Du hast dich über mich informiert und weißt Bescheid? Also hat dich jemand gewarnt. Wer? Intervention des Oberstaatsanwalts wahrscheinlich. Hat es eilig, zu … Was? Die Akte zu schließen. Warum? Um jemandem einen Gefallen zu tun. Wem? Der CEA, der PRG, via Soubise und Borzeix. PRG. Elisa Picot-Robert steht Guérin nahe. Präsidentschaftswahlen. Wahrscheinlich wird Guérin gewinnen. Die Staatsanwaltschaft hängt von der Exekutive ab. Einen Gefallen tun. Die Affäre unterdrücken. Die Akte schließen.
Pâris mustert den Stellvertretenden, der schließlich die Augen senkt. Die Spreu vom Weizen trennen. Borzeix noch mal aufsuchen. In ihrem Büro. Ohne jemandem was zu sagen. Um zu schauen, was passiert. Um zu schauen, ob ich recht habe.
Fourcade steht auf.
Dem geh ich auf die Nerven.
Fourcade bittet noch einmal um regelmäßige Berichte und geht.
Sie haben mich einmal verschaukelt. Kein zweites Mal.

In einem reizlosen, lauten großen Saal mit Neonlicht sitzen sich Virginie und Neal an einem kleinen Tisch gegenüber, zwischen drei Generationen einer chinesischen Familie und einem deutschen Paar.

Er spürt, dass sie verlegen, befangen ist. Er nutzt es aus. »Sie konnten der Versuchung nicht widerstehen, mich kennenzulernen. Neugierig, warum?«

»Saffron hat mir viel von Ihnen erzählt.«

»Von mir?«

»Ja, Sie scheinen erstaunt?«

»Ein bisschen. Was sagt denn meine Tochter, wenn sie über mich redet?«

»Wollen Sie das wirklich wissen?«

»Es würde mir helfen.«

»Nicht so sicher.« Virginie überlegt, während sie ihren Eistee trinkt, dann entschließt sie sich. »Saffron hält Sie für egoistisch, zu sehr mit sich selbst beschäftigt, um anderen die mindeste Aufmerksamkeit zu schenken, im Allgemeinen, aber besonders ihr. Ihr Beruf, Restaurantkritiker, sie sagt, das sei ein Vorwand, um in Ihre Küche zu flüchten und nicht Stellung beziehen zu müssen im Leben, in der Politik, zu den großen Fragen, wohin geht die Welt und so weiter. Sie findet Sie feige.«

»Aha. Der rasende Lauf der Welt. Was tut denn meine Tochter, um ihn zu ändern?«

»Sie ist Mitglied einer vegetarischen Umweltschutzgruppe.«

»Vegetarierin, Saf'?« Neal sieht das Gänseklein, die Gänseleber, die *confits*, das Cassoulet in den letzten Weihnachtsferien wieder vor sich, und seine Tochter, die tüchtig zugreift ...

»Sie hat mich sogar zu einem Vortrag darüber mitgeschleppt, letzten Dezember. Es war allzu eindrücklich, muss ich sagen. Der Typ hat uns erklärt, dass die Massenvernichtungsmethoden, die im Zweiten Weltkrieg in den Vernichtungslagern verwendet wurden, von den Verfahren in den großen Schlachthäusern, in Chicago und anderswo, übernommen waren. Er hat grausige Dias gezeigt, Haufen von aufeinandergeschichteten, verrenkten Tierleichen, und einen Kurzfilm über eine Schlachtfabrik.« Sie bleibt eine Weile still. »Es hat mich zu sehr geschockt.« Dann redet sie weiter. »Saffron hat beschlossen, kein Fleisch mehr zu essen. Ich nicht. Ein paar Tage später sind wir in die Ferien gefahren, und sie ist nicht wieder in die Seminare gekommen. Seitdem hab ich nichts mehr von ihr gehört.«

Pause, beide hängen ihren Gedanken nach. Sie essen von ihrem lackierten Schweinefleisch, dann fängt Neal Jones-Saber wieder an.

»Dieser Vortrag – wer war der Veranstalter, wer war der Redner?«

»Ein Verein, der sich *Blauer Planet in Gefahr* nennt, ich fand den Namen ganz poetisch. Der Redner, keine Ahnung. Ich habe keine konkrete Erinnerung an den Abend, Umweltschutz oder ob man vegetarisch leben soll oder nicht, ehrlich gesagt interessiert mich das nicht. Es war im Quartier Latin, aber wo genau weiß ich nicht mehr.«

Neal wird drängender, auch freundlicher. Er beugt sich zu Virginie, legt seine Hand auf ihr Handgelenk. »Versuchen Sie sich zu erinnern. Meine Tochter hat sich mir entzogen, das ist ihr Recht, aber ich möchte sie finden und mit ihr reden, ich möchte die Chance haben, ihr zu sagen, wer ich bin. Sie hat ihre Entscheidung an diesem Abend getroffen. Sagen Sie mir irgendetwas, das mir hilft, sie zu suchen.«

Virginie zögert, dann entschließt sie sich. »Wir waren nicht allein bei dem Vortrag. Roberto Bonaldi, Saf's Freund, ein Tierarzt, der an der Hochschule ein Praktikum macht, hat uns mitgenommen. Er ist Mitglied in dem Verein und, wie man erzählt, sogar einer der Verantwortlichen. Sie hat ihm an diesem Abend den Laufpass gegeben, aber vielleicht kann er Ihnen was erzählen.«

»Und wissen Sie, wo ich ihn treffen könnte?«

Virginie zögert kurz. »Ohne Garantie. Aber morgen Abend ist eine Mitgliederversammlung von *Blauer Planet in Gefahr*. Bonaldi wird sicher teilnehmen.«

»Und wie kommt man rein?«

»Bonaldi hat mich auf die Mailingliste des Newsletters gesetzt. Wahrscheinlich seine Art der Anmache. Gestern hab ich eine Mail mit der Adresse bekommen, wo die Versammlung stattfindet. Die dient als Eintrittskarte. Wenn Sie wollen, schicke ich Ihnen alles heute Abend, wenn ich nach Hause komme.«

Neal drückt ihr beide Hände und lächelt. »Danke.«

Virginie lächelt nun auch. »Restaurantkritiker. Ich hab Sie mir klein vorgestellt, mit dickem Bauch und ganz rot. Und ...«

»Und?«

»Und das ist nicht der Fall.« Die Studentin errötet. »Saf' muss was übersehen haben.«

5. Dienstag

Moal ist schon um sieben Uhr in seinem Büro. Gestern Nachmittag hat er, wenn auch nicht so direkt, wie er sich gewünscht hätte, die Bestätigung bekommen, dass die Crim' in erster Linie die Spur Scoarnec verfolgt.

Wenn mein Artikel fertig ist, mache ich noch mal einen Versuch beim Team von Pâris in der 36. Inzwischen Internetrecherche über Scoarnec. Guru eines Grüppchens namens Krieger des Umweltschutzes, das sich zu einigen aufsehenerregenden Aktionen bekennt, Blockade der Nuklearanlage Marcoule, Beschädigung des Autos eines Sicherheitsdienstmitarbeiters der CEA (*Soubise, warum nicht?*). Erklärte Anhänger illegaler Aktionen. Gewalttätig. Von da an ist alles vorstellbar.

Bleiben noch die Beziehungen zwischen Schneider und Scoarnec, die Petit erwähnt hat. Das ist der echte Scoop. Und er, Moal, kennt sich mit Umweltschützern nicht aus.

Informelles Gespräch mit dem Leiter des Ressorts Politik seiner Zeitung. Die Umweltschutzszene ist sehr breit, schlecht definiert und ziemlich unstrukturiert. Natürlich treiben sich auf den großen globalisierungskritischen Foren und alternativen Sozialforen Kader der traditionellen linken Parteien herum, auf der Suche nach Ideen, künftigen Mitstreitern oder einfach nur Stimmen für die nächsten Wahlen. Selbst Parteien der klassischen Rechten betreiben diesen Sport, aber weniger offen, meist schicken sie Leute vom Rand ihrer Organisation. Eine Begegnung zwischen Schneider und Scoarnec ist also plausibel.

Der Kollege gibt ihm die Namen von drei Umweltschützern, die der Zeitung gewogen sind. Telefonanrufe. Scoarnec ist in diesen Kreisen bekannt. Nicht unbedingt geschätzt, aber bekannt. Und dann das kleine Wunder. Ja, Scoarnec ist im Gespräch mit Schneider gesehen worden, bei einem Vorbereitungstreffen für das Gegen-Forum in Davos vor zwei Jahren. Es hat damals sogar ein in der Presse veröffentlichtes Foto gegeben. Manche Umweltschützer haben Scoarnec deshalb wütend vorgeworfen, den Star zu spielen.

Moal findet das Foto im *Parisien*. Scoarnec und Schneider Auge in Auge. Die Bildlegende suggeriert einen Frühling des Dialogs zwischen traditionellen Parteien und Umweltschützern.

Scoarnec und seine Umweltschutzkrieger mit ihren ultra-gewalttätigen Aktionen, nach denen im Mordfall Soubise gefahndet wird, im Kontakt mit Schneider! Moal hat seinen Scoop. Er fängt sofort an zu schreiben.

Beim Aufwachen fällt Neal jäh der Zusammenhang zwischen seinem Gespräch mit Virginie und dem Artikel von Moal ein, den er gestern Nachmittag gelesen hat. Er hat eine Weile gebraucht. Saffron eine Umweltschützerin, die Neuigkeit hatte ihn überrumpelt. Aber wie da keinen Zusammenhang sehen? Radikale Grüne in der Nacht von Freitag auf Samstag in die Ermordung eines Polizisten verwickelt, und seine Tochter, die jüngst konvertiert, also übereifrig ist wie alle Neophyten, verschwindet am Samstagmorgen. Dann trifft er in ihrer Wohnung die Bullen. Und keine x-beliebigen.

Neal ruft sich die Stimme seiner Tochter am Telefon in Erinnerung. *Dad, ich komme nicht, ich konnte nicht kommen ... Umarme Omama.* Wie hatte er die Angst, sogar Panik in ihrer Stimme überhören können? Ein Hilferuf. Saf' in eine Sache verwickelt, bei der es um Atomkraft geht? Er stürzt sich auf seinen Computer.

Erste gute Neuigkeit, er findet die Mail von Virginie. Reizend, dieses Mädchen. Die Mitgliederversammlung findet in einer Sackgasse im elften Arrondissement statt. Um reinzukommen, muss er nur ihren Namen nennen, denn sie steht auf der Mailingliste.

Das Programm für heute Abend steht also fest.

Danach sucht Neal im Netz nach allem, was er über *Blauer Planet in Gefahr* finden kann. Schnell findet er ein paar Informationen: Aus den USA stammender Verein, seit fünf Jahren auch in Frankreich eingetragen, mit Sitz in Neuilly-sur-Seine, praktiziert militanten Tierschutz. Auf sein Konto geht der Überfall auf eine Tierhandlung, die mit geschützten Tierarten gehandelt haben soll und gründlich verwüstet wurde, und die Plünderung eines Labors, das Tierversuche durchführte.

Wie ist das zu interpretieren? Beruhigend, beunruhigend? Weit weg von der Atomkraft, aber Methoden, die zu fast jeder Entgleisung führen können.

Neal bestellt ein solides kontinentales Frühstück und taucht zwischen zwei Schlucken sehr schwarzem Tee und ein Croissant kauend wieder ins Internet ab, besucht verschiedene Foren und Chatrooms, um sich mit der Sprache und den Ideen des Umfeldes dieses Vereins vertraut zu machen und sich heute Abend weniger verloren zu fühlen.

Das Büro befindet sich im dritten Stock, zum Hof hinaus, in einem der künstlich verbundenen Einzelgebäude, die den Hinterhof des Innenministeriums bilden. Es liegt an einem Flur ohne Beschilderung, in Rufweite vom Büro des Direktors. In der DCRG-Familie weiß jeder, wer da arbeitet. Nämlich die, deren Ermittlungen niemanden etwas angehen außer dem großen Chef, manchmal auch seinen Minister. Und manchmal den Präsidenten. Nur den Auserwählten zugänglich.

Vor dem wie immer untadelig gekleideten Unterpräfekten Michelet drei überregionale, eher rechts orientierte Tageszeitungen, auf der Gesellschaftsseite aufgeschlagen. Er amüsiert sich damit, Vergleiche zwischen dem anfänglichen Artikel von Moal gestern und denen seiner beiden zu neugierigen Kollegen anzustellen, die sofort auf den Zug aufgesprungen sind. Schon bringen die Zeitungen Umweltschutzfanatiker mit dem Mord an dem Polizisten in Verbindung. Und das ist erst der Anfang. Bald werden Namen folgen, kein Zweifel. Und da die fraglichen Verdächtigen, diese nützlichen Idioten, die gute Idee hatten, zu verschwinden, wird sich der Verdacht gegen sie noch verstärken.

Wenn die Information über Schneider durchsickert, hat er zwei Fliegen mit einer Klappe geschlagen. Dann wird er zu gegebener Zeit die zuständige Person daran erinnern können, wie geschickt er einen Plan gerettet hat, dem er selbst anfangs keine großen Chancen eingeräumt hatte – aber wer hat ihm damals zugehört? –, und damit seinen bescheidenen Beitrag zum Sieg des Champions geleistet hat, der ihm am ehesten eine strahlende Zukunft sichern kann.

Das Telefon klingelt. Er starrt es an, seine direkte Leitung. Er schaut auf die Uhr, es ist fast neun, und nimmt ab. »Michelet.«

Ich bin im Café an der Rue La Boétie ... Die vertraute Stimme des SISS-Chefs. *Es gibt ein Problem ...*

»Ich komme.«

Als Michelet das kleine Bistro betritt, das ihnen gewöhnlich als Treffpunkt dient, wartet der bärtige Informatiker an der Theke, vor sich einen doppelten Espresso. Dasselbe übernächtigte graue Gesicht wie immer. Michelet bestellt einen Saft, verliert keine Zeit, verlangt verärgert einen guten Grund für sein Hiersein.

Die Stimme des Ingenieurs ist müde. »Der Laptop lief noch, als Ihre Jungs sich an die Arbeit gemacht haben. Und er lief wahrscheinlich, bis sie ihn mitnahmen. Der tote Bulle, das waren sie, oder?«

Michelet antwortet nicht.

»Ich lese Zeitung, wissen Sie.«

»Soubise hätte nicht anwesend sein sollen.« Gereizte Geste. »Was heißt das, er lief?«

Der Bärtige blickt auf den Grund seiner Tasse. »Wir haben Spuren gefunden, dass eine Verbindung hergestellt wurde.«

»Hergestellt?«

»Jemand von außen hat sich heimlich mit dem Gerät verbunden, wenn Ihnen das mehr sagt.«

»Wer?«

Der Informatiker schüttelt den Kopf.

»Gute Arbeit, ich erspare Ihnen die Einzelheiten, aber dieser Kerl wusste, was er tat. Anfangszeit neunzehn Uhr dreiundzwanzig. Gegen halb fing er an, den Inhalt der Festplatte runterzuladen, langsam, um keinen Verdacht zu erregen. Achtundfünfzig übernimmt er die Kontrolle der Webcam. Von da an sieht er alles, was vor dem Objektiv passiert.«

»Alles?«

»Ja.«

»Wie lange?«

»Wahrscheinlich zu lang.«

Die beiden Männer bleiben stumm, bis sich der Unterpräfekt über die Bedeutung dieser Information und ihre möglichen Konsequenzen klar wird. Als er wieder spricht, ist seine Stimme nicht mehr so selbstsicher wie eben bei seiner Ankunft. »Was konnte der Eindringling sehen? Hat er es gespeichert?«

»Unmöglich zu sagen. Aber die Kamera ist bei diesem Gerätetyp nicht besonders gut. In einem kaum beleuchteten Raum beispielsweise erfasst sie nicht viel, und die Bildqualität ist meist nicht so toll. Ich nehme an, Ihre beiden Schwachköpfe haben beim Reinkommen kein Licht gemacht?«

Jetzt schüttelt Michelet den Kopf. Wieder eine Pause, dann: »Sie müssen den finden, der das gemacht hat.«

»Das wird schwierig. Und ganz allein schaff ich das nicht. Ich muss bei den Internet-Providern nachfragen. Unter anderem.«

Der Unterpräfekt nimmt eine Papierserviette von der Theke, dreht sie um und kritzelt einen Vornamen und eine Telefonnummer auf die Rückseite. »Sie rufen in meinem Auftrag an. Sinnlos, zu viele Einzelheiten zu geben. Sie bitten nur um das, was Sie brauchen.«

Der Bärtige nickt.

»Und machen Sie schnell.«

Das Erste, was Pereira auffällt, als er in den Dienstwagen von Pâris steigt, ist der Raubtiergeruch, der zeigt, dass sein Chef die Nacht darin zugebracht hat. Dann bemerkt er die zerknitterten Klamotten und die Schatten auf den Wangen. »Hast du gestern Abend den Weg ins Nest nicht gefunden?«

Pâris deutet lediglich mit dem Kinn auf den Kaffeebecher auf dem Armaturenbrett und trinkt aus einem anderen, identischen, den er in beiden Händen hält. »Gilt das noch, mit dem Studio?«

»Es gilt noch. Und wenn du reden willst ...«

Eine Minute vergeht wortlos.

»Wann kann ich dorthin?«

Pereira lächelt, zieht einen Schlüsselbund aus der Tasche und nimmt zwei, die an einem Ring hängen, ab. »Der große fürs Haus, der andere für den obersten Stock, Tür ganz hinten rechts.«

»Danke.«

»Schon gut.«

»Neuigkeiten im Büro?«

»Keine, außer beim kleinen Courvoisier, dem Internet-As. Sein Handy war in demselben Sendebereich aktiviert wie die von Scoarnec und Jones-Saber, zwischen achtzehn Uhr dreißig am Freitag und null Uhr fünfundvierzig am Samstag. Danach Sendepause wie bei den beiden anderen. Zumindest bestätigt das, dass sie zusammen waren.«

»Und wo liegt dieser Sendebereich? Lass mich raten, rund um Scoarnecs Wohnung.«

Pereira nickt. »Na und? Nichts beweist, dass sie nicht zu Soubise gefahren sind. Sie hätten ihre Handys da lassen und in der Zwischenzeit unterwegs sein können. Courvoisier ist Informatiker, er weiß so was.«

»Aber es beweist auch nicht, dass sie hingefahren sind.«

»Na ja, versuchen wir eben, sie zu finden, dann können wir sie selbst fragen.«

»Sind Rouyer und Thomas in Courvoisiers Wohnung gewesen?«

»Sie gehen heute Morgen dorthin. Gestern hatten sie keine Zeit.« Pereira lässt ein paar Sekunden verstreichen. »Sag mal, warum sind wir hier?« Sein Blick wandert zum Firmensitz der PRG auf der anderen Seite der Avenue Marceau.

Pâris lächelt, nimmt seinen Regenmantel vom Rücksitz, »komm«, und steigt aus.

»Wissen Fichard und Fourcade Bescheid?«

»Wozu?«

In der Halle zeigt Pâris seinen Ausweis und verlangt Barbara Borzeix zu sprechen. Diskret flüstert er Pereira ins Ohr, er wisse, dass sie da ist, er habe sie eine halbe Stunde zuvor ankommen sehen.

Schnell kommt ein Wachmann und begleitet die beiden Polizeioffiziere zu den Fahrstühlen hinter einem verglasten Sicherheitsbereich, der Firmenfremden verschlossen bleibt, und erklärt ihnen, dass sie im fünften Stock von einer Assistentin empfangen würden.

Sie fahren hinauf und werden von einer schüchternen, eleganten jungen Frau zum Büro von Borzeix geführt, die sie erwartet. Die üblichen Höflichkeitsfloskeln, sie bietet ihnen Kaffee an und lädt sie ein, Platz zu nehmen. Die Stimmung ist angespannt, sowohl bei Pereira, weil er nicht sicher ist, ob sie nicht gerade eine Riesendummheit machen, als auch bei der Leiterin der Rechtsabteilung der PRG, deren allzu eifrige Stimme eine gewisse Nervosität verrät. Nicht zu viel daraus lesen.

Pâris hingegen hat ein leises Lächeln aufgesetzt, das alles und nichts ausdrücken soll. »Wie ist es Ihnen seit Samstag ergangen, Mademoiselle Borzeix?«

»Ich glaube, Sie sind heute Morgen nicht nur hierhergekommen, um sich nach meinem Befinden zu erkundigen? Außerdem, ist das alles vorschriftsmäßig?«

»Würden Sie eine Vorladung in die 36 vorziehen?«

»Nein, natürlich nicht.«

»Das dachte ich mir. Wir sind hier unter zivilisierten Menschen, keine Angst.«

Borzeix nickt.

»Lassen Sie mich Ihnen zuerst dies hier geben«, Pâris nimmt eine Visitenkarte aus seiner Brieftasche. »Das hatte ich am Ende unserer ersten Begegnung vergessen.« Er reicht sie seiner Gesprächspartnerin, die nicht mit der Wimper zuckt und sie auf den niedrigen Tisch vor ihnen legt. »Also, Sie halten sich tapfer?«

Pause.

»Es geht mir so gut, wie es jemandem gehen kann, der gerade seinen Lebensgefährten verloren hat. Und entdeckt hat, dass dieser ihn monatelang über sein Leben belogen hat.«

Pâris lächelt. »Gerade was die Lüge angeht, frage ich mich, ob Sie über die Gründe nachgedacht haben, die Commandant Soubise dazu bewogen haben könnten, Ihnen seinen wirklichen Beruf zu verheimlichen.«

Keine Reaktion.

»Ich weiß, dass wir über diesen Punkt schon am Samstag gesprochen haben, aber mit der Zeit ...«

»Nein, ich sehe immer noch keine Erklärung für sein Verhalten. Ich hatte gehofft, dass Sie mich darüber aufklären können. Unter Polizisten ...«

Nun lächelt Pereira. Sie ist gut.

»Commandant Soubise und wir, das ist nicht ganz dasselbe. Seine Arbeit unterscheidet sich in vielem von der unseren. Zudem war er kein richtiger Polizist mehr. Er arbeitete für die CEA.«

Keinerlei Überraschung in den Augen von Borzeix.

Sie weiß Bescheid. Seit wann?

»Hat die PRG oder eine ihrer Tochterfirmen Verträge mit der CEA?«

»Das ist möglich, ich müsste nachschauen.«

»Sie wissen es nicht?«

»Haben Sie eine Vorstellung, mit wie viel Akten ich beschäftigt bin?«

»Ehrlich gesagt, nein.«

»Mit sehr vielen. Wie auch immer, ich bezweifle, dass Benoîts Beweggründe irgendetwas mit den Aktivitäten der PRG zu tun hatten. Wir haben nichts zu verbergen und schon gar nichts, was die CEA interessieren könnte.«

»Was die PRG und die CEA angeht, scheint Joël Cardona derselben Meinung wie Sie zu sein.«

»Wer?«

Pokerspielerin.

»Der Chef der CEA. Er hat nie von Ihnen gehört und sagt, seiner Überzeugung nach sei der Grund für das Drama vom Wochenende im Privatleben zu suchen. Sie versichern uns jedoch, dass dem nicht so sei. Wem soll ich glauben?« Pâris wartet ab, bevor er wieder zum Angriff übergeht. »Schauen Sie, ein paar Details machen mir Kummer. Es ist wahrscheinlich, dass unser Kollege von Leuten getötet worden ist, die wussten, was sie taten. Profis, wenn Ihnen das lieber ist.«

Bei dem Wort *Profis* huscht ein Schatten über Borzeix' Gesicht. »Ich befürchte, ich verstehe Sie nicht.«

»Hatte jemand Gründe, Ihrem Geliebten böse zu sein? Jemand, den Sie vielleicht mit ihm getroffen haben? Im Klub, wegen Spielschulden zum Beispiel? Hat sich sein Verhalten kürzlich verändert? War er angespannter als sonst?«

»Das haben Sie mich alles schon gefragt.«

»Ich weiß, aber mit zwei, drei Tagen Abstand ...«

»Ich weiß immer noch nicht, was ich Ihnen sagen soll.«

»Wer könnte von Ihrem Abendessen erfahren haben? Also gewusst haben, dass er am Freitagabend nicht in seiner Wohnung sein würde?«

»Wenn Profis ihn ermordet haben, hätten sie dann nicht eher einen Zeitpunkt abgewartet, wo er mit Sicherheit zu Hause ist?«

Pâris antwortet nicht. Pereira desgleichen. Sie mustern Borzeix, ohne eine Regung zu zeigen.

»Ich weiß nicht, mit wem er darüber geredet hat. Ich habe es, glaube ich, nur meinen Gästen gesagt. Aus offensichtlichen Gründen.«

Pâris nickt, anscheinend zufrieden. Er schickt sich an aufzustehen, dann lässt er sich zurücksinken. »Wissen Sie vielleicht zufällig, warum Soubise kürzlich mit zwei Antimafia-Richtern in Rom Kontakt aufgenommen hat?«

Diesmal kann Borzeix ihre Überraschung nicht verbergen. Sogar eine gewisse Angst.

Die beiden Polizisten bemerken es.

Pereira ergreift das Wort. »Verfolgt die PRG Interessen in Italien?«

Die Frage überrumpelt Borzeix ein weiteres Mal. Einen kurzen Moment lang gerät sie in Panik, dann versucht sie mühsam, sich wieder zu fassen. »Ich sehe den Zusammenhang nicht mit ...«

»Es sei denn, es hängt mit Ihnen privat zusammen?« Pâris.

»Werden Sie bedroht?« Pereira.

»Antworten Sie ja nicht!« Die Stimme von Elisa Picot-Robert beherrscht sofort den Raum. »Kann ich erfahren, was hier vorgeht?« Sie pflanzt sich mitten im Büro auf. Hinter ihr, auf der Türschwelle, drei unschlüssige Wachmänner.

Borzeix ist aufgesprungen, als wäre sie bei einem Fehler erwischt worden. Aus demselben Grund nimmt sie die Visitenkarte von Pâris vom Tisch und steckt sie in die Hosentasche.

Nicht schnell genug. Die Chefin sieht es. Einen Moment lang verdunkelt Misstrauen die regelmäßigen Züge der blonden Grande Dame, schnell abgelöst von der Maske distanzierter Frigidität, die sie gewöhnlich nach außen zeigt.

Pereira ist auch aufgestanden, ein Kastenreflex.

Nur Pâris hat sich nicht gerührt. Er schaut Elisa an.

Und Elisa schaut Pâris an. Sie sind allein, die beiden anderen existieren nicht mehr.

»Darf ich erfahren, warum Sie hier sind?«

»Wir sind hier, um Mademoiselle über die jüngsten Fortschritte einer Ermittlung zu informieren, in die sie verwickelt ist. Und um einige Punkte mit ihr zu klären, die diese Ermittlung voranbringen könnten.«

»Ich bin nicht sicher, ob Ort und Zeitpunkt angemessen sind.«

»Die Umstände lassen uns manchmal keine Wahl.« Pâris steht nun auch auf. »Aber ich glaube, wir haben für den Moment genug erfahren.« Er reicht Borzeix die Hand: »Danke, dass Sie uns empfangen haben, und auf baldiges Wiedersehen, Mademoiselle Borzeix.« Er bleibt neben Elisa Picot-Robert stehen und grüßt. Die PRG-Chefin macht nicht die geringste Geste in seiner Richtung.

Pâris geht um sie herum und drängt sich zwischen den Wachmännern durch, die mit Verzögerung gerade so viel Platz machen wie nötig.

Pereira stammelt einen schnellen Gruß und folgt ihm.

Elisa schließt die Tür hinter ihnen und geht wütend auf Borzeix los.

»Sie hätten mich rufen lassen müssen.«
»Dazu blieb mir keine Zeit.«
»Immerhin hat der Sicherheitsdienst die Zeit gefunden! Habe ich Sie nicht vorgewarnt, dass dieser Polizist versuchen würde, uns Ärger zu bereiten? Schon seit langem?« Sie blättert die Nummern auf ihrem BlackBerry durch, drückt auf die Anruftaste, wartet. »Pierre? Elisa. Weißt du, wer gerade die PRG-Büros verlässt? Unser alter Freund, Commandant Pâris. Ich dachte, die Crim' hätte schon die richtigen Verdächtigen im Visier?« Sie stellt den Lautsprecher an, damit ihre Untergebene die Reaktion von *Pierre* mithören kann.

Borzeix braucht ein paar Sekunden, um zu begreifen, wem die Stimme gehört, die am anderen Ende der Leitung derart unflätige Flüche und Drohungen ausstößt. Guérin, der wahrscheinlich künftige Präsident der Republik. Direkt und sofort erreichbar, gemeinsame Geschichte, Vertrautheit, er kann sich gehen lassen. Ich spiele an einem Tisch, an dem die Einsätze viel zu hoch für mich sind. Das wusste ich, aber wissen ist etwas anderes, als es zu erleben.

Diesmal werde ich ihn fertigmachen, diesen Arsch!
»Das wollte ich hören. Bis ganz bald.« Elisa legt auf, mustert Borzeix. »Was hier gesagt wurde, bleibt in diesen vier Wänden.« Sie geht zur Tür, besinnt sich und dreht sich noch einmal zu Borzeix um. »Morgen bin ich den ganzen Nachmittag nicht im Büro wegen der Vorbereitungen für die Vernissage unserer neuen Galerie auf der Île Saint-Louis. Wenn irgendjemand, ob von der Polizei oder der Staatsanwaltschaft, im Zusammenhang mit diesem Fall hierherkommen sollte, verlange ich, sofort benachrichtigt zu werden. Und Sie spielen auf Zeit, bis ich hier bin. Beim *Jardin des Hespérides* geht es um die industrielle und finanzielle Zukunft dieses Konzerns. Und niemand wird sich mir in den Weg stellen!« Bevor sie geht, fügt sie noch hinzu: »Machen Sie nicht den Fehler, uns zu unterschätzen. Wir sind es gewöhnt, hoch zu pokern. Und wir sind schon mit ganz anderen fertig geworden. Setzen Sie ja nicht aufs falsche Pferd!«

Eine Stunde vor den Abendnachrichten hat Dumesnil, Schneiders Wahlkampfleiter, den Artikel von Moal auf dem Bildschirm. Verblüfft lesen sie ihn zu dritt in seinem Büro, wieder und wieder.
»Wer ist dieser Scoarnec?«
»Keine Ahnung, nie gehört.«

Anruf bei ihrem Champion, auch er hat den Namen noch nie gehört. Die Dokumentaristen der Partei werden dringlichst um Antwort gebeten.

Dumesnil sondert sich ab, um einen Kontakt im Innenministerium anzurufen.

Ein Pub auf der anderen Seite des Pont-Neuf, hinter Les Halles, weit genug entfernt, um keine Kollegen zu treffen, das Team hat so seine Gewohnheiten beim Mittagessen. Rouyer und Thomas treffen mit Verspätung ein. Alle sind schon da, außer Pâris.

Man macht ihnen Platz, sie setzen sich, Pereira fragt: »Na, haben wir Courvoisier eingebuchtet?«

»Negativ.«

»Nicht da, der König des Internet.« Ein Kellner stellt wie gewohnt ein Bier vor Thomas, der zu schnell trinkt und aufstößt.

»Seit wann?«

»Kann man nicht sagen. Runtergekommenes Haus, kein Concierge, kein Nachbar zu Hause.«

Der Kellner kommt wieder, um ihre Bestellung aufzunehmen. Pereira wartet, bis er gegangen ist, dann fährt er fort. »Wir kommen nicht weiter.« Er seufzt.

»Wo ist der Chef?« Thomas fragt, und alle stecken die Nasen in ihre Teller.

Schließlich antwortet Coulanges. »Bei Fichard.«

Ernste Sache, der Alte hat sein Mittagessen sausen lassen.

»Seit sie bei uns sind, konnte ich mich für Ihre Leistungen nur beglückwünschen.« Kommissar Fichard schwitzt dicke Tropfen, sein Ventilator ist kaputt und es ist schwül. »Sie haben es verstanden, das Vertrauen Ihrer Untergebenen zu gewinnen, und gezeigt, dass Sie sich an andere Ermittlungsmethoden anpassen können ... Was nicht so selbstverständlich war, glauben Sie mir, bei Ihrem Lebenslauf. Hier bei der Crim' arbeiten wir anders.«

Pâris findet den Anblick all des nassen Fetts obszön.

»Ich habe Sie immer unterstützt ...«

Na endlich.

»Aber jetzt, muss ich zugeben, bin ich enttäuscht. Unser bedauerlicher Kollege ist seit drei Tagen tot, Sie haben eine solide Spur und

Verdächtige, trotzdem ist noch niemand gefasst worden. Ich habe mehr von Ihnen erwartet. Dieser Mord an einem bemerkenswerten Polizisten ...«

Bemerkenswert.

» ... hat in der Behörde viel Unruhe ausgelöst. Vor allem bei den Offizieren. Wir brauchen Resultate. Und zwar schnell! Das Ansehen der Crim' steht auf dem Spiel. Es kommt nicht in Frage, dass sie unter ungeschickten Initiativen leidet. Unsere Aufklärungsquote ist die beste in Frankreich, wissen Sie, warum?«

Pâris schüttelt den Kopf. Sein Handy fängt an zu vibrieren. Er konzentriert sich eher darauf als auf den abgedroschenen Monolog seines Chefs, der ihm mit der Verfolgung solider Spuren und konkreter Arbeit kommt. Er solle vermeiden, Affären zu sehen, wo keine sind, die Wirklichkeit sei oft prosaischer, bla-bla-bla.

»Konzentrieren Sie sich auf die Umweltschützer, dort liegt der Kern der Sache. Sicher nicht bei der PRG.«

Innerlich grinst Pâris. Dann spürt er wieder ein Vibrieren in seiner Tasche.

»Die PRG ist Vergangenheit. Sinnlos, alte Wunden aufzureißen, dieser Fall hat nichts damit zu tun. Haben wir uns verstanden?«

Weniger als drei Stunden seit ihrem Vorstoß in den Machtbereich der schönen Elisa. Beim besten Willen der Welt wird es schwer sein, den alten Streit nicht wieder aufzuwärmen.

»Pâris, haben wir uns verstanden?« Fichard ist verärgert über das Schweigen seines Teamchefs.

»Vollkommen, Monsieur.«

»Dann finden Sie mir schnellstens diesen Scoarnec.«

Pâris wartet, bis er auf der großen Treppe der 36 ist, dann hört er die Mailbox seines Handys ab. Erster Anruf, seine Frau. Sie macht sich Sorgen wegen seiner unangekündigten Abwesenheit heute Nacht, sonst gibt er immer Bescheid. *Endlich* ist er versucht zu denken, aber Christelles Ton zeigt, dass die Sorge eher höflich als echt ist.

Er löscht die Nachricht und hört sich die nächste an.

Fourcade. Das überrascht ihn kaum. Nach dem versteckten Anschiss Fichards war er auf den der Staatsanwaltschaft gefasst. Der Stellvertretende fragt nach der Sachdienlichkeit des Vorstoßes bei der PRG heute Morgen. Der unbesonnene Besuch könne die Fortsetzung der Ermittlung gefährden, sie müssten unbedingt miteinander reden.

Der Polizist schaut auf die Uhr, zu spät, um noch zu den anderen zu stoßen, er kann diese Bürde also auch gleich loswerden.

Als Pâris ankommt, isst Fourcade gerade ein Sandwich im Büro. Vor ihm ein Berg Akten. Er bittet seinen Besucher, sich zu setzen, und greift sofort an, in schneidendem Ton. »Warum haben Sie mich nicht von Ihrer Absicht unterrichtet, den Firmensitz der PRG aufzusuchen?«

»Ich war nur dort, um mit Barbara Borzeix zu reden. Sie ist die Hauptzeugin, und ich benötigte einige Erklärungen.«

Einen Moment lang beobachten sich die beiden Männer, Misstrauen auf beiden Seiten, dann macht Fourcade dem Blickwechsel ein Ende. »Ich würde Ihnen gern vertrauen, Commandant, aber so etwas funktioniert nur in beide Richtungen. Wie soll ich die Ermittlung unterstützen, wenn ich nicht weiß, wann und wo es Schläge hagelt?«

Wieder Schweigen.

Pâris zieht seine Zigaretten aus der Tasche. »Darf ich?«

Fourcade nickt und bittet auch um eine.

»Die Ermittlung kommt nicht weiter«, stellt Pâris fest.

»Ich weiß, fast vier Tage und immer noch kein Scoarnec.«

»Geben Sie mir die Erlaubnis, den Telefonverbindungen nachzugehen.«

»Wozu?«

»Weil wir bereits auf vielversprechende Spuren gestoßen sind.«

»Italien?«

»Ja, unter anderem. Auch die Verbindung zwischen Soubise und Cardona, dem CEA-Chef, war sehr viel enger, als dieser zugeben wollte.«

»Haben Sie ihn danach gefragt?«

»Das hätte ich gern, aber er nimmt meine Anrufe nicht mehr an, und seine Assistentin konnte mir erst für Ende der Woche einen Termin geben. Ich könnte ihn vorladen lassen, aber ...«

»Noch einmal, das alles lenkt von unseren Hauptverdächtigen ab, Scoarnec, dem Mädchen mit dem unaussprechlichen Namen und Courvoisier.«

Pâris seufzt. »Das ist zu einfach, um nicht zu sagen, einseitig.«

»Aber sie laufen immer noch frei herum.«

»Eine Frage der Zeit. Hören Sie«, Pâris beugt sich über Fourcades Schreibtisch, »die Professionalität des oder der Besucher und wahrscheinlichen Mörder von Soubise, Soubises Lügen gegenüber seiner Geliebten, die Nervosität von Elisa Picot-Robert nach meinem Auftritt heute Morgen bei der PRG und die unmittelbaren, sofortigen Konsequenzen höheren Orts ...« Er mustert den Staatsanwalt.

»Was wollen Sie damit andeuten?«

»Nichts. Wir wissen alle beide, warum ich hier bin, oder?«

Wieder nickt Fourcade.

»All das, dazu die Mafia-Ankläger ...«

»Darum habe ich mich gekümmert. Ich warte noch auf Antwort aus Rom.«

Pâris lächelt. »Ich sagte, all das bringt uns natürlich von der Fährte der Umweltschützer ab.«

Der Stellvertretende lehnt sich in seinem Sessel zurück, ohne seinen Gesprächspartner aus den Augen zu lassen. »Der Oberstaatsanwalt drängt mich sehr, diese Spur zu verfolgen. Vielleicht zu sehr.«

Wieder lächelt der Polizist.

»Aber Scoarnec und seine beiden Genossen sind auf der Flucht. Und ich weigere mich zu glauben, dass das nicht mit unserer Geschichte zusammenhängt. Deshalb müssen Sie sie finden, Pâris. Sehr schnell.«

Jardin des Tuileries, kurz nach vierzehn Uhr. Grün, ein paar Jogger, Spaziergänger, die sich von der erdrückenden Hitze des nahenden Gewitters nicht abschrecken lassen.

»Verdammt, hätte man das nicht im Büro machen können?« Michel läuft um seinen Metallstuhl herum. »Nicht nur, dass man sich rumärgern muss, hier einen Parkplatz zu finden, wir kriegen gleich auch noch einen Guss ab.«

»Er wird schon seine Gründe haben. Setz dich, sonst wird mir schlecht.« Jean sitzt mit angezogenen Beinen auf dem Rand eines Wasserbeckens, ungerührt. Heute schwimmt kein Schiffchen im Wasser.

Michelet trifft ein. Knapper Gruß mit dem Kinn. »Bringen wir es schnell hinter uns, es wird gleich regnen.« Er schaut sich um, zögert, fängt dann an, zu reden, nur das Nötigste.

»Ihr müsst jemanden aufspüren. Sofort.«

Jean schaut Michel an, wegen des ernsten Tons. Das Großmaul antwortet. »Wen und warum?«

»Das Warum geht euch nichts an.«

»Wen?« Jetzt redet Jean.

»Sie heißen Julien Courvoisier und Erwan Scoarnec.«

»Wie der Typ in den Zeitungen?«

Michelet nickt. Logische Schlussfolgerung. Zwei, drei Anrufe, ein bisschen Überlegung, warum sich dieser Idiot Scoarnec vor dem Eintreffen der Bullen wohl verdrückt hat, was zuerst allen gut in den Kram passte, rasche Sichtung der Akten von Scoarnec und Soubise im Büro, dann die Entdeckung der Existenz von Courvoisier, einem einschlägig vorbestraften Internetpiraten. Zwei und zwei zusammenzählen. Das Hacken des Computers, dafür würde er die Hand ins Feuer legen, waren sie. Und sie haben sich verdrückt, weil sie Angst bekommen haben. Oder irgendwas planen. Der Mann von der SISS braucht es nur noch zu bestätigen. Wenn er drauf kommt. Falls er drauf kommt. Und das wird ihr Problem nicht lösen, das heißt, diese verdammten Ökos am Reden hindern.

»Gibt's ein Problem?«

»Vielleicht, ich sag's euch, wenn ihr sie gefunden habt.«

»Nicht so einfach, wenn die Kollegen von der Crim' hinter ihnen her sind.«

»Wir haben keine Wahl.«

Jean mustert Michelet genau. Sein Vorgesetzter ist echt besorgt. »Und wenn wir sie nicht vor ihnen finden?«

»Das wäre schlecht. Die Mission im Eimer und unsere Jobs auch.«

Michel, aufmerksam geworden, nimmt die Akte vom Stuhl und setzt sich neben seinen Chef. Ganz nahe. Obwohl er nicht gerade der feinste Psychologe ist, hat auch er die Angst in der Stimme des Chefs bemerkt.

Zu nahe. Der Unterpräfekt mag das nicht. Aus ihm unverständlichen Gründen kommt der große Schwarze nicht ohne den kleinen Rotschopf aus. Aber er fürchtet diesen Kerl genauso sehr, wie er Jean schätzt. Zu labil. Mit Sicherheit imstande, außer Kontrolle zu geraten, wenn er erführe, dass der Mord an Soubise wahrscheinlich gefilmt worden ist. Das Gegenteil von dem, was sie im Moment brauchen können. Also nur das Minimum an Informationen.

Die Crim' hat einen kleinen Vorsprung vor uns, das stimmt, und zwar wegen mir, geißelt Michelet sich im Stillen, aber ich habe ein paar Einzelheiten in der Hand, die nicht an sie weitergegeben worden sind. Kontakte, unter anderem. Es geht doch nichts über das amtliche Abhören von Telefonen. Der beste Kumpel von Scoarnec heißt Bonaldi. Sie sind seit Jahren zusammen aktiv. Er reicht Jean einen Umschlag, den er aus der Manteltasche gezogen hat. »Da drin erfahrt ihr, wo ihr ihn finden könnt. Geht hin und schaut, was er zu sagen hat.«

Die beiden RG-Offiziere stehen auf.

»Und, meine Herren, etwas cleverer diesmal.«

Als Pâris ins Büro kommt, sind alle da und folgen ihm mit den Augen, als er zu seinem Platz ganz hinten geht.

Pereira wartet nicht mal, bis er sitzt. »Also, wo hast du gesteckt? Ich habe im Büro des Chefs vorbeigeschaut, aber er war mit jemand anderem beschäftigt. Ich dachte schon, du lässt dich irgendwo volllaufen.« Der Ton soll locker sein, aber er schafft es nicht ganz.

»Mich kaputtmachen wegen Fichard? Der geht mir am Arsch vorbei. Ich war bei Fourcade.«

»Und, hat er dich auch massakriert?«

»Nein, nicht so richtig. Aber er ist besorgt, er fürchtet, der Fall könnte ihm entzogen und der Anti-Terror-Abteilung übergeben werden.«

»Dann würden wir den Fall verlieren?«

»Ohne jeden Zweifel.«

»Beerdigung erster Klasse.«

»Ja, also Schluss mit dem Quatsch.« Pâris hebt die Stimme. »Kommt alle mal her!«

Das Team schart sich um den Chef.

Pâris wartet, bis sich die Unruhe gelegt hat, und ergreift wieder das Wort. »Also, Anpfiff von Fichard, Warnung von der Staatsanwaltschaft, ihr kennt das. Für alle, die's nicht mitbekommen haben, der Grund war, dass ich heute Morgen bei der PRG war. Das bestätigt, was wir im Stillen alle denken, dass nämlich die Ökos die falsche Spur sind. Na ja, vielleicht nicht ganz. Aber wir sind uns einig, dass sie den Kollegen mit Sicherheit nicht umgebracht haben. Einwände?«

Niemand reagiert.

»Nun, Scoarnec, Courvoisier und Jones-Saber sind irgendwie in unseren Fall verwickelt, auch wenn ich noch nicht weiß, wie. Also müssen wir sie unbedingt finden, um aller Welt einen Gefallen zu tun. Im Moment noch.« Pâris wendet sich an Estelle Rouyer. »Was ist rausgekommen bei der Wohnung von Courvoisier?«

Die junge Frau schüttelt den Kopf.

»Seine Wohnung wird ab heute Abend überwacht. Fourcade ist einverstanden, die BRI[11] hinzuzuziehen. Man sollte die Wohnung durchsuchen, aber es ist immer noch möglich, dass unser Pirat überraschend nach Hause kommt. Also lass ich mich drauf ein, bis morgen früh zu warten, bevor ich die Spurensicherung hinschicke. Mit ein bisschen Glück ... Zur Information, die Kollegen werden auch die Wohnungen von Scoarnec und Jones-Saber überwachen. La Coule?«

Coulanges taucht hinter Thomas auf. »Verehrter Chef?«

»Die Telefonverbindungen unserer kleinen Schwachköpfe?«

»Drei Personen tauchen in den Listen unserer drei Freunde auf, ein Kumpel von Scoarnec, mit dem er früher zusammengewohnt hat, ein Prof vom Collège de France, der mehr oder weniger ihr Guru ist, und ein Typ, der bei France Télévisions arbeitet.«

»Journalist?«

»Nein, Techniker.«

»Sind alle vernommen worden?«

»Ja.«

»Dann mach dich noch mal daran und danach erzählst du mir kurz was über die anderen Freunde. Und überprüf, ob niemand vergessen worden ist.«

Das *Journal du Soir* ist seit ein paar Stunden an den Kiosken, und in Schneiders Wahlkampfbüro herrscht Großalarm. Eine Lawine von Journalisten-Anrufen, mehr oder weniger besorgt, mehr oder weniger aggressiv. Was ist an dieser Sache mit dem mutmaßlichen

---

11 *Brigade de recherche et d'intervention*: Kleine Sondereinheit innerhalb der Police judiciaire, geschaffen zur Bekämpfung des organisierten Verbrechens, die die anderen Abteilungen bei riskanten Überwachungen und Interventionen unterstützt.

Mörder eines hohen Polizisten dran? Hat der Kandidat wirklich mit Scoarnec verkehrt? Ja, er hat ihn einmal zufällig getroffen, auf einem globalisierungskritischen Forum, und in Wirklichkeit hatten sie eine Auseinandersetzung. Streng: Können Sie das beweisen? Nein, aber es ist nicht an uns, etwas zu beweisen. Jedenfalls streiten Sie das Treffen nicht ab. Nein, aber ein weiteres hat es nie gegeben. Das sagen Sie, aber Sie können keine Beweise dafür liefern. Es gibt nichts zu beweisen, Eugène Schneider hat nichts mit diesem Fanatiker zu tun, und wenn Sie weiter das Gegenteil behaupten, werden wir Sie der Verleumdung bezichtigen! Ich mache nur meine Arbeit, ich habe das Foto nicht erfunden ...

Wer hat diesen Bluff in die Welt gesetzt? Macht es Sinn, offiziell beim Chefredakteur der Zeitung zu protestieren, die diese Meldung als Erste gebracht hat? Nein, sicher nicht. Die Verteidigung der Pressefreiheit ist einer unserer wichtigsten Punkte in diesem Wahlkampf, vergessen wir das nicht. Aber wir haben ihm unsere Meinung zu dem Artikel von Pierre Moal schon zu verstehen gegeben.

Schneider meint, es könnte eine Warnung als Antwort auf die fundierten, schwerwiegenden Fragen sein, die er Guérin gestern zu seiner Strategie in Sachen Atomenergie gestellt hat. Er ist dafür, noch einmal nachzulegen, zuzuschlagen, wo es weh tut. Selbst wenn es im Moment, gibt er zu, blindlings ist. Dumesnil ist dagegen. Blinde Schläge mag er nicht. Wie üblich setzt sich sein Standpunkt durch.

Neal kommt zu früh zu dem Gebäude, in dem die Mitgliederversammlung von *Blauer Planet in Gefahr* stattfinden soll, eine umgebaute Werkstatt mit elegant schwarz-weiß gestrichener Fassade am Ende einer Sackgasse, inmitten von Sträuchern und Blumen. Viel Charme, aber die Tür ist zu. Zu seinem Glück regnet es nicht mehr.

Er schlendert durch das Viertel, das für ihn ganz neu ist, und entdeckt eine ganze Reihe von Sackgassen mit alten, mit viel Geschmack und Geld renovierten Gewerbegebäuden, in denen jetzt Grafik- und Werbeateliers, Theatergruppen, Anwaltskanzleien und einige gewiss nicht mittellose Vereine residieren.

Im Parallelgässchen zu der Werkstatt, in der die Versammlung der Umweltschützer stattfinden soll, bewundert er eine alte einstöckige Fabrik aus bunt lackierten Backsteinen, wunderschön. Das ganze Viertel ist still, ruhig, fast tot. Nur etwa hundert Meter entfernt beginnt das Getümmel der großen Verkehrsadern.

Neal geht langsam zurück. Diesmal ist die Tür der Werkstatt offen, in kleinen Gruppen gehen die Mitglieder hinein. Er folgt der Bewegung und passiert dank des Namens von Virginie Lambert ungehindert eine harmlose Kontrolle. Das Erdgeschoss ist ein einziger langer, kahler Raum mit Betonboden, Podium, Lautsprecheranlage und Flipchart, die Stühle sind an den Wänden aufgestapelt. Die Ankömmlinge nehmen sich einfach einen und setzen sich irgendwohin. In einer Ecke führt eine Treppe zu einem Zwischengeschoss, wahrscheinlich Büros, die tagsüber besetzt sind.

Der Raum füllt sich schnell mit Leuten jeden Alters, die je nach Affinität Grüppchen bilden und anfangen zu diskutieren. Neal konzentriert sich. Jeden Moment, jedes Individuum, jedes Detail beobachten, ohne dass es jemand merkt, ist eine schwierige Kunst, die er früher als Nahost-Korrespondent oft praktiziert hat, in meist feindseligen Milieus, wo man schon wegen eines indiskreten Blicks umgebracht werden konnte. Seine alten Reflexe sind mit überraschender Leichtigkeit wieder da. Was ihm großes Vergnügen bereitet.

Bald sind über zweihundert Personen versammelt, jetzt wird allgemein diskutiert. Trotz seiner im Zeitraffer erworbenen Kenntnisse versteht Neal nicht immer, worum es geht. Dann steigt ein Mann um die fünfzig aufs Podest, nimmt das Mikro, stellt sich vor: »Sébastien Bontemps aus Aix-en-Provence.«

Es wird still.

»Ihr kennt mich, ich bin kein Anhänger endloser Diskussionen ohne konkrete Aktionen. Aber ich lese Zeitung wie jedermann, die Jagd auf die Umweltschützer hat begonnen. Wir sollten uns eine Weile ruhig verhalten, schon weil Erwan Scoarnec eine Weile zu unserem Verein gehört hat und die Polizei das schon bald wissen wird. Wir reden wieder über Aktionen, wenn sie uns nicht mehr auf dem Kieker haben.«

Stimmengewirr, ein paar Rufe: *Schlappschwanz*.

Neal hört sie kaum, ihm bricht der Schweiß aus, seine Nerven liegen blank. Scoarnec, den Namen hat er im *Journal du Soir* gelesen. Er kann also seine Tochter in diesem Verein getroffen haben. Immer wahrscheinlicher, dass Saffron in diese dreckige Geschichte verwickelt ist.

Nun steigt eine Frau aufs Podium, die wie eine nette Oma aussieht. Sie nennt ihren Namen und argumentiert, sie sollten ganz im Gegenteil den Medienrummel nutzen. Der Anlass sei nicht so schlimm, sie zumindest habe mit den Mördern nichts zu tun, die gequälten Pferde, die unter unwürdigen Bedingungen aus Polen hierher transportiert werden, könnten nicht warten.

Die Debatte beginnt, ein Redner folgt auf den anderen.

Borzeix streckt sich lange. Sie ist noch spät im Büro. Vor ihr die Reste eines Sushi-Tellers, eine leere Flasche japanisches Bier und die losen Blätter einer Akte, um deren dringende Bearbeitung Elisa sie gebeten hat. Sie sammelt sie ein und steckt sie in einen Umschlag, zieht ihren Mantel an, lässt die Abfälle liegen und legt den Umschlag in die Post für ihre Chefin. Dann geht sie nach Hause.

Erster Reflex in ihrer Wohnung: die Schuhe ausziehen. Nur einen Gedanken im Kopf: sich ein schönes Bad einlaufen lassen. Sie zieht im Schlafzimmer ihre Jacke aus, nimmt den Krimi vom Nachttisch, den sie gerade liest, schlägt ihn auf der Seite auf, die sie mit einem sorgsam gefalteten Brief markiert hat, den ihr Soubise vor ein paar Wochen nach ihrem Ausflug nach Étretat geschrieben hat. Vage Sehnsucht und Traurigkeit. Mit dem Finger folgt sie den ersten Wörtern, *Meine Liebste*, schöne Schrift, dann überfliegt sie die aufgeschlagene Seite ... Und versteht nicht, was sie liest. Sie braucht ein paar Sekunden, sicher die Müdigkeit, bis sie merkt, dass das Lesezeichen sich nicht an der richtigen Stelle befindet. Sie blättert, findet die Stelle, wo sie am Morgen aufgehört hat, gerade hat der Polizeileutnant die Leiche seiner ermordeten Frau entdeckt. Sie sieht wieder vor sich, wie sie Soubises Brief genau zwischen diese beiden Seiten gelegt und, in ihren Erinnerungen gefangen, das Buch sorgfältig geschlossen hat. Sie kann sich nicht getäuscht haben. Jemand hat in ihrer Abwesenheit in dem Buch geblättert.

Aufkommende Paranoia.

Sie lässt das Buch liegen und stürzt in ihr Arbeitszimmer. Sie macht alle Lichter an, verharrt ein paar Sekunden auf der Schwelle und schaut sich genau um, dann geht sie hinein. Im Regal könnten ein paar Ordner bewegt worden sein. Die Reihenfolge stimmt, aber stehen alle in gerader Linie? Ihre Schreibunterlage nicht ganz mittig, der Winkel des Fußes ihrer Schreibtischlampe? Spinnt sie?

Vielleicht, aber eine Sache stimmt ganz offensichtlich nicht. Ihr Bürostuhl ist ganz unter die Schreibtischplatte geschoben, die Rückenlehne stößt an das Glas und Metall. Sie läuft schnell hin, tatsächlich, zwei kleine Kerben auf dem kostbaren, empfindlichen Holz der Lehne. Genau deshalb schiebt sie ihn immer nur so weit unter den Tisch, dass die Lehne noch zehn Zentimeter von der Tischkante entfernt ist. Jetzt ist sie sich sicher. Jemand war hier und hat etwas gesucht.

Einen Moment lang Panik, dann wachsender Ärger. Sie geht zurück ins Wohnzimmer, geht einige Minuten auf und ab, dann nimmt sie ihr BlackBerry und beginnt ihre Adressliste durchzugehen. Nein. Die Wut verrauchen lassen. Sie legt das Telefon weg und zwingt sich zur Ruhe.

Sie holt sich in der Küche ein Glas, kramt in der Besteckschublade und kehrt wieder zu ihrem Sofa zurück. Bald trinkt sie den ersten Schluck eisgekühlten Wodka, zusammen mit drei Schlaftabletten. Die Augen zumachen, wegdämmern.

Schon zwei Stunden und Neal, aufs äußerste angespannt, wartet immer noch, dass ein Mann aufs Podium steigt und *Roberto Bonaldi* sagt. Vergeblich. Er spürt jemanden auf seiner Linken. Er tut, als schaue er auf seine Armbanduhr, und sieht ein paar Meter weiter einen großen Schwarzen mit sehr kurzen Haaren, die Haltung eher die eines Militärs als eines Militanten, der dasselbe kleine Observationsspiel treibt wie er, mit denselben Techniken. Die Bullen. Schon auf dem Laufenden über Scoarnec und den Verein. Diese Umweltschützer brauchen ja ewig. Listig, einen Schwarzen hierherzuschicken. Ich muss Bonaldi vor ihnen finden. Beweg dich.

Er bemerkt einen breit lächelnden Jungen, der zwischen den einzelnen Gruppen hin- und hergeht und kleine Pappkarten verteilt. Vielleicht die Nummern, wann jeder an der Reihe ist, aufs Podium zu steigen. Der Junge nähert sich der Stelle, wo Neal sitzt. Der tritt zwei Schritte vor und berührt ihn am Arm. »Ist Roberto Bonaldi hier?«

»Was wollen Sie von ihm?«

»Mit ihm reden. Ich bin der Vater seiner Ex-Freundin. Sie ist verschwunden. Und er könnte wissen, wo sie ist.«

»Kennen Sie Bonaldi?«

»Nein.«

»Ich weiß nicht, ob er da ist. Ich geh mich erkundigen, bleiben Sie hier. Ich komme wieder.«

Auch wenn er demonstrativ woandershin schaut, verfolgt Neal aufmerksam jeden Schritt des Jungen, der schließlich neben einem Blondschopf in den Dreißigern Halt macht, der am Podium lehnt, eine Strähne quer über der Stirn, fettes Gesicht, schlaffe, müde Gestalt. Neal fühlt einen stechenden Schmerz in der Brust. Das ist Bonaldi. Was hat Saf' bloß mit diesem Kerl anfangen können? Dich findet sie schlapp, und der da, der verkörpert Entschlossenheit?

Bonaldi schaut unruhig zu der Stelle, wo Neal steht, dann zieht er sich zur Rückwand des großen Raums zurück, schlängelt sich zwischen den Gruppen hindurch, einen Hauch zu schnell, um nicht aufzufallen.

Neal ist in höchster Alarmbereitschaft. Er bemerkt eine sich öffnende Tür ganz hinten im Raum, halb verdeckt von der Menge, flüchtiges Bild einer Mauer aus bunt lackierten Backsteinen, dann geht die Tür wieder zu. Bonaldi ist durch den Notausgang verschwunden. Ihn erwischen, bevor er das Getümmel der großen Verkehrsadern erreicht. Neal läuft durch die große Tür. Im Vorbeilaufen registriert er, ohne stehen zu bleiben, das Verschwinden des großen Schwarzen.

Auf der Straße ist kein Bonaldi zu sehen, der Journalist rennt bis zur zweiten Sackgasse, kurzer Rundumblick, immer noch kein Bonaldi. Er läuft hinein und bleibt abrupt stehen. Bonaldi wird von zwei Männern gegen die Backsteinmauer gedrängt, deren Absichten offensichtlich nicht pazifistisch sind. Der große Schwarze, den er bei der Mitgliederversammlung gesehen hat, und ein stämmiger Rotschopf. Bonaldi ist groggy, er kann sich nicht mehr auf den Beinen halten, die beiden Männer haben ihn an den Armen gepackt und schlagen ihn gegen die Mauer.

Etwa zwanzig Meter von ihnen entfernt bleibt Neal stehen, holt sein Handy heraus und brüllt: »Hört auf! Roberto, was ist los? Ich ruf die Polizei.«

In schöner Eintracht lassen die beiden Schläger Bonaldi los, der zu Boden gleitet, drehen sich um, sehen einen Mann mit Telefon am Ohr, der von einem Überfall redet und den Namen der Sackgasse angibt. Der Rotschopf verpasst Bonaldi, diesem Arsch, noch einen heftigen Tritt in den Unterleib, dann suchen die beiden schnell das Weite, ohne einen Blick für Neal. Der steckt sein Handy in Tasche, sobald sie um die Ecke sind, und kniet sich neben Bonaldi, der mit Tränen in den Augen stöhnt und beide Hände schützend auf sein Geschlecht legt. Ein armseliges Bündel. »Ich bin Saffrons Vater.«

Bonaldi knurrt: »Ich weiß.«

»Ich suche meine Tochter. Und Sie werden mir helfen, sie vor diesen beiden Schlägern zu finden.«

Schweigen. Warten.

Bonaldi wird bleich, beugt sich vor und kotzt.

Neal steht auf, springt zur Seite und entgeht dem Strom mit knapper Not. Dieser Kerl hat keinerlei Klasse. Er reicht ihm ein Papiertaschentuch. »Also? Ich warte immer noch auf Antwort.«

»Lassen Sie mich in Ruhe! Ich weiß gar nichts. Ich hab die dumme Kuh seit Ewigkeiten nicht mehr gesehen!«

Neal legt die Hand leicht, fast liebkosend auf Bonaldis Nacken, dann drückt er ihm jäh das Gesicht in die Kotze und lässt ihn wieder los. Er wirft ihm das ganze Päckchen Papiertaschentücher hin. »Putzen Sie sich ab, Sie sehen ekelhaft aus. Und verarschen Sie mich nicht. Saf' kennt mich schlecht, wissen Sie. Ich präzisiere meine Frage: Mit wem hat sie den Vortrag im Dezember verlassen?«

Bonaldi antwortet nicht. Er hat Krämpfe, versucht aufzustehen, schafft es nicht, sein Gesicht verzerrt sich vor Schmerz.

Neal legt ihm noch einmal die Hand auf den Nacken.

Bonaldi quietscht: »Lassen Sie mich los! Sie ist mit Erwan abgehauen, Erwan Scoarnec.«

Eisiger Schauer. Bleib ruhig. Im Grunde wusstest du das schon. »Wie kann ich diesen Scoarnec finden? Möglichst vor den Bullen?«

»Er hat ein Studio, eine geheim gehaltene Adresse im dreizehnten. Sie müssen sich alle beide dort versteckt haben.«

Neal richtet sich wieder auf, holt sein Notizbuch raus und lässt sich die genaue Adresse diktieren. Dann kontrolliert er, ob seine Kleidung in Ordnung ist, und verstärkt seinen englischen Akzent: »Danke für Ihr Vertrauen. In ein paar Minuten werden Sie laufen können. Wenn ich Ihnen einen Rat geben darf: Verschwinden Sie für einige Zeit, denn die beiden Schläger sind echt übel, und wenn sie noch mal zu Ihnen kommen, werde ich nicht da sein, um Sie da rauszuholen.«

6. Mittwoch

Mitten in der Nacht, eine enge kleine Straße im Goutte-d'Or-Viertel, schwach beleuchtet, aneinandergedrängte, über hundertjährige Fassaden, die dringend einen neuen Anstrich bräuchten. Ein Hauch von Armut liegt über dieser Straße. Der Lärm der Stadt ist weit entfernt, die Straße so gut wie leer. Höchstens eilt dann und wann ein Schatten nach Hause.

Unsichtbar in ihrem als Tarnung dienenden verbeulten Renault Trafic, bewachen zwei Männer von der BRI seit Stunden den Eingang der Nr. 18. Halbherziger Austausch dreckiger Witze, eine Flasche Mineralwasser für beide, ein Paket Kekse, das von Hand zu Hand geht. Routine.

Plötzlich draußen Unruhe.

Ein Wagen von der BAC[12] kommt angesaust, mit einem Sirenengeheul, das Tote zum Leben erwecken könnte, und hält mit quietschenden Reifen vor der Nr. 16, dicht gefolgt von einem Krankenwagen und mehreren Feuerwehrautos.

Stroboskop der Blaulichter an den Hauswänden, die Straße färbt sich blau und orange. Eine nach der anderen verstummen die Sirenen, schnell von Befehlen abgelöst, die mit professioneller Lautstärke erteilt werden. Drei Feuerwehrleute gehen durch die Toreinfahrt in die Nr. 16, andere machen schon mal alles bereit, was man zur Brandbekämpfung braucht.

Nach der ersten Überraschung melden die beiden im Observationswagen den Vorfall per Funk an die Kollegen, die zwei Häuserblocks weiter in einem anderen unauffälligen Wagen warten. Jetzt kommen sie näher, um zu schauen, was los ist, ohne dass das Versteck der beiden anderen auffliegt. Schnell stellt sich heraus, dass es falscher Alarm war. »Das ist hier an der Tagesordnung«, stöhnt ein müder Feuerwehr-Unteroffizier, »bloß dass sie sich sonst zumindest die Mühe machen, ein oder zwei Mülleimer anzuzünden.«

Knapp zwanzig Minuten später sind alle wieder weg und die Bewacher kehren zu ihrer Langeweile zurück. An der Innenwand des

---

12 *Brigade anti-criminalité*: eine der *Direction centrale de la sécurité publique* unterstellte Polizeieinheit, deren Aufgabe vor allem die Bekämpfung der Delinquenz in ämeren Stadtteilen ist.

Fahrzeugs befinden sich mehrere Fotos von Julien Courvoisier. Seinetwegen warten sie hier schon Ewigkeiten. Ohne viel Hoffnung, hatte der Chef ihnen gleich gesagt.

Einer der Feuerwehrleute ist unauffällig in den Hof der Nr.18 geschlüpft. Unter dem Helm Jean. Er zieht den Feuerwehranzug aus und steckt ihn in einen großen schwarzen Seemannssack. Leise: »Wie sieht's draußen aus?« Die Antwort in seinem Ohr kommt schnell, ebenso leise.

Nichts mehr los ...

»Ich geh rauf.«

Kapuze, Handschuhe, drei Etagen auf leisen Sohlen, kein Laut im Haus, im rötlichen Schein der Stirnlampe zur richtigen Tür, ein einfaches Schloss, zwei, drei Umdrehungen des Fräsbohrers, die Stifte geben nach und springen raus, Jean dreht am Türgriff und betritt die Wohnung von Scoarnecs Komplizen. Niemand hat ihn gesehen.

Schnelle Erkundung, zwei Zimmer. Im Wohn- und Arbeitszimmer lauter Elektronikmaterial auf allen verfügbaren Ablagen, ohne besondere Logik. Auf dem Boden in einem Wirrwarr von Kabeln Gehäuse von ausgeweideten PCs. Und Verpackungen, Klamotten, Papiere. Eine amerikanische Küche, zum Zimmer hin offen. Niemand scheint auf die Idee gekommen zu sein, sie abzutrennen.

Auf der anderen Seite einer Rigipswand das Schlafzimmer. Noch ein PC, ein Laptop, auf dem Boden neben dem Bett. Noch mehr herumliegende Klamotten und ein schwankender Stapel Unterlagen. Ein Badezimmer, ziemlich schmutzig.

Diese Wohnung ist eine Höhle. Seit ein paar Tagen unbewohnt, die Luft ist muffig. Schwer zu sagen, ob das Chaos im Lauf der Zeit entstanden oder das Resultat einer panischen Flucht ist.

Wie sieht's da oben aus?

»Versifft.«

Das sollte dich ja nicht stören ... Dreckiges Lachen.

Wieder ins Wohnzimmer. Sehr rasche, systematische Durchsuchung, illegal. Vielleicht ist das Wichtige weggeschafft worden, aber das ist nicht sicher. Wenn es so war, dann nicht sehr gründlich. Nur ein Rechner in der Mitte des Schreibtischs scheint zu fehlen, der anscheinend der Hauptarbeitsplatz war. Aber es liegen noch etliche Festplatten, USB-Sticks und CDs sowie zwei aufgeklappte, eingeschaltete Laptops auf dem Tisch. Jean schaltet die Geräte aus, zieht die Stecker raus, schraubt die Festplatten ab, nimmt von den DVDs und Disketten, die um die leere Stelle herumliegen, so viel er kann, und steckt sie in einen großen festen Plastiksack. Er entdeckt zwei alte Mobiltelefone und steckt sie ebenfalls ein. Dann geht er noch mal ins Schlafzimmer und holt den Laptop.

Laut Michelet wird die 36 morgen in aller Herrgottsfrühe hier auftauchen, aber das Verschwinden der Computer wird niemanden wundern, ganz im Gegenteil, es ist eine Konstante in diesem Fall, dass Rechner verschwinden, das wird den Verdacht gegen Courvoisier und Scoarnec verstärken. Außerdem stehen bei diesem Durcheinander die Chancen gut, dass die Kollegen der Crim' einige Zeit brauchen, bis sie das Fehlen bemerken.

Geht's? Findest du was?

»Ja, ja, nur die Ruhe.«

Denk dran, es hieß, nicht die Unterhosen und das Sexspielzeug ... Michels Gelächter löst wieder elektrostatische Knackser aus.

Jean zuckt zusammen, schließt seinen ersten Plastiksack, faltet den nächsten auf und betrachtet eine Zeitlang das Chaos im Schlafzimmer. Seufzer. Entmutigung angesichts des Umfangs der Aufgabe. Zu zweit wäre es leichter, aber jemand muss draußen Schmiere stehen, um die Türeintreter von der BRI zu überwachen.

Jean geht auf den Stapel Unterlagen zu, beginnt sie durchzusehen. Der Stapel fällt um. Jean flucht zwischen den Zähnen, seufzt wieder, brummt gereizt und macht sich an die Arbeit, stapelt alles, wie er es gefunden hat, möglichst in der richtigen Reihenfolge. Dabei fällt ihm eine Sperrholzschublade auf, die allein auf dem Boden steht und mit allem möglichen Plunder vollgestopft ist, alte Gadgets, Kabel, Chipkarten, ein kreuz und quer vollgekritzeltes Notizbuch mit Adressen, Telefonnummern, manchmal auch Mailadressen. In den Sack. Ein Familienfoto, auf der Rückseite ein Datum und Namen. Courvoisier, offenbar seine Schwester, eine gewisse Marilyn, älter als er, und ihre Eltern. Auch in den Sack.

Vier Uhr dreißig, trödel nicht ... Michel wird ungeduldig.

Jean richtet sich auf, schaut sich um. An den Wänden ein paar Öko-Poster und vor allem scheußliche Bilder, nicht gerahmt, irgendwie angepinnt. Außerdem Ausstellungsplakate, alle von demselben Künstlerkollektiv. Auf einem ist eins der Bilder zu sehen, das hier im Zimmer hängt. Unter den Künstlern wird eine gewisse Marie Line erwähnt. Alle Bilder hier außer einem sind mit demselben Namen signiert.

Der kleine Julien schätzt die Arbeit seiner Schwester.

Sehr. Als er ins Wohnzimmer geht, entdeckt Jean noch weitere Bilder und Plakate. Auf dem Boden Flyer, auch für die Ausstellungen. Er sammelt ein paar ein, schaut sie genauer an. Sie finden alle am selben Ort statt, einer Adresse in Montreuil. In einem von Künstlern besetzten Haus. Einem Rattenloch.

Die Schwester dort? Die Schwester finden, Courvoisier finden? Wenn sie sich so nahestehen, muss sie wissen, wo er sich versteckt. Vielleicht.

Blick auf die Uhr, fast fünf, er hat nicht mehr viel Zeit. Er schaut sich noch mal im Wohnzimmer um.

Eine knappe halbe Stunde.

Sie trudeln langsam ein ...

Und er hat nichts Interessantes gefunden.

Du musst dort verschwinden ... Die Stimme seines Komplizen ist angespannt.

»Ich komm runter.« Jean zieht sich um, dann nimmt er die beiden schwarzen Plastiksäcke. »Drei Minuten.« Er öffnet leise die Tür, vergewissert sich, dass niemand im Flur ist, setzt vorsichtig seine Beute ab, schließt die Wohnung hinter sich ab und geht die Treppe runter.

Sie sammeln sich vor der 18 ...

Als er unten ist, beginnt der schwierige Teil: Wie aus dem Haus kommen? Fürs Reinkommen hat die Ablenkung genügt. Dasselbe noch mal fürs Abhauen zu machen geht nicht. Deshalb hat er sich umgezogen. Tunika und blauer Tuaregturban, der sein Gesicht weitgehend verdeckt, sodass er nicht identifiziert werden kann, aber seine tief schwarze Hautfarbe noch zu sehen ist. Und dann einfach bluffen, durch die Tür gehen wie ein x-beliebiger Neger aus dem Viertel. Die Kollegen werden ihn wahrscheinlich nicht beachten. Und wenn sie ihn fotografieren, werden sie ihn später kaum identifizieren können. Außerdem hat er falsche Papiere dabei, vor allem eine Aufenthaltserlaubnis, Relikt einer früheren Operation.

Ein bisschen Angst, trotzdem. Jean atmet tief ein und setzt sich wieder in Marsch. Als er den Hof durchquert, sieht er, dass die

Grenzmauer zum Nachbarhaus über dem Verschlag für die Mülleimer nicht so hoch ist.

»Vorsicht, sie kommen rein. Wo bist du?« Michel, hinten in einem Kangoo mit falschen Nummerschildern versteckt, beobachtet durchs Fernglas die Armada der Crim', die in die 18 stürmt. »Verdammt Jean, wo bist du?!« Es sind viele, diese Arschlöcher. Wenn er ihnen in die Arme läuft ... Besser nicht an die Möglichkeit denken, das wäre echt Scheiße. »Jean, antworte!« Michel will sich bewegen, etwas tun. Wie würde Jean an seiner Stelle reagieren? Würde er nachschauen gehen? Nicht von den eigenen Leuten festgenommen werden, verdammt, nein! »Jean!« Er muss seinen Sender abgestellt haben, um nicht bemerkt zu werden.

Da vorn in der Straße mehr und mehr Betrieb.

Adrenalinstoß. Sie müssen ihn gestellt haben. Nicht hier bleiben. Ich muss dem Chef Bescheid sagen. Nein, zuerst muss ich hier weg. Nein, Jean ist mein Kumpel, verdammt! Verdammt, verdammt, verdammt! Was mach ich bloß? Alles ist vermurkst. Michel zögert, klettert langsam nach vorn ins Auto, hält jäh inne.

Jean kommt aus der 16, angezogen wie ein verdammter Tuareg, der Wüste entsprungen. Er schleppt zwei große schwarze Plastikmüllsäcke.

Zwischen den Zähnen: »Geschafft, geh weiter, Idiot!« Michel sieht, wie ein Uniformierter beiseite tritt, um seinen Kumpel vorbeizulassen. Er grinst. »Hinterwäldler!«

Locker erreicht der große Schwarze ihren Wagen und setzt sich auf den Beifahrersitz. Sie fahren los, langsam.

Saffron langweilt sich in ihrem Luxusversteck Stunde um Stunde. Sie war von Anfang an misstrauisch gegenüber Tamara, sie mochte sie nicht, und sie sie umgekehrt genauso wenig, sie gibt ihr bei jeder Gelegenheit zu verstehen, wie erstaunlich sie es findet, dass ein Lichtwesen wie Erwan sich eine kleine Provinzlerin wie sie ans Bein bindet.

Am Ende fragt Saf' sich das auch.

Bei ihrer überstürzten Flucht hat sie nichts mitgenommen, keine Bücher, kein Radio, nur ihren iPod, auf dem sie sich schon dreimal sämtliche Stücke angehört hat, sie hat auch den tragbaren Fernseher zurückgegeben, den sie sich für den Wahlabend ausgeliehen hatten, sie nimmt nicht an den Mahlzeiten bei Tamara teil, auch nicht an den Abendgesellschaften in ihrem Salon, die diese Woche sehr glanzvoll sind, weil ein großer Maler sein Refugium in Südfrankreich verlassen hat, um die Retrospektive seines Werks im Centre Pompidou zu eröffnen, und sich den Landsitz als Bleibe für die paar Tage ausgesucht hat. Was eine Menge Schöngeister anzieht.

Aber Saffron muss die Bibliothek neben dem Salon benutzen, in der sich der einzige Gäste-Computer befindet, ein nicht mehr ganz taufrischer PC auf einem Tischchen direkt neben dem Fenster zur Seine.

In dieser Art Kloster der Literatur und der schönen Künste ist das Internet die einzige Verbindung zur realen Welt. Sie kommt mindestens zweimal am Tag, wenn sie hoffen kann, dort allein zu sein, entweder frühmorgens oder zur Abendessens-Zeit. Manchmal surft sie ziellos, um die Langeweile zu vertreiben, manchmal verweilt sie auf Facebook, immer in der Hoffnung auf Nachricht von ihren Komplizen. Von ihrem Geliebten.

Montag nichts. Dienstag nichts, aber auf unabhängigen News-Seiten da und dort liest sie, wegen des Mordes an Soubise würden *Ökoterroristen* gesucht, was sie erstaunt und verstört. Es fällt ihr schwer, sich vorzustellen, dass damit Erwan, Julien und sie gemeint sein sollen, sie kann es einfach nicht glauben. Zu absurd. Nicht glaubhaft.

Es ist noch nicht ganz sieben Uhr früh am Mittwoch, als Saffron leise in Tamaras Haus schlüpft. Kein Laut, alle schlafen noch, erschöpft von den endlosen Gesprächen in der Nacht. Sie setzt sich vor den alten PC. Der Rechner braucht eine Minute, um hochzufahren, und Saf' verkürzt sich die Wartezeit, indem sie den Cursor über den Bildschirm bewegt. Dann klickt sie auf den Explorer und konzentriert sich aufs Internet.

Sie ruft Facebook auf und loggt sich unter dem Pseudonym *Roudoudou Lelapin* ein. Auf ihrer Startseite sieht sie, dass *Placide Lechien* da war. Julien. Erwan ist *Gédéon Lecanard*. Alles Namen aus den *Gédéon*-Comics. Es gibt noch mehr, *Goupil Lerenard* zum Beispiel, aber an den will sie noch nicht denken.

Yo, was gibt's Neues, mein Roudoudou?

Der Informatiker hat ihr also heute Nacht eine Nachricht hinterlassen.

Saf' lächelt und klickt auf das Profil ihres Komplizen. Eine Seite mit über hundert Fotos geht auf. Hauptsächlich von Fotomodellen, die er auf Modewebsites gefunden hat. Placide Lechien liebt schöne Frauen und Luxusgadgets für Metrosexuelle ohne Komplexe. Eine ideale Tarnung und, vermutet Saf' schon lange, Ausdruck der heimlichen Fantasien Juliens.

Sie überspringt die ersten elf Fotos und klickt auf das zwölfte. Es ist vor drei Stunden hinzugefügt worden. Sie kopiert es auf den Rechner und geht auf eine andere Website, die Programme zum kostenlosen Download anbietet. Sie findet dasjenige, das sie interessiert, mit einem unverständlichen Namen, den sie sich zuerst nicht merken konnte, und installiert es auf Tamaras Computer.

Bis die Installation abgeschlossen ist, schaut sie sich um und spitzt die Ohren, im Haus ist alles ruhig.

Doppelklick auf das Hilfsprogramm, Klick auf das Foto, der PC arbeitet langsam, dann spuckt er eine unverständliche Textdatei aus. Das Foto ist verschwunden. Steganographie, die Kunst der verborgenen Übermittlung von Informationen, oder einfacher ausgedrückt, wie man eine Nachricht in einem x-beliebigen anderen Inhalt verstecken kann. Die Jungs fahren auf solche kleinen Spionagespielchen ab. Saf' kapiert nicht, wozu sie gut sein sollen. Aber sie unterwirft sich Erwans Regeln, das ist so wichtig für ihn.

Sie druckt die Datei aus, deinstalliert das Programm, löscht die Navigationschronik des Explorers und das Register der angewendeten Programme und schaltet den PC ab. Zufrieden nimmt sie ihren Ausdruck und geht in ihr Zimmer zurück.

Niemand hat sie gesehen.

Julien hat ihnen noch etwas beigebracht. Um sicher zu gehen, dass niemand ihre Mitteilungen versteht, hat er beschlossen, sie nach einer alten Methode zu verschlüsseln, zu der man eine Tabelle und einen Schlüssel braucht. Der Schlüssel ist der Familienname einer alten Flamme von der isländischen UCPA[13]-Sektion, *Abramsdottir*. Er hat den Vorteil, ein Wort aus einer fremden Sprache zu sein, in der die Häufigkeit der Vokale und Konsonanten sich sehr

---

13 *Union nationale des centres sportifs de plein air.* Ein französischer Verein, der sportliche Aktivitäten fördern soll und unter anderem auch Sportferien organisiert.

von der im Französischen unterscheidet, also schwer zu identifizieren ist, und er ist lang genug, zwölf Buchstaben.

Zwölf Buchstaben, immer das zwölfte Foto, das ist leicht zu merken.

Saffron setzt sich aufs Bett und schreibt zuerst *Abramsdottir* unter alle Wörter ihrer kodierten Botschaft, so oft es nötig ist, bis zum Schlusspunkt. Dann macht sie sich eine Tabelle mit zwei Alphabeten, einem horizontalen und einem vertikalen. Vom zweiten Buchstaben an schreibt sie in jede vertikale Kolonne, jeweils um einen Buchstaben versetzt, ein weiteres Alphabet. So beginnt das zweite beim B, das dritte beim C und so weiter bis zum sechsundzwanzigsten bei Z.

Von dem Buchstaben der Nachricht und dem entsprechenden Buchstaben des Schlüsselworts gelangt sie zu dem ursprünglichen Buchstaben und rekonstruiert nach und nach Juliens Nachricht.

Treffen in vierzig Stunden im Pazifik. Vergiss nicht, unsere Souvenirs mitzubringen.

Das Foto ist um vier Uhr morgens auf Facebook gestellt worden. Für den Austausch des USB-Sticks sollen sie sich also morgen um zweiundzwanzig Uhr in ihrer üblichen Bar treffen, die nach dem Ozean benannt ist.

Endlich.

Saffron lässt sich erleichtert an die Rückwand ihres Betts sinken. Sie ist nicht mehr so allein, Courvoisier existiert, Erwan wird die Nachricht auch lesen, sie hat wieder einige Anhaltspunkte, sie hat etwas zu tun, eine Art Ausgeherlaubnis.

Sie braucht nur noch zu Tamara zu gehen und, wie mit Erwan vereinbart, einigermaßen selbstsicher um das alte Auto zu bitten, das ihr theoretisch zur Verfügung stehen sollte.

Soubise soll auf dem Friedhof Père-Lachaise eingeäschert werden. Die Zeremonie beginnt sehr früh, um acht Uhr, und vor dem Krematorium herrscht Gedränge.

Pâris geht mit einem gewissen Vergnügen hin. Sicher, es ist ein düsterer Ort und die säkularen Rituale um den Tod sind trostlos hohl und fade. Aber Beerdigungen sind immer die beste Gelegenheit, die Angehörigen und Freunde des Toten zu beobachten und sich *ein Bild zu machen*, wie er zu sagen pflegt. Er kommt bewusst zu spät, um möglichst unbemerkt zu bleiben, und bleibt ganz hinten in dem kahlen Raum des Krematoriums stehen.

Der Sarg steht auf einem Podest vor der geschlossenen Tür des Ofens. Er ist über und über mit Blumen, Kränzen, Sträußen bedeckt. Gute Arbeit der CEA. Etwa fünfzehn Stuhlreihen, in Reih und Glied vor dem Podest aufgestellt, fast alle besetzt.

Links vorne Familie und Freunde des Toten, seine Mutter und seine Schwester mit verquollenen Augen, die Männer mit verkrampften Gesichtern. Pâris verweilt nicht bei ihnen. Er sucht Borzeix und entdeckt sie schließlich weiter hinten, in der vierten Reihe, allein, in einem diskreten kleinen Schwarzen, um den Kopf einen schwarzgrau-weiß gemusterten Seidenschal. Fast nicht wiederzuerkennen. Gesicht und Lider geschwollen, starrer Blick, sie ist tief betroffen. Aber wovon?

Hinter Borzeix erkennt Pâris die Repräsentanten der großen Polizeifamilie. Sie sind zahlreich gekommen – abkommandiert? – und hören mit gespielter Aufmerksamkeit einem der Ihren zu, der auf dem kleinen Podium neben dem Sarg eine Lobrede auf den Toten hält. Ein großer Polizist, ein großer Diener des Staates, sein tragischer Tod wird gerächt werden, dieses feierliche Versprechen gibt er an diesem Tag der Sammlung und der Trauer im Namen aller Kollegen der Familie des Verblichenen. Das übliche Blabla.

Rechts neben der Familie, in der Uniform der höheren Angestellten, die Delegation der CEA, nicht sehr zahlreich, in der Mitte Cardona mit verschlossenem Gesicht. Er ist gekommen. War er dazu verpflichtet? Vielleicht. Der Mann zur Rechten Cardonas steht auf, steigt auf das Podest, eine mitreißende Hommage an Soubise, die echt klingt. Ein scharfsinniger Mann, eine Kämpfernatur und zäh, und ein gescheiter Analytiker. Benoît Soubise wird uns sehr fehlen.

Pâris lässt Cardona nicht aus den Augen. Er ist wirklich betroffen. Zehn zu eins, dass er der Autor dieser Predigt ist, die er nur nicht gehalten hat, weil ihm das seine Auffassung von den Interessen der CEA verbot. Die beiden Männer standen sich nah, weit über ihre beruflichen Verpflichtungen hinaus. Die Operationen, in die Soubise verwickelt war, können nicht unbedeutend gewesen sein.

Plötzlich steht Pierre Moal neben dem Polizisten, der ihn nicht hat kommen sehen. Er zuckt zusammen, überrascht und verärgert über seine Reaktion.

»Guten Tag, Sie sind Pâris, nicht wahr?« Er reicht ihm die Hand, stellt sich vor. »Moal vom *Journal du Soir*.«

Pâris drückt ihm wortlos die Hand. Sein Handy klingelt, er nutzt es aus. »Erlauben Sie.« Er geht ein paar Schritte, holt sein Telefon heraus. Seine Frau. Er nimmt nicht ab und löscht die Nachricht, ohne sie abzuhören. Moal ist er los. Er bemüht sich, ihm aus dem Weg zu gehen.

Die Reden sind zu Ende. Ein Requiem. Die Tür des Ofens öffnet sich vor einem lodernden Feuer, der Sarg setzt sich in Bewegung.

Pâris geht auf den Vorplatz hinaus, stellt sich ein paar Schritte weiter unter den Bäumen unter und wartet.

Kaum zwei Minuten später kommt Borzeix heraus und geht direkt auf ihn zu, bleibt stehen, nimmt ihren Schal ab und richtet sich das Haar.

Pâris schaut ihr geduldig zu.

»Sagen Sie, Commandant, warum sind Sie heimlich in meine Wohnung eingedrungen? Was haben Sie gesucht, die Tatwaffe?« Der Ton ist provozierend, aggressiv.

Pâris lächelt belustigt. »Es war jemand in Ihrer Wohnung?«

Borzeix wird ungeduldig, steckt ihren Schal in die Tasche. »Ich erwarte eine Erklärung.«

»Das waren nicht wir.« Pâris in ungezwungenem Ton. »Heimliche Durchsuchungen gehören nicht zu den Methoden der Crim'. Zumal ich mich dafür nicht verstecken muss, und das wissen Sie. Die Agenten dagegen, die unsere großen Konzerne manchmal beschäftigen ...«

Borzeix zögert, weicht Pâris' Blick aus, öffnet den Mund, um zu reden, besinnt sich.

Pâris redet weiter. »Wenn Ihre Wohnung tatsächlich durchsucht worden ist, kann ich Ihnen nur dringend zur Vorsicht raten. In dieser Geschichte hat es schon einen Toten gegeben, das wissen Sie selbst am besten.«

Borzeix kehrt ihm wortlos den Rücken und geht zum Friedhofsausgang, zu schnell. Pâris schaut ihr nach, bis sie verschwunden ist. Ja, jemand war bei ihr. Jetzt weiß sie, wer, und hat Angst. Aber trotz ihrer Angst wird sie nicht mit mir reden, und ich, ich stecke fest.

Die Zeremonie ist zu Ende. Die Leute strömen auf den Vorplatz, Soubises Familie wird umlagert.

Der Polizist bemerkt Moal, der um die Menschengruppen herumstreicht. Er winkt ihm, Moal kommt. »In einer halben Stunde, im *Phares* an der Bastille.«

Moal wirkt überrascht und begierig.

Pâris hat sich ganz nach hinten gesetzt, neben die Toiletten. Um diese Zeit ist es leer, nur ein Kellner ist da, der fürs Mittagessen deckt. Auf dem Tisch neben Pâris' Kaffee liegt ein Stapel Zeitungen, aufgeschlagen auf der Seite der Artikel, die alle ungefähr dieselbe Geschichte über den Mord an Soubise, die Spur der Ökoterroristen und die möglichen Verbindungen zu Schneider erzählen. Er isst mit leerem Blick ein Schinkensandwich, Beerdigungen machen hungrig. Das Treffen mit dem Journalisten war eine nicht vorgesehene, unbeherrschte Initiative. Was soll er ihm sagen? So wenig wie möglich, gerade genug, damit er was zu schreiben hat ...

Moal kommt pünktlich.

Pâris begrüßt ihn mit einem Lächeln, bittet ihn, Platz zu nehmen. Er deutet auf die Zeitungen. »Sie haben ja Riesenerfolg mit Ihren terroristischen Umweltschützern. Heute Morgen habe ich Radio gehört. Dasselbe. Alle wiederholen Ihre Geschichte. Mord an Soubise, Spur radikaler Ökos, Schneider im Hintergrund. Praktisch unverändert. Sie haben Anlass, zufrieden zu sein.«

»Sehr.«

»Finden Sie nicht, dass Ökoterrorist eine fabelhafte Formel ist, aber ein etwas zu großer Anzug für Scoarnec und seine Kumpel?«

Der Kellner kommt, Moal bestellt einen Espresso, Pâris einen weiteren Kaffee. Sie warten schweigend, bis sie bedient werden.

Moal blättert in den Zeitungen, ein leichtes Lächeln auf den Lippen. »Sie deuten an, dass Scoarnec nichts mit dem Mord an Soubise zu tun hat? Ich höre, Commandant. Wohlbemerkt, ich bin Ihnen nie begegnet und werde Sie nicht zitieren.«

»Das sage ich gar nicht. Aber die Polizei geht auch anderen Spuren nach, und ich wundere mich, dass die Medien sich nur für die eine interessieren. Ich frage mich sogar, warum.«

»Weil es die einzige ist, von der wir wissen. Es liegt nur an Ihnen ...«

»Die Geliebte von Soubise zum Beispiel. Leiterin der Rechtsabteilung der PRG. Sie hat die Leiche gefunden. Die Umstände ihrer

Begegnung mit einem zur CEA abgestellten Polizisten vor ein paar Monaten sind zumindest merkwürdig. Sie sollten sich den Pokerclub des *Aviation* anschauen ...«

»Welcher Art ist die Verbindung zwischen PRG und CEA?«

Pâris steht auf, nimmt die Rechnungen an sich. »Ich weiß es nicht. Noch nicht. Aber ich werde es herausfinden.«

Er verabschiedet sich und fährt zur Wohnung von Julien Courvoisier, wo die Durchsuchung immer noch im Gang ist.

Vor der Tür der Nr. 18 stolpert er über den Pedanten des Teams, Ange Ballester, der beschlagnahmtes Material in eins der Teamautos räumt. »Und, wie war die Beerdigung?«

»Viele Leute, es war interessant. Wie sieht's aus bei unserem Piraten?«

»Das reine Chaos. Noch einer, der nie gelernt hat, sein Zimmer aufzuräumen.«

»Gut, und konkret?«

»Papiere, Computermaterial. Wir nehmen mit, was wir können, und sortieren es dann. Ach ja, und es gibt Neues über die Schwester.«

»Die famose Anarchistin, Rebellin und Bohèmienne, von der nicht mal die Eltern wissen, wo sie steckt?«

»Genau die. Sie lebt offenbar in einem besetzten Haus in Montreuil.«

»Wir müssen sie besuchen.«

»Ist vorgesehen. Die andere gute Nachricht ist, dass der Ort lokalisiert worden ist, von dem aus der letzte Anruf eines der Handys unserer drei Flüchtigen getätigt worden ist.«

»Endlich! Welches?«

»Das des Mädchens. Am Samstag war sie im Sendebereich eines Kaffs an der Seine. Durand soll im Lauf des Tages hinfahren.«

Pâris nickt zufrieden. »Ist Pereira oben?«

»Ja, gehst du zu ihm hoch?«

Pâris nickt und geht auf die Haustür zu. Ein BRI-Offizier kommt und meldet, dass das Team, das im dreizehnten auf der Lauer liegt, gerade Neal Jones-Saber in die Wohnung von Scoarnec hat gehen sehen. Die Jungs wollen Instruktionen.

Pâris fängt an zu lächeln. »Sie sollen ihn abfangen und dort für mich warmhalten. Ich bin schon weg.«

Blaulicht aufs Dach, Busspur, der Polizist braucht knapp zehn Minuten, um quer durch Paris zur Place des Alpes zu kommen. Der Engländer erwartet ihn in der Eingangshalle des Hauses, diskret bewacht von einem Polizisten. Der gute Mann wirkt nicht mehr so ruhig, das Gesicht ist eingefallen, der Körper verkrampft. Ihm muss endlich klar geworden sein, in was für eine Sauerei seine Tochter geraten ist. Nicht so sicher, dass ihn das kooperativer macht.

»Monsieur Jones-Saber, kann ich Sie zu Ihrem Hotel zurückbringen?«

»Habe ich die Wahl?«

»Natürlich. Ich kann Sie auch in mein Büro in der 36 mitnehmen, um Sie formell zu vernehmen.«

Die beiden Männer wechseln einen Blick und gehen zum Auto.

Neal ist auf der Hut. Welche Beziehungen bestehen zwischen diesem Polizisten und den beiden Schlägern gestern Abend? Seine Erfahrung sagt ihm, wenn man nicht weiß, wohin man den Fuß setzt, schweigt man am besten.

»Immer noch keine Nachricht von Ihrer Tochter?«

»Keine.«

»Und da Sie die Adresse ihres Freundes hatten ...«

»Von dessen Existenz ich erst hier in Paris erfahren habe.«

»Dann sind Sie ein Restaurantkritiker mit vielen Quellen.«

Neal ignoriert die unterschwellige Frage.

Pâris fährt fort. »Er ist in eine schmutzige Sache verwickelt. Bei der ein Mann gestorben ist.«

»Ich weiß, das haben Sie mir schon gesagt. Und ich lese Zeitung.« In den Zeitungen, im Radio, im Fernsehen wird Scoarnec immer zusammen mit dem Wort Terrorismus genannt, und seit heute Morgen auch mit einem der beiden Präsidentschaftskandidaten. Die Sache riecht nach politischer Instrumentalisierung, und seine Tochter ist darin verwickelt. *And when the shit hits the fan ...*

»Aber nichts deutet auf Ihre Tochter hin. Im Moment kann Saffron beruhigt sein.«

Saffron, er nennt sie beim Vornamen. Neal unterdrückt ein Auflachen. Die Nähe suchen, Gefühle, Empathie zeigen. Immer dieselben alten Tricks der Bullen. Oder Schreiberlinge. »Aber Sie suchen sie.«

»Um mit ihr zu reden. Wir glauben, dass sie uns helfen kann.«

»Auch ich suche sie.« Pause. »Weil ich sie anscheinend vor langer Zeit verloren habe.«

Pâris lässt ihn reden, er will die Fortsetzung hören.

»Sie sollte an diesem Wochenende zu mir nach Cahors kommen. Wir treffen uns dort jedes Jahr zur selben Zeit mit ein paar Freunden und ein paar Angehörigen von Lucille, das war meine Frau ...« Die Stimme des Engländers entgleist. »Lucille ist am 21. April gestorben.«

Und das ist offensichtlich immer noch schwer zu verkraften.

»Es ist auch der Geburtstag meiner Tochter.«

Pâris denkt unwillkürlich, verdammt, muss nicht leicht sein für die Kleine.

»Als Saffron mich angerufen hat, dass sie nicht kommt, bin ich wütend geworden. Ich habe gespürt, dass etwas nicht stimmt, aber ich hab mich von meinem Ärger beherrschen lassen. Wie konnte sie ihrer Mutter das antun?« Pathetisch. Neal dreht sich zu dem Polizisten um. »Haben Sie Kinder?«

»Zwei.«

»Mädchen, Jungs?«

»Mädchen.«

»Ich hoffe, Sie sind ein besserer Vater als ich.«

»Wenn ich bloß ... Ich versteh nicht, wie sie funktionieren. Ich glaube, ich hab's nie verstanden.« Pâris hält sich zurück, hinzuzufügen: Und ich bin nicht sicher, ob ich das will.

»Ich verstehe Saf' auch nicht mehr.«

Wieder Schweigen, bis sie auf der Île Saint-Louis vor dem Hotel *Jeu de Paume* ankommen. Pâris hält an.

»Monsieur Jones-Saber, ist es der Vater oder der ehemalige Nahost-Korrespondent, der seine Tochter sucht?«

Neal lacht nur kurz auf. Der Bulle weiß es. Er versteht sein Handwerk, natürlich hat er in seiner Vergangenheit gewühlt. Wie auf diese Frage antworten? Er hat selbst keine Antwort darauf.

»Ich hoffe, der Vater hat verstanden, dass wir mit Saf' sprechen müssen.«

Der Kosename jetzt.

»Bei uns wird sie sicherer sein als mutterseelenallein.«

Neal, die Hand auf dem Türgriff, hält in der Bewegung inne. Er sieht den großen Schwarzen und den kleinen Rotschopf in voller

Aktion in der Sackgasse wieder vor sich. »Mir ist klar, dass sie in Gefahr ist, glauben Sie mir.« Es ihm sagen? Nein.

Pâris hat das Zögern bemerkt. »Sie müssen mir vertrauen.«

Neal steigt aus und verschwindet in seinem Hotel. Das ist gerade die Frage: Warum soll ich ihm vertrauen?

Pâris parkt den Wagen ein paar Dutzend Meter weiter. Er muss nachdenken. Er zündet sich eine Zigarette an, beschimpft sich selbst, dass er so leicht wieder beim Nikotin gelandet ist. Der Engländer bei Scoarnec. Er ermittelt auf eigene Faust, ich hab's nicht geschafft, ihm Vertrauen einzuflößen, schlechtes Zeichen. Er wird noch mal weggehen, auf jeden Fall, wohin? Wie hat er diese Adresse gefunden? Was weiß er, was ich nicht weiß?

Auf der anderen Straßenseite steht ein kleiner Citroën-Lieferwagen vor einer weit geöffneten Toreinfahrt. Das Logo des Unternehmens, anscheinend auf alle Arten von Empfängen spezialisiert, erinnert ihn an Tim und Struppi, *Die Zigarren des Pharaos*, seine Kindheit. Eine schönere, einfachere Zeit.

Er entspannt sich, lächelt und lässt sich in seinen Sitz zurücksinken, beobachtet aber weiter die Tür des Hotels.

Arbeiter laden Geschirr aus und gehen durch die Einfahrt. Neal ist immer noch nicht wieder aufgetaucht. Eine große Blondine geht an seinem Wagen vorbei. Pâris fährt auf. Elisa Picot-Robert. Sie hat ihn nicht gesehen. Sie geht in das Haus gegenüber. Wie die Arbeiter. Was hat sie hier zu suchen?

Er überlegt nicht lange. Sobald sie verschwunden ist, steigt er aus und folgt ihr. Er kommt in den Hof eines prächtigen Stadthauses, das von der Straße aus nicht zu sehen ist. Am Eingang steht auf einem großen Kupferschild in einer klaren, eleganten Schrift ein Name: *Grande Galerie de l'Île*.

Viel Betrieb, im Hof und innen. Durch die Scheiben der monumentalen Fenstertüren im Erdgeschoss sieht er zeitgenössische Bilder an den Wänden, ein paar Skulpturen. Und Elisa in angeregter Unterhaltung mit zwei jüngeren Männern, alle, soweit er das beurteilen kann, nach der momentanen Mode gekleidet. Anzug dunkel, unbedingt dunkel, sehr eng. Das Hemd, bei ihr, ist weiß, ohne Kragen, also auch ohne Krawatte und weit offen. Auch hier kommandiert, führt, entscheidet die Grande Dame. Aber wohl einen Hauch lockerer, vielleicht auch mit mehr Vergnügen als in der PRG.

Pâris tritt seine Kippe aus. Jetzt, wo die erste Überraschung vorbei ist, wird ihm klar, dass er hier nichts zu suchen hat. Es wäre sogar ein Fehler, hier gesehen zu werden. Er macht kehrt und im selben Moment schnappt er eine Bewegung hinter den Scheiben auf. Elisa hat ihn bemerkt, da ist er sicher. Er macht eine Handbewegung ins Leere und geht, ohne sich umzudrehen, ohne den Schritt zu beschleunigen.

Sobald der Polizist verschwunden ist, zieht die PRG-Chefin ihr BlackBerry und ruft Pierre Guérin an.

Saffron fährt ziemlich lange im Austerlitz-Viertel herum, bevor sie einen Parkplatz findet. Anweisung: keine Strafzettel, so wenig Spuren wie möglich. Zuerst geht sie zur Post am Boulevard de l'Hôpital und deponiert den USB-Stick in einem Postfach. Anweisung: Nichts bei sich haben, wenn sie morgen Courvoisier an dem verabredeten Ort trifft.

Dann geht sie zum Bahnhof hinunter, frische Luft schnappen an diesem sonnigen Tag, kauft an einem Kiosk die *Libération*, setzt sich auf die Terrasse eines Restaurants, bestellt ein Croissant und einen Tee mit Milch. Der Duft von Freiheit und Glück. Die Beine ausgestreckt, den Kopf auf der Rücklehne, badet sie mit geschlossenen Augen selig im Licht. Während sie ihr Croissant isst, betrachtet sie den Strom der Autos und Fußgänger. Herrlich. Das wahre Leben.

Sie schlürft ihren Tee und schlägt fast zerstreut die Zeitung auf. Schock. Auf der dritten Seite ein langer Artikel, in dem der Name des mutmaßlichen Mörders von Soubise genannt wird, Erwan Scoarnec. Saf's Herz krampft sich zusammen. Er soll es nicht allein gewesen sein, sondern einen Komplizen gehabt haben. Die Polizei sucht nach den beiden Männern, die im Moment auf der Flucht sind.

Saffron verliert den Kopf, will sich unsichtbar machen, lauert auf die Blicke in ihrer Umgebung. Direkt zu Tamara zurückfahren, sich in dem roten Pavillon verstecken? Wie ist es möglich, dass so etwas geschrieben wurde? Auf welcher Grundlage? Sie hat vielleicht nicht richtig gelesen.

Sie greift wieder nach dem Artikel, liest weiter. In einem Absatz ist von Treffen zwischen Scoarnec und Schneider die Rede. Schneider soll sich wirklich von dem jungen Theoretiker verführen haben lassen, von dem alle sagen er sei ein brillanter Kopf? Sie sind verrückt. Erwan kriegt bei den Politikern der traditionellen Linken das Kotzen, bei allen, und besonders bei Schneider. Die Absurdität der Annäherung zwischen Erwan und Schneider beruhigt sie wieder ein bisschen. Zu viel ist zu viel. Fast eine Farce.

Sie bestellt einen Kaffee. Das Gefühl zu schwimmen, keine Anhaltspunkte zu haben. Beruhige dich. Niemand schaut dich besonders hartnäckig an. Dein Name steht nicht in der Zeitung. Und plötzlich fällt ihr der USB-Stick ein, der unwiderlegliche Beweis, dass Scoarnec und Courvoisier nicht die Mörder von Soubise sind. Sie richtet sich auf ihrem Stuhl auf. Erwan überzeugen, dass man ihn veröffentlichen muss. Er wird es nicht wollen. Nicht vor Donnerstag. Er ist halsstarrig. Nein, nicht halsstarrig. Saf' sucht das richtige Wort. Messianisch. Genau, er ist messianisch. Der Stick ist da, in Reichweite, ein paar Dutzend Meter entfernt. Sie könnte ... Sie wird es nicht tun. Was hält sie zurück? Sie versteht es selbst nicht.

Saffron bezahlt, steht auf.

Schließ die Augen, atme tief durch und tu, was abgemacht ist. Erwan weiß, was er tut.

Um die Zeit totzuschlagen, in die Tierschau im Jardin des Plantes gehen, Schauder garantiert bei den Schlangen im Vivarium. Dann ins Kino, irgendeins, mehrere Filme pro Tag, bis zum Treffen mit dem abstoßenden Goupil Lerenard, schon wenn sie an seinen Namen denkt, wird ihr übel. Bitteres Lächeln. Jetzt bist du dran, deine Rolle zu spielen, mein Mädchen.

Neal schaut auf die Uhr, fünfzehn Uhr und ein paar Zerquetschte. Mit etwas Glück wird Cooke in seinem Büro sein. Und noch nicht bis über die Ohren in Arbeit stecken. Hingehen, er ist eine wertvolle Hilfe. Die einzige, an die er denken kann. Er ruft an. Ja, Cooke ist da, froh ihn zu hören.

Komm gleich, ich warte auf dich.

Um den kleinen Raum zu erreichen, den ihm eine große französische Tageszeitung in ihren Räumen zur Verfügung stellt, im Austausch gegen denselben Dienst gegenüber ihrem Londoner Korrespondenten, muss man durch den großen Saal des Politik-Ressorts.

Zwischen den Reihen der Computer schreiben, telefonieren, diskutieren, beraten und erregen sich etwa dreißig Journalisten scheinbar wild durcheinander. Neal atmet tief ein, lang ist's her. Eine Zeitung kurz vor Redaktionsschluss ist eine echte Droge.

Cooke kommt ihm entgegen, reißt den Freund aus seinem Taumel, lässt zwei Kaffees aus dem Automaten und zieht ihn in sein Büro. »Was ist mit deiner Tochter?«

»Viel ernster, als ich dachte.« Neal hält inne, überlegt, wo er anfangen soll. »Erstens ist Saf' in den letzten Monaten eine aktive Umweltschützerin geworden.«

»So weit, so gut.«

»Sie hat einen neuen Freund, einen gewissen Scoarnec.«

»Der aus den Zeitungen?«

Neal nickt. »Und sie steckt bis zum Hals in der Geschichte drin. Die Polizei sucht sie. So, jetzt ist es raus, jetzt geht's mir schon besser.«

»*Shit!*«

»Ich hab's nicht kommen sehen.«

»So geht's fast allen Eltern. Dieser Scoarnec, hast du dich informiert?«

»Ein Komiker. Gestern Abend habe ich von einem seiner Freunde seine Adresse bekommen. Angeblich ultra-geheim. Heute Morgen bin ich hingegangen und über die Bullen gestolpert, die sich dort wie zu Hause fühlten.« Ein Moment Schweigen, der sehr lang erscheint. »Das ist noch nicht alles. Ich war gestern Abend nicht als Einziger hinter Scoarnec her. Ich bin zwei Schlägern begegnet, Typ *spooks*, die ihn ebenfalls suchten. Ich will nicht dramatisieren, aber wenn du die Atomenergie zu der Gleichung hinzufügst ...«

»Saf' ist in Gefahr.« Cooke, besorgt. »Was erwartest du von mir?«

»Der Bulle, der die Untersuchung des Todes von Soubise leitet und Saf' sucht, angeblich um sie als Zeugin zu vernehmen oder um sie zu schützen, heißt Pâris und arbeitet bei der Crim'. Ich habe ihn schon zweimal getroffen. Ich halte ihn für ehrlich, aber ich will es lieber überprüfen. Schau, was du über ihn herausfinden kannst.«

»Ich ruf dich an, sobald ich was habe.«

Als er aus dem Gebäude kommt, macht Neal in einem Café halt, bestellt ein Bier. Stechende Angst. Was kann ich jetzt tun, um Saf' zu finden und zu helfen? Eine Endlosschleife ohne Antwort. Erzwungene Untätigkeit. Ganz im Gegensatz zu der Atmosphäre in dem Redaktionsraum, den er gerade durchquert hat. Erinnerungen an seine große Zeit als Reporter, die er seit Lucilles Tod verdrängt hat, steigen wieder auf, nostalgisch getönt. Das Reuters-Büro ist nur zwei Schritte entfernt. Warum nicht vorbeischauen, so könnte er sich die Wartezeit verkürzen. Und vielleicht entdeckt er dort alte Bekannte?

Als er die Agentur betritt, ist Neal eher befangen, aber er trifft sofort auf zwei Journalisten, die er im Nahen Osten kennengelernt hat. Umarmungen. Sehr froh, dich zu sehen, sie ergreifen die Gelegenheit, von der guten alten Zeit zu reden, machen mit ihm die Runde durch die Büros, stellen ihn den jungen Spunden vor, die den Krieg nicht erlebt haben, erzählen von seinen und ihren Großtaten.

Verblüfft stellt Neal fest, dass mehr oder weniger alle von ihm gehört haben, dabei ist es schon zwanzig Jahre her. Die Leute drängen sich, der Größe von einst die Hand zu schütteln. Saffrons Vater schwankt, die alten Erinnerungen vermischen sich mit den Ängsten der letzten Tage, die Scotch-Flaschen werden aus der Schublade geholt.

Ein vierstöckiges Gebäude ganz oben in der Rue de Paris in Montreuil, kurz vor der Métrostation Croix-de-Chavaux. Die Fassade ist bunt, und über dem Eingang, dessen Stufen mit ebenfalls bunten Gipsfiguren geschmückt sind, steht auf einer großen Tafel in purpurroten und goldenen Lettern *Willkommen*.

»Scheiße, ich werd diese Art von Kunst nie verstehen.« Michel, der noch am Steuer des Kangoos sitzt, betrachtet skeptisch das Äußere des besetzten Hauses.

»Trifft sich gut, dafür wirst du auch nicht bezahlt.«

»Wenn das Kunst ist, schneid ich mir die Eier ab.«

»Pass auf mit solchen Aussagen, ein Unfall ist schnell passiert. Also, gehst du jetzt?«

Besucher kommen und gehen, Neugierige von außerhalb und Leute aus der Gegend. Der Eintritt ist frei.

»Bist du sicher, dass er da ist?«

Jean stöhnt. »Du brauchst nur einen Moment, um das zu erfahren, wenn du einen Blick reinwirfst. Also beweg deinen Arsch und zieh deine kleine Nummer ab.«

Ärgerlich steigt Michel aus dem Auto, wirft die Tür zu und geht über die Straße.

Die Conciergeloge in der Eingangshalle ist zum Empfang umfunktioniert worden. Hinter dem ziemlich hohen Tresen liest ein Langhaariger in einer Zeitschrift.

Der Bulle geht auf ihn zu und grüßt so harmlos wie möglich. »Ich war kürzlich bei befreundeten Galeristen und hab das hier gesehen ...« Er zieht den mit einem Gemälde von Marie Line illustrierten Flyer aus der Tasche. »Ich suche die Person, die so was macht.«

Der Langhaarige nimmt den Flyer, betrachtet ihn einen Moment.

Hinter Michel geht ein Kerl vorbei, der nach nichts aussieht und laut mit einem Mädchen in Hotpants spricht. Schlampe.

»Das ist eine alte Ausstellung.«

»Ja, aber diese Malerin ...«

»Sie ist nicht mehr hier.« Der Ton ist endgültig.

»Ach, aber meine Freunde haben mir gesagt ...«

Der Langhaarige steht auf, mit verschlossenem Gesicht. Er ist sehr groß. »Sie ist schon lange nicht mehr da.«

Er ist muskulös, dieser Arsch. Michel feixt innerlich, er prügelt sich gern mit großen Ärschen. Die glauben meist, dass ihre Größe genügt. »Und Sie wissen nicht vielleicht, wo sie jetzt wohnt? Ich würde wirklich gern ihre Arbeiten sehen.«

Eine afrikanische Familie betritt die Halle und zieht für ein paar Sekunden das Wohlwollen des Langhaarigen auf sich. Er winkt dem letzten Eintretenden sogar zu, einem Schwarzen, der übers ganze Gesicht lächelt.

Michel nutzt die Zeit, um sich die Loge genau anzusehen. An der Wand hinter dem Langhaarigen hängen Pläne des Hauses und der Ateliers, einer für jedes Stockwerk. Auf dem für das zweite, bei der Wohnung rechts, steht *Marie Line*.

»Sie ist ausgezogen, sage ich Ihnen. Ich glaube nicht, dass Sie hier irgendwas finden, das Ihnen gefällt. Guten Tag.«

Der Bulle betrachtet einen Moment lang das süffisante Gesicht des Langhaarigen, es juckt ihn in den Fingern, über die Theke hinweg reinzuschlagen, dann nickt er und geht.

Der lächelnde Schwarze hat sich in ein Bildhaueratelier im ersten Stock abgesetzt und tut so, als ob er die Arbeit des Künstlers bewunderte. Das Handy in seiner Tasche vibriert. SMS. Michel. *Zweiter rechts.*

Jean steigt eine Treppe höher. Drei Wohnungen. Die rechte ist die einzige, die nicht offen steht. An der Tür keinerlei Hinweis auf den Namen des Künstlers, im Gegensatz zu den beiden anderen.

Jean geht zur Tür, legt das Ohr ans Holz, hört ein Radio und dann den Beginn eines Gesprächs. Er lauscht, versteht nicht das Geringste, hört aber doch, dass es ein Mann und eine Frau sind. Er schaut sich um. Niemand kommt. Er konzentriert sich wieder auf die Unterhaltung. Der Ton ist lebhaft, dann plötzlich ein *Nein!* gefolgt von einem Vornamen, den die Frau ruft und den er versteht. *Julien.* Er ist hier!

»Dieses Atelier ist geschlossen.«

Jean zuckt zusammen, aber die Stimme hinter ihm, ebenfalls weiblich, ist sanft. »Ich war nicht sicher.« Er dreht sich um und setzt ein freundliches Gesicht auf. »Und da ich alles sehen will ...«

Die Künstlerin, die gesprochen hat, ist klein, um die sechzig, und muss in jungen Jahren sehr hübsch gewesen sein. »Dann kommen Sie mit, ich werde Ihnen mein Atelier zeigen. Ich male mit Pigmenten, die ich aus gepressten organischen Abfällen gewinne.«

Große Wahlversammlung im Palais Omnisport in Clermont. In der Garderobe ist eine Schminkkabine für den Kandidaten vorbereitet worden und im angrenzenden Zimmer ein Büffet, wo Berater und der engste Kreis von Journalisten sich unter den wachsamen Blicken von Patoux mit Gänseleber- und Räucherlachsschnittchen vollstopfen und Standpunkte und Pseudoinformationen austauschen.

In der Kabine sitzt Guérin, der mit seiner persönlichen Maskenbildnerin gekommen ist, vor einem großen, dürftig beleuchteten Spiegel, ein weißes Handtuch um Hals und Schultern.

Sonia überwacht das Ganze im Stehen.

Guérin sieht im Spiegel ihr aufmerksames Gesicht, ihre rasche Verständigung mit der Maskenbildnerin, ein Wort, die Andeutung einer Geste reichen aus, sie sind sich einig. Zu blass, sagt Sonia, leg ein bisschen auf. Heute macht er nichts her, antwortet die andere. Er, ein lebloser Gegenstand in den Händen dieser beiden Frauen.

Das ganz private Handy des Kandidaten klingelt. Er wirft Sonias Spiegelbild einen feindseligen Blick zu, unterbricht die Arbeit der

Maskenbildnerin und hält das Telefon ans Ohr. Die Stimme von Elisa.

Pierre?

»Ja.«

Warum hast du mich nicht zurückgerufen? Ich habe dir mehrere Nachrichten hinterlassen.

»Dringende Sachen zu erledigen.«

Bei mir ist es auch dringend. Sehr dringend. Er hat wieder rumgeschnüffelt.

»Wer?«

Pâris. Er war gegen Mittag bei der Galerie.

»Warum?« Guérin, plötzlich gereizt, steht auf, fängt an, auf und ab zu gehen. »Was wollte er?«

Ich weiß es nicht. Er ist gekommen und wieder gegangen, ohne ein Wort. Pause. *Er ist immer da, und er will, dass wir das wissen.*

Der Kandidat schmeißt sein Telefon in hohem Bogen an den Spiegel, der zerspringt, tritt gegen seinen Sessel, der gegen die Maskenbildnerin prallt. Sie fällt hin. Guérin reißt sich das weiße Handtuch ab, wirft es seiner Frau an den Kopf und fängt an zu brüllen. »Ich hab's satt! Satt, hörst du, du Miststück!«

Sonia stürzt in den Raum mit dem Büffet, winkt Patoux, schließt die Verbindungstür hinter ihm. Zusammen helfen sie der Maskenbildnerin auf, stellen den Sessel wieder hin, setzen Guérin darauf.

Sonia kramt in ihrer Handtasche, findet ein Fläschchen Pillen, lässt ein Glas Wasser einlaufen, reicht es Guérin, der es mit dem Arm wegstößt.

»Ich will dein Gift nicht mehr!«

Patoux redet leise auf ihn ein: »Der Saal ist voll. Es sind Tausende, sie warten auf dich, unsere schönste Wahlversammlung, noch zehn Tage ...«

Guérin beruhigt sich langsam, schließt die Augen, atmet einige Male tief ein, dann steht er auf und zieht vor dem gesprungenen Spiegel seine Jacke zurecht. »Gehen wir.«

Besorgt blickt Patoux zu Sonia, die mit einem Achselzucken antwortet.

Standing ovations, als Guérin den Saal betritt. Es gelingt ihm nicht, zu lächeln oder zu grüßen. Er steigt auf die Tribüne, das Publikum beginnt zu stampfen, er klammert sich ans Pult, um nicht zu fallen. Er versucht, seinen Blick auf die erste Reihe zu konzentrieren, schafft es nicht. Er ist leichenblass und stumm, Sekunden vergehen.

Das Publikum wird still, es merkt, dass das Ritual nicht eingehalten wird, es ist verunsichert, besorgt.

Der Kandidat ist endlich imstande, ein paar Wörter zu artikulieren. »Wir sind die Partei des Volkes in Bewegung ...« Seine Stimme ist unhörbar. Aber er sieht allmählich besser. Die erste Reihe wird deutlich, er konzentriert sich auf eine kleine junge Frau mit Brille. Frau mit Brille ... Endlich fängt er an. »Ich will mit Ihnen, dank Ihnen, ein starkes Frankreich aufbauen ...« Die Stimme gewinnt an Umfang. »Stellen schaffen, Wohnungen bauen. Ich will, dass der Arbeiter von seiner Arbeit leben kann, ich will dem mittellosen Kind seine Chance geben ...« Der Tribun ist wieder da.

Hinten im Saal küsst Patoux Sonia die Hand.

Seit einer Stunde ist es dunkel, Saffron kommt in Ville-d'Avray an, parkt ihren Wagen in einer ruhigen Straße im Zentrum, immer ordnungsgemäß, und geht zu Fuß durch das Tor eines prächtigen Anwesens, das sich bis zum Gipfel des Hügels über dem Städtchen erstreckt, ein kunstvolles Gewirr hundertjähriger Bäume, Blumenbeete und Rasenflächen.

Während Saf' einen Schlüssel aus der Tasche zieht, die kleine Seitentür im Gatter aufschließt, denkt sie einen Moment lang an etwas anderes als an den Mord an Soubise, seine Interpretationen und Konsequenzen. Eine wohltuende Pause.

Sie geht einen unter den Bäumen versteckten Pfad hinauf zu einer weitläufigen Villa aus dem neunzehnten Jahrhundert, die die Landschaft beherrscht. Alle Lichter sind aus bis auf eines, in einem Zimmer im ersten Stock. Wahrscheinlich die Nachttischlampe der alten Eigentümerin der Villa. Und dieses einzige, schwache Licht lässt das Haus noch verlassener und trostloser wirken.

Saffron geht um die Villa herum, bemüht sich, den Splitt im Hof nicht zum Knirschen zu bringen und im Schutz der Bäume zu bleiben. Bei ihren früheren Besuchen machte ihr das alles großen Spaß, es schmeckte ein bisschen nach Untergrund, obwohl die Gefahr nicht besonders groß war, und erinnerte sie an die Spiele ihrer Kindheit, Räuber und Gendarm, wenn sie mit klopfendem Herzen durchs hohe Gras zu den Gefangenen kroch, die man befreien musste, ohne gesehen zu werden.

Heute wird sie den Gedanken nicht los, dass ihr womöglich schon alle Polizisten Frankreichs auf den Fersen sind. Und das kleine Spiel erscheint ihr jämmerlich.

An der Vorderseite der Villa hat man einen herrlichen Blick auf den Westen von Paris bis zum Eiffelturm, auf der Seite befindet sich ein langes, im Dunkeln bläulich schimmerndes Schwimmbecken und am Ende des Schwimmbeckens, unter den Bäumen versteckt, ein kleiner Pavillon, dessen Architektur an die Jagdhütten von einst erinnert.

Das Anwesen gehört der Großmutter eines weiblichen Mitglieds von *Blauer Planet in Gefahr*, das ein Faible für Scoarnec hat, den Chef der *Umweltschutzkrieger*, eben weil er der Chef ist und diese *Krieger* verführerisch geheimnisvoll sind. Ein Groupie, das zu allem bereit ist, nur damit er sie schätzt. Sie träumt davon, dass er sie in seine Geheimnisse einweiht. Er, ganz Grandseigneur, lässt sich die Lobsprüche und Gaben gefallen und hält sie zugleich am äußersten Rand der Nichteingeweihten.

Saffron hingegen gehört zu dem sehr kleinen Kreis der nützlichen Eingeweihten, ganz dicht am Zentrum, ganz dicht am Chef, weshalb die andere vor Eifersucht mit den Zähnen knirscht. Aber heute Abend bezieht Saffron daraus alles andere als Ruhm.

Als Scoarnec darum bat, hat das Groupie ihm den Pavillon bereitwillig zur Verfügung gestellt, den sie nur benutzt, wenn sie ihre Großmutter besucht, unter der Bedingung, dass er diskret ist und niemand etwas merkt. Zum Glück ist die Großmutter sehr alt und kriegt nicht mehr viel mit.

In diesem Pavillon also, hat Scoarnec beschlossen, soll sich Saffron jeden Mittwochabend, bis die Operation gelaufen ist, mit *Goupil Lerenard* treffen, der in Wirklichkeit Pierre Marsand heißt und Fernsehtechniker ist. Hier spielt sie ihm Liebe vor, um seine Mitarbeit, seine Loyalität sicherzustellen. Erwan glaubt, dass die superluxuriöse Umgebung und der Hauch Abenteuer dafür besonders günstig sind.

Und Marsand glaubt an diese Liebe.

Saf' öffnet die Tür des Pavillons, tritt ein, zieht die Vorhänge zu und macht Licht. Ein einziger großer Raum, auf dem Boden Terrakottafliesen, eine Wohnecke mit zwei Ledersofas vor einem Kamin aus weißem Stein, ein niedriger Tisch mit ein paar Kunstbänden darauf und eine Schlafecke mit breitem Bett und weißer Daunendecke. Zwei Frottierbademäntel liegen auf dem Bett, und die Tür zum Bad ganz hinten ist halb offen.

Saf' zieht sich aus und legt sich nackt unter die Decke, die sie bis zum Kinn hochzieht. Schnell. Lerenard wird bald eintreffen, in der Nacht wie alle Füchse. Sich vor seinen Augen auszuziehen geht über ihre Kräfte.

Sie wiederholt sich Scoarnecs Argumente. *Du bist eine emanzipierte Frau ... Die sexuelle Revolution, die haben wir vor dreißig Jahren gemacht ... Du spielst eine Rolle, wie im Theater, nicht besonders schwierig ... Das Schicksal unserer ganzen Operation hängt von dir ab, von deiner Fähigkeit, diesem blöden Marsand den Kopf zu verdrehen ... Du wirst es großartig machen, wie immer, ich vertrau auf dich.* Und letzten Sonntag noch: *Tu es für mich.* Und gehorsam macht sie sich bereit, dem armen Teufel einmal mehr aufrichtige Gefühle vorzuspielen.

Scham.

Wieder packt sie der Brechreiz.

Der Techniker kommt spät heute Abend, das Warten zieht sich hin, Saffron fängt an zu hoffen, dass er gar nicht kommt. Und zündet sich einen Joint an, um sich die Zeit zu vertreiben und Mut zu machen.

Er kommt, eine Stunde nach der verabredeten Zeit, bleibt auf der Schwelle stehen. Er scheint getrunken zu haben.

Saffron setzt sich auf. Die Decke verrutscht, entblößt ihre Brüste. Sie sind straff, rund, milchweiß mit dunklem Warzenhof. Sie winkt ihm, sich zu ihr zu setzen. Ihre Brust bewegt sich leicht. »Was ist los? Komm her.«

»Scoarnec ist ein Mörder. Mit so einem Kerl will ich nicht zusammenarbeiten. Eine blöde Sendung zu stören ist was anderes als jemand umzubringen. Von jetzt an ohne mich.«

Also war es nötig, heute Abend herzukommen. Die ganze Aktion hätte platzen können. Erwan hatte wieder mal recht. Saf' lässt die Decke noch weiter runterrutschen, bis unter die Taille. Die obersten Schamhaare werden sichtbar. »Erwan hat niemand umgebracht.«

»Es steht in allen Zeitungen.«

»Na und? Glaubst du seit neustem, was die willfährige Presse erzählt?«

Marsand ist bis ans Bett gekommen, Saf's Körper ist zum Greifen nah. Er kämpft mit sich, aber er kann es sich nicht verkneifen, auf das Geschlecht seiner Geliebten zu starren. »Außerdem haben die Bullen mich besucht.«

»Wann?«

»Montagabend. Zu Hause.«

»Was hast du ihnen gesagt?« Zu Anfang ein Hauch von Angst in Saffrons Stimme, aber sie fasst sich schnell wieder. »Nichts, hoffe ich.«

»Natürlich nicht. Wofür hältst du mich?« Da ist er wieder, der kleine Gockel.

»Was wollten sie wissen?«

»Ob ich euch gesehen hätte, wann zum letzten Mal. Was ich am Freitagabend gemacht habe. Ich hab gearbeitet, das müssen sie nachgeprüft haben, da sie mir nicht weiter damit auf die Nerven gegangen sind. Trotzdem macht's Angst. Es hätte keinen Toten geben dürfen, das war abgemacht!«

»Erwan hat niemand umgebracht, es gibt Beweise.«

»Was für welche, wo? Ihr müsst sie vorlegen!«

»Sie sind in Sicherheit. Nach der Aktion werden wir sie verwenden. Wenn wir es jetzt tun, müssen wir alles erklären, Aussagen machen, und *Gédéon* fällt ins Wasser.«

Saffron wirkt sehr selbstsicher. Sie lässt sich in die Kissen sinken, deckt noch mehr von ihrem Schamhaar auf.

Marsand bemüht sich, die Augen abzuwenden, und redet weiter. »Wir haben die Bullen am Arsch. Fast wäre ich nicht gekommen. Ich hatte Angst, eine Bande Polypen in deinem Bett zu finden.«

Saf' nimmt seine Hand, zieht sie zu ihrem Geschlecht. »Du hast überhaupt keinen Grund, dich zu fürchten. Erwan hat keine Spuren hinterlassen.« Leiser Seufzer, gerade aufreizend genug. Sie ist feucht. »Du kennst ihn doch, er hat keine Bankkarte, kein Auto und kein Handy mehr. Die Polizei hat nicht den Schimmer einer Ahnung, und unsere Verstecke sind sicher. Beweis: Ich bin hier. Wenn du den Mund hältst, wird alles gut gehen.«

Saf' massiert sanft Marsands Schritt, zieht ihn aufs Bett und entkleidet ihn, ganz langsam. Er zittert, und sobald er nackt ist, stürzt er sich auf sie und nimmt sie mit sehr schnellen, ungeschickten Bewegungen.

Sie starrt über seine Schulter hinweg zur Decke, zwingt sich, an nichts zu denken, aber plötzlich wird sie von einer unkontrollierbaren Wut geschüttelt, sie zittert, sie hasst sich, sie hasst ihn, sie dreht ihn um, hämmert mit den Fäusten auf ihn ein, beißt ihn in die Schulter.

Er täuscht sich in der Ursache der entfesselten Gewalt und kommt atemlos zum Orgasmus, danach liegen sie nebeneinander auf dem Bett.

Saffron dreht noch einen Joint, den sie schweigend zusammen rauchen. »Na, geht's jetzt besser?«

Nicken. »Morgen früh kauf ich die Flugtickets, über die wir gesprochen haben. Wenn die Aktion vorbei ist, hauen wir zusammen ab.«

Saf' hebt einen Bademantel vom Boden auf, wickelt sich darin ein und geht lange duschen. Als sie zurückkommt, schläft Marsand.

Sie werden sich gegen sechs Uhr morgens trennen, mit einem letzten Kuss, nachdem sie die Seitentür des Anwesens wieder abgeschlossen haben. Saffron wird den Wagen nehmen und zu Tamara zurückfahren. Eine knappe Stunde Weg, Zeit genug, um über die vergangene Nacht nachzudenken, zwischen Ekel und Stolz, ihre Aufgabe vollbracht zu haben, und zwar mit Bravour. Dann wird sie nicht mehr daran denken, es wird hell werden und nur unendliche Erleichterung da sein. Egal was passiert, es ist Schluss mit dem kleinen Pavillon in Ville-d'Avray.

Nie mehr die Hure spielen.

7. Donnerstag

Schon zwei Uhr morgens, und Jean ist immer noch in Montreuil. An einen Kombi gelehnt, der gegenüber dem besetzten Künstlerhaus parkt, kehrt er dem Gebäude den Rücken und achtet nur vage auf die Musik, die aus dem zweiten Stock dringt. Heute Nacht ist bei den Klecksern Fiesta. Und das ist Scheiße. Es macht ihnen das Leben schwer. Er gähnt. Ich bin müde. Noch ein Tag wie der hier, und ich werde Mist bauen. Ich muss schlafen. In seinem lethargischen

Wachzustand errät er eher als dass er's sieht, wie die Limousine hinter ihm vorbeigleitet und circa zwanzig Meter weiter einparkt.

Michelet kommt mit schnellen Schritten angelaufen, so spät in der Nacht fühlt er sich hier nicht sicher. Die östlichen Vororte sind wahrlich nicht sein gewohntes Jagdgebiet. Jean grinst innerlich.

Kurzes Kopfnicken zur Begrüßung.

»Ist er immer noch da drin?« Der Unterpräfekt deutet mit dem Kinn auf das besetzte Haus.

»Anzunehmen.«

»Welche Wohnung?«

»Bei seiner Schwester im zweiten. Die dunklen Fenster neben der kleinen Party.«

Michelet seufzt. Er wirkt hilflos, unfähig, eine Entscheidung zu treffen.

Allmählich bereut Jean, dass er sich in diese Geschichte hat reinziehen lassen. Der Kerl ist unfähig, mit dieser Geschichte fertigzuwerden. »Müssen wir wirklich mit ihm reden?«

»Ja. Und schnellstens auch Scoarnec in die Finger kriegen.«

»Ich vermute, es kommt nicht in Frage, abzuwarten, bis die Crim' ihn holt, und uns in die Vernehmung einzuklinken.«

»Ja, das geht nicht.«

»Dann müssen wir schnell machen. Als ich gestern Nachmittag rauskam, hab ich am Empfang zwei Typen von der 36 gesehen, die nach Marilyn Courvoisier gefragt haben.«

»Die Mistkerle sind schnell.«

»Ja. Und sie werden wiederkommen. Wollen Sie mir nicht sagen, warum es so wichtig ist, dass wir ihnen zuvorkommen?«

Michelet fährt auf, gibt schließlich nach. »Julien Courvoisier hat eine Aufzeichnung. Die brauche ich. Mit allen Kopien.«

»Eine Aufzeichnung wovon?«

Pause.

»Von allem, was auf Soubises Computer war.« Der Unterpräfekt wendet den Blick ab, schaut zum besetzten Haus. »Was meinen Sie?«

»Wir haben keine große Wahl. Entweder warten, dass unser Freund ganz von selbst rauskommt wie ein Großer. Mit dem Risiko, dass die Kollegen zurückkommen und ihn vor uns schnappen ...«

»Oder?«

»Reingehen und ihn rausholen. Heute Nacht.«

Eine Minute vergeht. Zwei Jungs im Trainingsanzug fahren auf einem Motorroller vorbei und glotzen herausfordernd zu ihnen herüber. Sie entfernen sich, aber dann wenden sie und kommen immer noch kampfeslustig zurück.

Jean richtet sich zu voller Größe auf und zeigt ihnen sein schönstes Grinsen.

Der Roller haut ab, und nach ein paar Sekunden verliert sich der Auspufflärm in der Nacht.

»Wo ist Michel?«

»Hinter dem Haus ist ein Garten, den auch die Nachbarn benutzen, sehr hübsch. Heute Nachmittag hab ich mit einer der Künstlerinnen dort Tee getrunken.« Jean lacht. »Der Garten hat eine Tür nach hinten raus, zur Parallelstraße. Die überwacht Michel.«

Wieder eine Pause.

»Okay, dann los.« Michelet geht zu seinem Wagen zurück.

Jean schaut zu, wie er wendet und Richtung Paris davonfährt, dann überquert er die Straße, biegt in eine kleine Querstraße ein und geht zu Michel, der in ihrem Kombi auf ihn wartet. Sie schauen schnell durch, was sie dabei haben, Kabelbinder, einen schönen Jutesack für den Kopf des Informatikers, der Rotschopf testet seinen Elektroschocker. »Mit dem da wird uns dieser Dussel keinen Ärger machen.«

Die Kapuzen zusammengerollt als Mützen auf dem Schädel, steigen sie aus dem Kangoo und gehen zu der Tür. Ein Tropfen Öl in die Angeln, damit sie nicht knarren, ein paar Handgriffe am Schloss – Michel arbeitet aus irgendeinem Grund, den Jean nicht versteht, lieber auf die altmodische Art mit der Sonde –, und sie betreten den Garten. Sie verbergen sich unter einem Baum an der Gartenmauer, ziehen die Kapuzen mit den Augenschlitzen übers Gesicht, warten, bis sich ihre Augen an die Dunkelheit gewöhnt haben, dann gehen sie aufs Haus zu.

Schlampige Poeten, sperren nicht mal die Hintertür ab. Michel betritt als Erster die verlassene, dunkle Eingangshalle. Über seinem Kopf gedämpfte Musik. Haben echt nichts Besseres zu tun, diese Parasiten. Er geht die Treppe hoch. Jean dicht hinter ihm. Erster Stock, nichts los. Bleibt nur zu hoffen, dass der Junge brav bei seiner Schwester schläft. Zweiter Stock. Michel bleibt auf dem Treppenabsatz stehen, horcht, nimmt sich Zeit. Alles in Ordnung. Er winkt Jean, der an ihm vorbei zur Tür von Marie Line geht.

Verschlossen. Zwei Umdrehungen des Fräsbohrers, Jean spürt, wie die Stifte rausspringen, er dreht den Griff und geht in die Wohnung. Michel hinter ihm schließt die Tür wieder, nicht ganz. Völlige Dunkelheit. Die Infrarot-Stirnlampen einschalten. Sie sind im Wohnzimmer. Ein Sofa, das als Bett dient. Leer. Direkt daneben auf einem niedrigen Tisch ein Laptop. Von Courvoisier? Jean winkt seinem Komplizen, am Eingang zu warten. Er geht ins Schlafzimmer. Auch leer. Scheiße! Der Junge und seine Schwester sind nebenan. Er geht wieder ins Wohnzimmer. Kabbalistische Zeichen zu Michel. Niemand da. Er deutet auf den PC. Nehmen wir den mit? Ein stummer Dialog ist schwierig. Zögern.

Dann ein Stoß in Michels Rücken, der sich hingekauert hat, fast fällt er um. Jemand hat die Tür aufgemacht.

Eine Frau. »Aber?«, und dann: »Was haben Sie hier zu suchen?« Jean macht einen Satz.

Michel, wieder auf den Füßen, zieht den Schocker. Die Tussi hat nicht mehr die Zeit, zu fragen, wer sind Sie, sie kriegt einen Stromschlag und fällt rücklings in den Gang. Licht. Jemand steht auf der Schwelle der Wohnung, in der gefeiert wird.

Schreie. Dann Rufe.

Jean stößt Michel zur Treppe. Lärm im Stockwerk über ihnen. Erregte Stimmen, männliche und weibliche. Als sie die Halle erreichen, Gebrüll hinter ihnen. Schnell sind es nur noch Männerstimmen. Beschimpfungen. Sie werden verfolgt. Sie rennen durch den Garten, stoßen die Tür auf, rasen auf die Straße und lassen, beide aus demselben Reflex, den Kangoo stehen. Später. Nach ein paar hundert Metern laufen sie langsamer, niemand ist mehr hinter ihnen her.

Hauptquartier von Schneider, es ist noch sehr früh, aber alle sind schon da. Heute ist ein großer Tag. Der Herausforderer stellt einer Versammlung von Großunternehmern sein Programm vor. Operation Verführung. Sie müssen davon überzeugt werden, dass das revolutionäre Rot nicht mehr in Mode ist, was sie längst begriffen haben, und dass Schneider die französischen Großkonzerne genauso hätscheln wird wie Guérin, aber in der Beziehung gibt es noch einigen Widerstand, alte Gewohnheiten ändert niemand gern. Sein Stab kaut die Rede wieder und wieder durch, fügt da ein Detail, dort eine Zahl hinzu. Schneider hört zerstreut zu und langweilt sich. Er findet diese Versammlung sinnlos. Und seine Kampagne zu konformistisch, zu technokratisch. Dumesnil würde sagen: Was glaubst du denn? Hunde gebären keine Katzen. Wenn der Text fertig ist, wird ein Kommunikationsprofi ihm helfen, ihn mit Gefühl vorzutragen. Inzwischen trinkt er einen Kaffee und betrachtet das Foto von seinem Rivalen, der auf der Tribüne einer Wahlversammlung steht und einer Ohnmacht nahe ist. Es prangt auf der Titelseite aller Morgenzeitungen.

Dumesnil sitzt neben ihm und beobachtet ihn aus den Augenwinkeln. »Das zu sehen macht Spaß, aber vor dem zweiten Wahlgang wird Guérin sicher nicht abkratzen. Rechne bloß nicht damit. Und die Umfrageergebnisse, die wir gestern bekommen haben, sind nicht besser geworden.«

»Ich weiß. Irgendeine Idee, was ihm so zugesetzt hat?«

»Ich hab was läuten hören, aber mit allem Vorbehalt.«

»Sag schon.«

»Anscheinend hat Elisa Picot-Robert, PRG-Chefin und dicke Freundin von Guérin, zwei Mal Besuch von der Polizei bekommen, im Rahmen der Ermittlungen zum Mordfall Soubise, du erinnerst dich, der zur CEA abgestellte Polizist. Guérin soll einen Anfall bekommen haben, als er das hörte, kurz bevor er auf die Tribüne musste. Moal hat übrigens heute Morgen auf *France Inter* einen Beitrag über die möglichen Verbindungen zwischen der PRG und dem Mord an Soubise gebracht.«

»CEA, PRG, Guérin, interessant, nicht? Gibt es keine Möglichkeit, unsere Kontakte im Innenministerium und in der CEA zu aktivieren, um mehr in Erfahrung zu bringen?«

»Doch, natürlich, aber ich bin nicht sicher, dass das etwas bringt.«

»Tu's trotzdem.«

Zurückgelehnt in seinen bequemen Sessel in seinem Arbeitszimmer, beendet Guérin entspannt ein langes, wichtiges Interview über das *Frankreich von morgen*, das arbeitsam, kämpferisch, in Bewegung sein wird.

Der Journalist ihm gegenüber stellt sanfte Fragen und nimmt, bezaubert von Stil und Ton, auf, was er sagt.

Sonia kommt herein. »Tut mir leid, meine Herren, es ist Zeit. Der Wagen wartet.«

Die beiden Männer stehen auf.

Der Journalist wagt noch eine Frage. »Eine letzte Frage, Herr Minister. Dieses Unwohlsein gestern Abend ...«

Guérin unterbricht ihn. »Es war kein Unwohlsein. Das ist ein Tick der Medien. Als ich in diesen überfüllten Saal kam, der mich mit so viel Herzlichkeit und Begeisterung empfing, war ich bewegt, zutiefst bewegt. Ich spürte physisch die Erwartungen all dieser Menschen auf mir ruhen. Ich darf sie nicht enttäuschen, verstehen Sie? Also, ich habe ein paar Sekunden tiefer Emotion erlebt. Die Politik ist auch das, Emotion.«

Der Journalist geht.

Sonia sammelt ein paar Dinge im Arbeitszimmer ein, Kugelschreiber, Agenda, Taschentücher, Bonbons, Pillen, eine Flasche Wasser, und wirft sie in eine Ledertasche. »Ein bisschen riskant, aber du hast das von gestern wieder gutgemacht. So gut wie eben möglich.«

Guérin, ziemlich linkisch. »Sonia, ich brauche dich.«

Plötzlich aufmerksam bei dem ungewohnten Ton, dreht sie sich zu ihm um.

»Es ist schwierig im Moment, ich habe Angst, dass diese Soubise-Geschichte schlecht ausgeht.«

Sonia zieht die Brauen hoch, gespielt überrascht. »Wie das? Was hast du damit zu tun?«

»Absolut nichts. Aber die Staatsanwaltschaft hat einen Bullen eingesetzt, den du kennst, diesen Pâris ... Der seinen Kreuzzug gegen die Picot-Roberts und uns fortsetzt.«

»Die PRG, das verstehe ich, ich lese Zeitung. Aber du?«

»Bitte Sonia.« Gereizt. »Spiel nicht die Naive. Er ist schon einmal in der PRG gewesen und gestern ist er Elisa trotz strikter Weisung seiner Vorgesetzten bis zu ihrer Galerie gefolgt. Ohne Zweifel ein Einschüchterungsmanöver. Ich möchte wissen, ob er ein paar Überraschungen in petto hat, die er uns an den Kopf werfen will, und ...«

»Du willst, dass ich zu ihm gehe und ihn frage.«

»Genau. Und ihm mit Entschiedenheit rätst, dieses gefährliche Spiel zu lassen. Gefährlich für ihn.«

»Ich weiß nicht, ob das mitten im Wahlkampf eine gute Idee ist. Es sind nur noch zehn Tage. Und mein Besuch könnte Aufmerksamkeit erregen. Bei Schneider zum Beispiel.«

Guérin nähert sich Sonia zärtlich, legt ihr die Hand auf die Schulter, sucht ihr Einverständnis. »Nicht offiziell, nur ein fast freundschaftliches Treffen. Ich bitte dich darum, weil ich weiß, dass du das kannst. Eure erste Begegnung, als dein Vater noch lebte …«

Sonia denkt einen Moment nach. Pâris. Sie hat schon lange nicht mehr an ihn gedacht. Eine Stimme, ein Tonfall, ein Blick. Ein Unterschied. Ein paar erstaunliche Momente. Lust, ihn wiederzusehen? Sie reicht ihrem Mann die Ledertasche. »Gut, sei brav in Bordeaux ohne mich. Mach keine Dummheiten. Ich komme heute Abend nach.«

Im Wagen, der ihn nach Le Bourget bringt, ruft Guérin Elisa an. »Sie ist einverstanden. Heute Abend wird alles geklärt sein.«

In den Kulissen eines großen Saals im Park Hotel Hyatt, zwei Schritte von der Place Vendôme entfernt, prüft der Stab seinen Kandidaten auf Herz und Nieren. Der Anzug ist korrekt, er gleicht den Anzügen der Unternehmenschefs. Der Teint ist mit einem Hauch Schminke getönt, um die Gesundheit des Herausforderers herauszustreichen. Schneider hat seinen Text schon zweimal deklamiert und ist über alle möglichen Fehler und wie er sie vermeiden kann informiert. Sein Auftritt soll in fünf Minuten stattfinden. Ein Assistent teilt ihm mit, dass etwa dreißig Unternehmer und doppelt so viele Journalisten im Saal sind.

Dumesnil kommt. Sehr leise: »Unsere Freunde bestätigen, dass die PRG in den Ermittlungen der Criminelle auftaucht. Manche gehen so weit zu sagen, die Spur der Ökoterroristen sei nur ein Ablenkungsmanöver. Freu dich nicht zu früh, aber ich gebe zu, es ist interessant. Was anderes, der Polizist, der die Ermittlungen leitet, Commandant Pâris … Erinnerst du dich an die Centrifor-Affäre vor ein paar Jahren?«

»Vage.«

»Grob gesagt, hat der alte Pasquier die Rettung eines Unternehmens im 92. organisiert, Centrifor, mit Staatsgeldern und mit Hilfe der PRG. Es gab einen starken Verdacht, dass illegale Provisionen gezahlt worden sind. Zum Untersuchungsteam gehörte ein gewisser Capitaine Pâris, damals bei der *Brigade financière*. Als er Pasquier zu nahe kam, ist er zur Criminelle *befördert* worden. Und die Untersuchung wurde eingestellt. Er soll deswegen immer noch einen Groll hegen.«

»Was meinst du, lohnt es sich, ihn zu treffen? Könnte es sein, dass er redet?«

»Man kann's versuchen.«

»Kümmerst du dich darum?«

»Einverstanden. Also, dein Auftritt. Und sei gut!«

Im Regiewagen von France 2 vor dem Hotel steht Pierre Marsand hinter der Konsole. Auf ein Zeichen des Regisseurs zoomt er auf das Gesicht von Schneider, dann schwenkt er, Schneiders Blick folgend, über den schweigenden vollen Saal.

Als es Zeit ist zum Mittagessen, verlässt Pâris allein die 36. Er muss eine Weile seine Ruhe haben vor dem Team. In solchen Fällen hat er seine Gewohnheiten, er besucht einen Austernhändler in der Rue Saint-Jacques. Er geht langsam dorthin, genießt die frische Luft. Von Zeit zu Zeit nutzt er das Glück, im Herzen des alten Paris zu arbeiten. Die Fassade von Notre-Dame, ein Arm der Seine, die Apsis von Saint-Séverin.

Sein Handy klingelt, er wirft einen Blick darauf, seine Frau, der tägliche Anruf. Er nimmt nicht ab, geht weiter. Ich müsste wissen, wo ich stehe, wissen, was ich will. Zu spät, zu alt. Also? Er entschließt sich, zurückzurufen. »Ich bin's ... Bitte, nicht jetzt ... Ich sag doch, nicht am Telefon ... Ja, heute Abend, zum Essen ... Astier? Um zwanzig Uhr? Ich werde da sein.« Pâris seufzt, Entscheidungen, die keine sind, steckt das Telefon wieder in die Tasche, hebt den Kopf, er steht vor der *Bar à Huîtres*.

Er tritt ein, setzt sich ans Ende der Theke, begrüßt den Kellner. Ein Dutzend Austern, eine Flasche Pouilly fumé, wie immer. Der Wein kommt, er schenkt sich ein Glas ein, schön kalt, wie er ihn mag, entspannt sich allmählich, schlägt die Zeitung auf, die auf der Theke liegt. Der Fernseher hinten im Restaurant zeigt ein paar Bilder von Schneider vor einer Versammlung von Großunternehmern im luxuriösen Rahmen des Hyatt Vendôme. Der Ton ist abgestellt.

Der Kellner bringt ihm seine Austern und kommentiert: »Haben Sie gesehen, der Schneider, badet im Luxus, genau wie der andere.«

Pâris grummelt und schaut mit einem Auge weiter in die Zeitung, während er sich Butter auf eine Scheibe Roggenbrot streicht.

»Ist der Platz frei? Darf ich mich setzen?«

Eine weibliche Stimme, nicht unbekannt. Pâris hebt den Kopf und entdeckt Sonia Guérin, die sich auf den Hocker neben ihm gesetzt hat. Zuerst sehr überrascht, dann belustigt winkt er dem Kellner, ein zweites Glas zu bringen, schenkt ein und schiebt es auf der Theke zu ihr hin.

Sonia nimmt es, ihre Hände berühren sich. »Sechs Austern für mich, um Monsieur Gesellschaft zu leisten.« Sie kostet den Wein, nickt. »*Sie* haben sich kaum verändert. Immer noch dieselbe Bar, dieselben Austern, derselbe Wein.«

»Sie haben sich kaum verändert? Sie? Also kein freundschaftlicher Besuch? Nun, Sie«, Paris betont das Sie, »haben sich auch kaum verändert, wie es scheint. Dieser kleine Pouilly fumé schmeckt Ihnen immer noch. Und ich wette, Sie sind gekommen, um mir dasselbe zu sagen wie bei unserer ersten Begegnung: Mischen Sie sich nicht in unsere Angelegenheiten, lassen Sie meinen Vater, Verzeihung, meinen Mann in Ruhe.«

»In etwa. Pierre ist nachtragend. Er wird Präsident werden. Sie gehen sehr große Risiken ein. Für keine große Sache.«

»Keine große Sache.« Pâris nimmt sich Zeit für sein Glas, trinkt es in einem Zug aus, schenkt sich wieder ein. »Wissen Sie, was mein Privatleben angeht, bin ich ganz unten. Und dann soll ich mich beruflich verleugnen? Jetzt? Das hieße, das wenige, das mir bleibt, aufzugeben. Es ist ein Fehler, dass Ihr Mann sich aufregt. Am Ende merken es die Leute und fragen sich, was dahintersteckt.«

Schweigend essen beide ihre Austern.

Pâris mustert sie von Zeit zu Zeit über den Teller hinweg. »Merkwürdiger Schritt, seine Frau einzuschalten, um seine Geliebte zu schützen. Warum machen Sie da mit? Sie mögen diese Rolle nicht. Sie mögen sie umso weniger, als Sie die Hintergründe des Falls nicht kennen. Und weil Sie diese Frau ebenso verabscheuen wie ich. Sonst würden Sie sich mehr Mühe geben. Nach Ihrem Vater nun die Launen von Guérin? Möchten Sie nicht lieber Sie selbst und frei sein, einmal in Ihrem Leben?«

Sonia, verwirrt, vertieft sich in ihre Handtasche, sucht ihre Zigaretten, lässt ihr Feuerzeug fallen. Pâris hebt es auf, spielt einen Moment damit, lässt es aufflammen. Sie beugt sich mit der Zigarette im Mund zu ihm, streift seine Schulter. Er atmet den Duft ihres Haars ein und zündet mit einer langsamen, aufmerksamen, fast zärtlichen Geste ihre Zigarette an.

Sie richtet sich auf, zieht den Rauch ein. »Mein Privatleben ist kaum besser als deines.« Sie nimmt ihre Handtasche, steht auf, legt die Hand auf die seine. »Vergiss, was ich dir gesagt habe. Es hat mir gut getan, dich wiederzusehen.«

Mit zugeschnürter Kehle schaut Pâris ihr nach, als sie geht. Was für eine Haltung!

Genau in dem Moment, als Sonia Guérin und Pétrus Pâris ihre Austern zu essen beginnen, stürmt Elisa Picot-Robert wie eine Furie ins Büro von Barbara Borzeix, eine druckfrische Zeitung in der Hand. Vorabdruck des *Journal du Soir*, ein Geschenk von Albert Mermet. Bleich vor Wut, erhebt sie kaum verhüllte Anschuldigungen gegen ihre Angestellte. Sie sei für die Indiskretionen in der Presse verantwortlich. Die offen die PRG nennt und den Konzern mit dem Tod von Benoît Soubise in Verbindung bringt. Es folgen Drohungen, die Leiterin der Rechtsabteilung zu verklagen, wegen Weitergabe vertraulicher Informationen oder sonst etwas, das wird sich finden, und ein Versprechen, dass ihre Karriere zu Ende sei, wenn sich herausstellen sollte, dass sie geredet hat.

Von dem Überfall überrascht, braucht Borzeix ein paar Sekunden, um zu reagieren. Dann fasst sie sich wieder, steht auf, nimmt Handtasche und Jacke und lässt ihre Chefin einfach stehen. Erst kurz bevor sie zur Tür rausgeht, sagt sie: »Ich bin kein kleines Mädchen mehr. Und gegen Hysterie bin ich allergisch. Ich dachte, Sie würden damit besser fertig werden!«

Zurück nach Hause. Unterwegs macht sie Besorgungen, ein paar DVDs im Videoklub. Sich einschließen, nachdenken. Hab ich noch was zu rauchen? Als sie zu Hause ankommt, zieht sie als Erstes den Stecker von Telefon und Computer raus und schaltet ihr Handy ab. Total abgeschottet, bis Montag.

Im Halbdunkel seines Hotelzimmers erwacht Neal mit Mühe aus seinem whisky-schweren Schlaf. Starke Kopfschmerzen. Ein Sonnenstrahl zwischen den Vorhängen. Er schaut auf die Uhr, kurz vor zwei. Verworrene Erinnerung an den gestrigen Abend. Beginn einer Sauferei im Reuters-Büro. Und dann? Wie ist er ins Hotel und ins Bett gekommen? Er schleppt sich zur Dusche, heiß, kalt. Der Morgen nach einem Rausch, doppelt schwer zu verkraften, weil ihn das schlechte Gewissen quält. Und weil er es nicht mehr gewohnt ist. Er zieht sich an, muss sich auf jede Bewegung konzentrieren. Vage Herzschmerzen. Keine Lust zu essen. Aber ein Eis, gute Idee, viel Eis, unfehlbar gegen den Brechreiz, dafür geht man hier am besten zu Berthillon gleich um die Ecke.

Auf dem Weg kauft er das *Journal du Soir*, die Sonne tut ihm in den Augen weh, er flüchtet sich ins Hinterzimmer des leeren, angenehm kühlen Cafés, bestellt eine ganze Palette Sorbets und fühlt sich langsam besser. Er schlägt die Zeitung auf, sucht und findet einen Artikel von Moal. Ein paar Sekunden, bis er es schafft, die Zeilen zu fixieren, die die ärgerliche Tendenz haben, zu verschwimmen, dann eine Weile, bis er versteht, was er gerade gelesen hat. Die Spur der Ökoterroristen sei nicht die einzige, die die Polizei verfolgt. Sollten die PRG und eine Barbara Borzeix, Leiterin der Rechtsabteilung, in die Geschichte verwickelt sein? Adrenalinstoß, Neals Hände werden feucht, seine Gedanken wirr und aufgeregt. Wird meine Tochter nicht mehr verdächtigt? Steckt irgendwas Größeres hinter all dem? Nicht mehr verdächtigt vielleicht, aber nicht außer Gefahr. Cooke treffen. Neal schaltet sein Handy ein und findet eine SMS, die Cooke ihm am Vormittag geschickt hat. »Ich bin im Büro, komm vorbei, sobald dich diese Nachricht erreicht.«

Gegen vierzehn Uhr, Versammlung der stellvertretenden Staatsanwälte im Büro des Oberstaatsanwalts. Die laufenden Verfahren sind nach einer dreiviertel Stunde erledigt, dann ändert sich der Ton, ganz subtil. Fourcade weiß, dass die Gardinenpredigt ihm gilt. Das war ihm schon gleich beim Eintreten klar, als er das *Journal du Soir* mit der aufgeschlagenen Gesellschaftsseite auf dem Schreibtisch seines Vorgesetzten liegen sah. Die PRG in einem Artikel über den Tod von Soubise, der Chef hofft, dass das nicht von ihnen kommt, sonst werde er kein Pardon kennen. Er unterstreicht die Notwendigkeit, seine Ermittler zu führen. Fourcade spürt die Blicke der anderen Stellvertreter, aber er sagt nichts, reagiert nicht, da er nicht direkt angesprochen wird. Sich rechtfertigen hieße einen Fehler eingestehen, und er sieht nicht, wo er einen begangen haben könnte. Er glaubt keine Sekunde, dass Pâris wieder zu weit gegangen sein könnte. Nicht nach dem, was sie gestern besprochen haben. Oder er hat den Mann sehr schlecht verstanden. Er lässt den Sturm vorüberziehen, obwohl er sehr genervt ist.

Als Pâris das Restaurant verlässt, ist er verwirrt. Er hatte geglaubt, dass dieses Kapitel beendet sei. Es sollte beendet sein. Es ist es aber nicht. Keine Lust, sich in der 36 einzusperren, er ruft Pereira an, um zu erfahren, was es Neues gibt, und sich den restlichen Nachmittag Zeit zu nehmen, um nachzudenken.

Der Alte hat dich eben wieder gesucht ...

»Das ist schon keine Liebe mehr, das ist Raserei! Was meinst du, war er verärgert?« Fichard liest keine Zeitungen, zu faul, aber er ist sehr empfindlich für die kleinsten Regungen der höheren Stellen. Und zwischen dem Vorfall bei der Galerie gestern und dem Artikel heute hat es weiß Gott überraschende Wendungen gegeben! Angefangen bei Sonias Besuch.

Gar nicht. Im Gegenteil. Er wollte wissen, wie weit wir sind.

»Was hast du ihm gesagt?« Kippe, Feuerzeug, sich auf den Rauch konzentrieren, der die Lunge füllt. Das tut so gut.

Keine Sorge, wir sind gedeckt. Ich hab ihm von Courvoisier, dem besetzten Haus und unserem zweiten, gründlicheren Besuch heute Morgen erzählt, der nichts gebracht hat. Er schien enttäuscht, aber das war alles.

»Alles? Der Blödian! Aber ich bin enttäuscht. Ich dachte, wir hätten ihn.«

Ich glaube, wir hatten ihn.

»Erzähl.«

Coulanges ist zurückgekommen, gleich nachdem du gegangen warst. Der Araber im Café gegenüber hat ihm gesagt, dass es in der Nacht bei den Künstlern Krawall gegeben hat. Versuchter Einbruch. Als sich die Lage beruhigt hatte, sind drei Personen aus dem Haus gekommen und mit dem Auto weggefahren. Eine der drei entspricht der Beschreibung von Courvoisier. Die Spur ist heiß.

»Endlich eine gute Nachricht! Und bei der kleinen Jones-Saber?«

Dudu ist mit Besnier vor Ort. Er strengt sich an. Ich hab ihm Estelle und Thierry geschickt, es gibt mehr als einen potentiellen Unterschlupf, den man besuchen muss.

Pâris lässt ein paar Sekunden verstreichen, ohne etwas zu sagen. Er denkt an Neal Jones-Saber, der Angst um seine Tochter hat. Er fragt sich, was er denken würde, wenn ein Kerl wie er seine eigenen Kinder jagte. Mit Sicherheit wäre er nicht beruhigt.

Kommst du noch mal ins Büro?

»Ich treff mich heute Abend mit Christelle.«

Schweigen.

»Seit zwei Tagen versucht sie mich zu erreichen, damit wir uns wie Erwachsene unterhalten.« Letzter Zug Nikotin, er drückt seine halb gerauchte Zigarette aus, flucht im Stillen auf sich selbst, dass er das Bild von Sonia neben ihm an der Theke nicht aus dem Kopf kriegt. »Wie Erwachsene, so ein Quatsch ...«

Wenn du hinterher reden willst, ruf an, ich lass mein Handy eingeschaltet.

»Danke.« Was wird dann noch zu sagen sein?

Als Neal Jones-Saber ins Büro kommt, ist Cooke mitten in der Arbeit, ganz auf einen Artikel konzentriert. Er winkt ihm, sich zu setzen und zu warten. »*I'll be just a minute.*«

Neal dreht ihm den Rücken zu, lauscht auf das Tastaturgeklapper und die Geräusche der Redaktion, die durch die offene Tür dringen.

Cooke schickt seinen Artikel ab, ohne ihn noch mal durchzulesen, und dreht sich zu seinem Freund um. »Na, hast du Moal gelesen?«

»Natürlich.«

»*It's going to be big.* Vielleicht eine Staatsaffäre. Was hältst du davon?«

»Nichts, ich suche Saf'.«

»Komm, mein Alter, das beste Mittel, sie wiederzufinden, ist, die ganze Sache aufzuklären. Und du hilfst ihr nicht da raus, indem du auf deinem Hintern sitzen bleibst und dich vor lauter Selbstmitleid besäufst. Ich nehme an, du bist noch in der Lage, zu verstehen, was ich dir sage?«

Neal schließt die Augen, schweigt.

»Du als Freier, genau bei diesem Fall. Ich habe heute Morgen mit London telefoniert, nachdem ich Moal auf *France Inter* gehört hatte. Sie sind einverstanden. Mehr als einverstanden.«

Saffrons Vater öffnet die Augen und steht langsam auf. »Wo fange ich an? Könnte ich diese Borzeix aufsuchen, von der Moal redet?«

Voller Freude umarmt ihn Cooke. »Mein guter alter Neal, darauf warte ich seit zwanzig Jahren. Na ja, fast.« Er holt eine Flasche Whisky aus der Schublade. »Begießen wir das?«

»Nein, Erbarmen, ich hab schon Mühe, mich von der Sauferei gestern zu erholen. Ich bin zu alt für diesen Blödsinn. Die alten Arbeitsgewohnheiten, okay, aber mit dem Whisky warten wir ein bisschen.«

»Schau, ich hab dir schon einen Tisch reingestellt, neben der Tür. Nichts Großartiges, aber es war nichts anderes übrig. Sogar einen alten Mac hab ich für dich aufgetrieben. Ich hab dir drei Dossiers darauf kopiert.«

»So sicher warst du, dass ich einverstanden sein würde?«

»Das erste enthält alles, was ich über Pâris gefunden habe, wie du mich gebeten hattest. Es ist erstaunlich, du wirst sehen, der Mann hat schon eine lange Geschichte mit Guérin und der PRG, eine Geschichte, bei der ziemlich viel Hass entstanden sein muss. Aber soweit ich das beurteilen kann, nicht das Profil eines Verrückten.«

Neal setzt sich vor das Gerät.

»Das zweite Dossier betrifft die PRG. Eine wissenschaftliche Analyse der Firma und ihrer Beteiligungen, die Entwicklung des Sektors.«

Neal klickt auf das Icon mit dem Namen des Konzerns in der Mitte des Bildschirms.

»Das dritte betrifft Picot-Robert, Pasquier und Guérin. Wie diese Familien sich gegenseitig geholfen haben, zu Macht und Geld zu kommen. Einiges hatte ich dir schon bei unserem Essen im *Chez Gérard* erzählt. Jetzt hab ich dir eine Reihe von Dokumenten zusammengestellt, damit du dir eine genauere Vorstellung machen kannst. Meiner Meinung nach solltest du das alles lesen, bevor du dich mit irgendjemand triffst. Aber ehe du anfängst, hol ich uns zwei Kaffees und erzähl dir eine Geschichte.«

Ein paar Minuten später sitzen die beiden Männer in ihrem Büro und trinken langsam einen heißen, ziemlich schlechten Kaffee.

Cooke hat einen Schuss Whisky in seinen getan, um den Geschmack zu überdecken. »Was ich dir jetzt erzähle, werde ich nicht schreiben, aber du musst es wissen. Der alte Pasquier hat in zweiter Ehe eine Frau geheiratet, die dreißig Jahre jünger war als er und in die er schrecklich verliebt war. Denis Picot-Robert, ein sehr gut aussehender Mann und jünger als Pasquier, selbstsicher und einnehmend, bereit, alle an die Wand zu drücken, einschließlich seiner besten Freunde, hat Pasquiers Frau verführt, vor den Augen der gesamten Regenbogenpresse Frankreichs. Man sagt, der Kummer habe den Alten umgebracht. Seine einzige Tochter, Sonia, die ihn sehr liebte, hat es der Familie Picot-Robert nie verziehen, und als Denis bei einem Flugzeugunglück ums Leben kam, hat sie ihren Hass auf die schöne Elisa übertragen, die heute die Geliebte Guérins sein soll.«

»Die *Atriden à la française*, eine Geschichte um Ehebruch und Geld. Aber warum erzählst du mir das? Gibt es eine Verbindung zu Saffron und dem Mord an Soubise?«

»Wahrscheinlich nicht. Aber man kann nie wissen.«

Gegen siebzehn Uhr stehen Leutnant Pierre-Marie Durand und Brigadier Claude Mesplède mit laufendem Motor auf dem Seitenstreifen einer kleinen Landstraße an der Seine, vor der Einmündung eines von hundertjährigen Eichen gesäumten Privatwegs. Durand auf dem Beifahrersitz hat eine auseinandergefaltete Karte auf den Knien. »Ich glaube, das ist hier.« Auf einem an einen Baum genagelten Holzschild steht *Moulin de Saint-Pierre*.

Ein roter 2 CV taucht auf dem Privatweg auf, holpert auf die Straße zu. Am Steuer eine Frau ungewissen Alters, mit Kopftuch und einer großen Sonnenbrille, die ihr Gesicht fast ganz verdeckt. Sie biegt direkt vor ihnen Richtung Paris ab, ohne ihnen die geringste Beachtung zu schenken.

Die beiden Polizisten sehen zu, wie sie sich entfernt, dann wenden sie sich wieder dem von Wagenspuren durchfurchten Weg zu. »Wenn sie weg ist, können wir rein.«

Saffron sieht im Rückspiegel, wie der graue Peugeot in Tamaras Anwesen einbiegt. Ihr Herz klopft zum Zerspringen, ohne dass sie recht weiß, warum. Zwei Männer in einem Zivilfahrzeug, hier, mitten im Nirgendwo? Aber sie haben sie vorbeigelassen. Und sie folgen ihr nicht. Ein anderes Versteck finden? Was würde Erwan tun?

Sonia Guérin ist zu ihrem Mann ins Studio von France 3 Région Aquitaine gekommen.

Nach der Aufnahme, gleich nach dem Abschminken geht der Kandidat auf sie zu, ergreift aufmerksam und lächelnd ihren Arm. »Hast du ihn getroffen?«

»Ja.«

»Und, wie hat er reagiert? Erzähl.«

»Über seine Ermittlung habe ich nicht mit ihm gesprochen.«

Guérin lässt Sonias Arm los. »Darf ich erfahren, warum?«

Sonia ist äußerst kühl, ihr Gesicht ernst und verschlossen. »Aus zwei Gründen. Erstens weil ich glaube, dass der Schritt sinnlos und kontraproduktiv ist, das hatte ich dir gesagt. Der zweite, wichtigere, ist, ich schätze diesen Mann«, die Stimme betont das Wort *Mann*, »und will seine Achtung nicht verlieren.« Und sie geht mit raschen Schritten davon.

Guérin verschlägt es die Sprache.

Astier, eine Institution im dreizehnten Arrondissement. Eine Institution in ihrem Leben, ihrem früheren Leben. Vor den Mädchen, vor allem anderen. Pâris tritt in das Bistro.

Christelle ist schon da, vor sich ein Glas Weißwein und feine Scheibchen Wurst in einer kleinen Schale. Sie sieht ihn näherkommen, wagt nicht zu lächeln oder sich zu rühren. Heute kommen die Karten auf den Tisch, und sie weiß das.

Er setzt sich, sie wechseln ein paar nichtssagende Worte, er bestellt den gleichen Aperitif wie seine Frau. Er legt sein Handy auf den Tisch, hat weder die Kraft noch das Bedürfnis zu erklären »für die Arbeit«. Sein Wein kommt gleichzeitig mit einem Anruf Pereiras. Pâris nimmt ab, macht sich nicht einmal die Mühe aufzustehen.

Bist du schon dort?

»Ja.«

Dann entschuldige die Störung, aber ich dachte, du willst es wissen. Schlag ins Wasser bei Saffron Jones-Saber. Durand würde gern diese Kommune betuchter Intellektueller beschatten lassen, aber ich glaube, wir verschwenden damit unsere Zeit.

»Courvoisier?«

Hat auch nichts ergeben.

Kurzer Blick zu seiner Frau, den sie ihm nicht gerade freundlich zurückgibt. »Machen wir Schluss. Wir reden morgen drüber.« Pâris legt auf.
»Wirst du es ausschalten?«
»Nein.«
»Wir haben uns Wichtiges zu sagen.«
»Auch das ist wichtig.«
»Zu wichtig.«
Ein Oberkellner kommt ihre Bestellung aufnehmen. Wenig inspiriert begnügt sich Pâris mit Fleisch, blutig, seine Frau nimmt eine Vorspeise mit Wolfsbarsch. Und eine Flasche Weißwein.
Als sie wieder allein sind, beginnt sie. »Was ist los mit dir? Was ist los mit uns?«
Pâris antwortet nicht, er schaut von seinem Weinglas zu seinem Telefon, hoffnungslos stumm.
»Hast du an die Mädchen gedacht?«

Saffron erreicht die *Bar au Pacifique*, Ecke Rue de Belleville und Rue des Pyrénées, nachdem sie von Ménilmontant, wo sie den 2 CV geparkt hat, die Rue de la Mare hinaufgegangen ist. Sie ist zu früh, setzt sich unter das Vordach des Cafés, nicht an einen der vordersten Tische, etwas weiter hinten, bestellt ein Bier und wartet. Sie ist angespannt. Immer noch nicht ganz beruhigt wegen der beiden Männer an der Ausfahrt von Tamaras Anwesen. Das Gefühl, dass die Zeit sich endlos dehnt, dass Julien nie kommen wird.
Ihr Bier auf dem Tisch. Eine Gruppe Polizisten, zwei Männer und drei Frauen in marineblauen Drillichhosen und weißen Hemden, fast alle übergewichtig, geht am Café vorbei und bleibt einen Moment stehen. Einer der Bullen begrüßt den Wirt, sie quatschen. Sie sitzt in der Klemme! Zu spät, um auf die Toilette zu verschwinden, das würde sie erst recht auf sie aufmerksam machen. Obwohl ihr Gesicht mit der Sonnenbrille und dem Kopftuch kaum zu erkennen ist, wendet sie es ab, so natürlich wie möglich, und tut, als interessiere sich für ein Plakat an einer der Glastüren. Wieder einmal warten, dass sie weggehen.

Julien kommt aus der Métro-Station Belleville. Er ist nicht allein, seine Schwester und ein anderer Mann aus dem besetzten Haus begleiten ihn. Sie gehen die Steigung zur Rue des Pyrénées hinauf. Auf halber Strecke lässt seine Eskorte ihn wie verabredet in der Menge der Chinesen allein, die um diese Zeit sehr geschäftig sind, in Restaurants strömen, sich um ihr Business kümmern. Es wird bald Abend, die Schaufensterbeleuchtung geht an, Leuchtreklamen und grelle Farben an den Fassaden. Die Straße ist voller Autos, oben und unten herrscht Stau. Ein Höllenlärm.

Der Informatiker schlängelt sich zwischen den Menschen auf dem Gehweg hindurch, manchmal auch auf der Fahrbahn zwischen Fahrrädern und Autos. Er geht rasch, atemlos, er will es schnell hinter sich bringen, diesen USB-Stick loswerden, der ihm in der Hosentasche in der Hand brennt. Ihn Saffron geben. Sich sagen lassen, wo er den anderen findet, und verschwinden, bis Erwan das Signal gibt und alles vorbei ist. Er weiß, wo er hin will. Er hat einen Kumpel im Süden, in Marseille. Wäre gut, endlich ein bisschen in die Sonne zu kommen, schwimmen zu gehen. Weit weg von all dem hier.

Er kommt zu der Kreuzung, wirft unwillkürlich einen Blick auf die Bar. Eine Polizeistreife! Sie gehen ruhig weiter. Saffron ist da. Sie haben sie nicht gesehen. Er geht noch nicht rüber zu ihr, sondern hundert Meter weiter die Rue des Pyrénées hinauf, beobachtet beide Straßenseiten, wie Erwan es ihm beigebracht hat, um zu sehen, ob verdächtige Fahrzeuge auf der Lauer liegen. Ob jemand ihm folgt.

Nichts.

Beruhigt kehrt Julien um. Als er sich dem Café nähert, noch auf der anderen Straßenseite, kann er es sich nicht verkneifen, Saf' zuzulächeln, die ihn gerade bemerkt hat. Er hält sich gerade noch zurück, die Hand zu heben und ihr zuzuwinken.

Dann versperrt ihm ein Auto die Sicht, das genau an der Ecke vor ihm hält. Er achtet nicht darauf, es sind Leute um ihn herum, dieser große Schwarze ... Die Seitentür des Kastenwagens ist offen, er merkt, wie er vorwärtsgestoßen wird, fängt an zu schimpfen, aber eine Hand legt sich auf seinen Mund, er hat nicht einmal mehr Zeit zu schreien. Eine kurze Spiegelung, der Mann trägt Handschuhe und die Haut seines Handgelenks ist schwarz. Ein Stoß von hinten. Julien stolpert nach vorn in den Wagen. Ein schwerer Körper fällt auf ihn. Er spürt, dass das Fahrzeug sich bewegt, ein elektrischer Schlag, dann wird es schwarz um ihn.

Saf' hat gesehen, wie Julien ihr zulächelte. Saf' hat die Leute neben ihm an der Ampel gesehen. Saf' hat das Auto gesehen, einen Kastenwagen, der direkt vor Julien hielt. Saf' hat gesehen, wie ihr Freund mit einer merkwürdigen, unnatürlichen Bewegung darauf zugestolpert und dann im Inneren verschwunden ist. Viele Leute um ihn herum. Was ist passiert? Sie steht auf, zu langsam, stößt ihren Tisch um, ihr Bier landet auf einem anderen Gast, der anfängt zu schimpfen. Sie kümmert sich nicht darum, schreit Juliens Namen. Zu langsam. Sie will losrennen, aber ein Mann packt sie am Arm. Sie schreit wieder, noch lauter, wehrt sich. Zu langsam. Um sie herum springt man auf, versperrt ihr die Sicht. Endlich ist sie vorne. Zu langsam. Jemand hält sie immer noch fest. Der Kastenwagen verschwindet in Richtung Buttes-Chaumont. Es ist der Wirt, der auf sie einschimpft. »Man muss sie verfolgen!« Zu langsam. Die Polizeistreife kommt angelaufen. Sie haben die Schreie gehört.

Zu spät.

»Was willst du hören? Dass alles meine Schuld ist?«

Christelle möchte am liebsten schreien, aber sie schaut angestrengt auf ihr Dessert, eine Schokoladencrème, auf die sie keinen Appetit mehr hat. Pâris betrachtet sie, gereizt und bitter. Der ganze Zirkus geht ihm nur noch auf die Nerven, er bringt gar nichts. Ich ertrage diese Heuchelei nicht mehr. Es ist nichts mehr zu retten, höchstens der Schein. Und vielleicht nicht mal der. Je länger dieses Essen dauert, umso mehr steigt die Anspannung, und die Gäste an den umstehenden Tischen haben ihre Freude an dem Melodram, das ihnen geboten wird.

Pâris' Handy fängt an zu klingeln. Er schaut es kurz an. Pereira. Noch mal? Dann ist es dringend.

Seine Frau hat den verstohlenen Blick bemerkt. »Wenn du drangehst ...«

Pâris nimmt ab.

Wir haben die kleine Jones-Saber ...

»Was? Wie?«

Zufall. Eine Streife in Belleville. Ballester und Thomas holen sie ab und bringen sie her ...

»Ich komme.« Pâris steht auf, kramt in seinen Taschen, findet ein paar Scheine und wirft sie auf den Tisch. Sicher zu viel. »Ich

allein bin schuld. Ich liebe meine Arbeit. Mehr als dich. Mehr als die Mädchen. Fang ein neues Leben an, du hast Besseres verdient.«
Er geht, ohne Christelles Reaktion abzuwarten, rennt fast zu seinem Auto, lässt es an. Er ist glücklich, zum ersten Mal seit langer Zeit. Plötzlich taucht das Bild von Sonia Guérin vor ihm auf. Warum? Kurze Erinnerung an ihre letzten Worte: *Es hat mir gut getan, dich wiederzusehen* ... Pâris fährt los, Richtung 36.

8. Freitag

Pâris sitzt schon wieder hinter seinem Schreibtisch und Pereira auf der Tischkante, als Saffron Jones-Saber ankommt, kerzengerade, ätherisch und hübsch trotz ihrer zerknitterten, verschmutzten Kleider und des von zu vielen Tränen gezeichneten Gesichts. Kaum Ähnlichkeit mit ihrem Vater, ausgenommen vielleicht die Augenpartie.

Ballester und Thomas hinter ihr stoßen sie vorwärts. Sie sehen gereizt aus, und als Ballester seinen Chef erblickt, schüttelt er den Kopf.

Pâris steht auf, geht an der jungen Frau vorbei, ohne sie anzuschauen, und redet leise mit ihm. Ein Kopfnicken, und Pâris kehrt zu Saffron zurück. Er winkt ihr, auf einem Stuhl ihm gegenüber Platz zu nehmen.

Aufs Schlimmste gefasst, spannt Saf' sich an und richtet zum ersten Mal den Blick auf den neuen Gesprächspartner.

Pâris schenkt ihr sein schönstes Lächeln. »Guten Abend, Mademoiselle Jones-Saber. Ich freue mich, Sie endlich kennenzulernen, in den letzten Tagen habe ich viel an Sie gedacht.«

Saf' wirft ihm einen undurchdringlichen düsteren Blick zu.

»Es gibt vieles, worüber ich mich gerne mit Ihnen unterhalten würde.«

»Ich habe Ihnen nichts zu sagen.«

»Im Gegenteil.«

»Sie haben kein Recht, mich hier festzuhalten!« Gereizt schickt Saf' sich an zu gehen.

Pereira legt ihr energisch die Hand auf die Schulter und zwingt sie, sich wieder zu setzen.

»Fass mich nicht an, du Schwein!«

»Hören Sie auf, die kleine Linksradikale zu spielen.« Als er das sagt, bemerkt Pâris einen Funken Angst in Saffrons Augen. »Wenn Sie sich kooperativ zeigen, haben Sie von uns nichts zu befürchten.«

»Sonst passiert was? Steht mir dann dieselbe Behandlung bevor wie Julien? Die ganze Palette polizeilicher Misshandlungen? Wo haben Ihre Kumpane ihn hingebracht?«

»Von wem sprechen Sie?«

»Von Ihren Kumpanen. Die meinen Freund Julien in Belleville entführt haben.«

»Courvoisier?« Pâris schaut zu Pereira, der die Achseln zuckt.

»Ich hab's denen im zwanzigsten schon gesagt, ein paar von Ihren Jungs haben ihn mit Gewalt in einem getarnten Auto verschleppt. Vor meinen Augen.«

Ballester greift ein. »Das hat sie in der Tat den Kollegen vom Kommissariat erzählt. Aber die hatten zu der Zeit keine Zivilstreife in der Gegend. Und niemand vor Ort hat irgendetwas gesehen. Außer ihr, sie hat geschrien.«

»Die BRI?«

»Nein, ich hab's überprüft.«

Pâris wendet sich wieder an Saffron. »Waren Sie mit Julien Courvoisier verabredet?«

Schweigen.

»Wie wäre es, wenn Sie uns alles von Anfang an erzählen würden? Vielleicht verstehen wir dann, was mit Ihrem Komplizen passiert ist.«

Sarkastisches Auflachen von Saf', eigentlich nur, um Haltung zu gewinnen, denn sie hat immer noch Angst. »Nicht schlecht, Ihre kleine Nummer, aber ich fall nicht drauf rein. Sie, niemand sonst, haben Julien geschnappt.«

»Wenn es so wäre, wüssten wir das.«

Keine Reaktion.

»Ich glaube, Ihnen ist der Ernst Ihrer Lage nicht bewusst.«

»Warum halten Sie mich fest?« Saf' steht erneut auf.

Pereira stößt sie zurück. »Sitzen bleiben!«

»Ich hab gesagt, du sollst mich nicht anfassen, Arschloch! Befinde ich mich jetzt im Polizeigewahrsam, oder was? Wenn nicht, hab ich hier nichts zu suchen!«

»Beruhigen Sie sich. Sie hatten also eine Verabredung mit Julien Courvoisier.«

Schweigen. Das andauert.

Pâris betrachtet die junge Frau lange. Sie hat sich verschlossen, und im Moment werden sie nichts aus ihr herauskriegen. Er schaut auf die Uhr und seufzt. »Mademoiselle Jones-Saber, es ist null Uhr dreiundzwanzig. Von diesem Moment an befinden Sie sich in Polizeigewahrsam wegen Mittäterschaft beim Mord an Polizeihauptmann Benoît Soubise, begangen als organisierte Bande. Brigadier Thomas wird Sie unverzüglich zu einer ärztlichen Untersuchung ins Hôtel-Dieu bringen. Danach werden wir dieses Gespräch fortsetzen, möglichst in besserer Stimmung.«

Das Einzige, was Julien an seiner Umgebung auffällt, ist das Echo bei jedem Geräusch, jedem Wort. Und die Kälte. Er befindet sich in einem großen Raum, der hallt und kalt ist. Der Boden unter seinen Füßen ist hart und rutschig, als wäre er mit Staub bedeckt. Er hat einen Sack über dem Kopf, seine Hände sind mit irgendetwas, das ihm das Blut abschneidet, auf dem Rücken gefesselt und er sitzt auf einem Stuhl. Sein ganzer Körper schmerzt. Und er hat Angst.

»Also, kleines Arschloch, was wolltest du in Belleville?« Die Stimme gehört einem Mann, sehr aggressiv. Und irgendwie vertraut. »Antworte!«

Die vage Vertrautheit verstärkt Juliens Unbehagen. Wo hat er diese Stimme schon gehört? Er reagiert zu langsam, es setzt eine Ohrfeige. Sie trifft ihn seitlich am Kopf. Heftiges Ohrensausen, der Stoff über seinem Kopf hat den Schlag nicht abgemildert.

»Schneller!« Wieder eine.

Julien schreit, er spürt, dass ihm Tränen in die Augen schießen. »Was hast du in Belleville gemacht?«

Von wegen *Krieger* – eine verfluchte Sauerei ist das.

»Mach schon, ich hab nicht die ganze Nacht Zeit.«

Dritte Ohrfeige, mit dem Handrücken mitten ins Gesicht. Seine Nase brennt, dann die Wärme und der metallische Geschmack von Blut auf den Lippen, im Mund.

»Schau mal hier.« Eine andere Stimme, ebenfalls männlich, aber tiefer und ruhiger.

Die folgende Unterhaltung kann Julien nicht hören.

»Was ist das, dieser USB-Stick?« Wieder die erste Stimme. »Sind da die Sachen drauf, die du aufgezeichnet hast?«

»Ja.«

»Hast du Kopien?«

»Nein, das ist die einzige!«

»Verarsch uns nicht!«

Wieder eine schallende Ohrfeige.

»Es stimmt! Ich schwör's Ihnen!«

Jean stößt Michel in die Rippen. Zwischen den Füßen ihres Gefangenen bildet sich eine Lache. »Die wirkliche Revolution tut weh, so viel steht fest!« Die beiden grinsen sich an. »Nicht leicht, was, wenn man nicht mehr hinter seinem Computer hockt?«

Wieder die Stimme vom Anfang: »Also, was hattest du in Belleville zu suchen? Antworte, oder du kriegst wieder eine.«

»Ich war verabredet.«

»Mit wem?«

»Einer Freundin.«

»Wie heißt diese Freundin?«

Zögern. Diesmal ein Faustschlag. In die Rippen. Julien kommt nur mit Mühe wieder zu Atem. Der Schmerz ist stechend, er hat das Gefühl, als reiße ihm eine Klinge die linke Seite auf. »Sie heißt Saffron ... Jones ... Saber.«

»Wie hast du dich mit ihr verabredet?«

»Übers Netz.«

»Ach ja? Und weiter?«

Keine Antwort. Die Strafe folgt auf dem Fuß. Wieder eine Ohrfeige.

»Facebook. Wir haben Facebook-Konten. Unter den Namen von *Gédéon*.«

»Was ist *Gédéon*?«

»Ein Comic.«

»Du hältst uns echt für Idioten, wie?«

Michel hebt die Hand zum Schlag, aber Jean hält ihn zurück. »Warte. *Gédéon*, wie sind die Namen?«

»Ich ...« Atemzug. »Placide Lechien. Lechien in einem Wort.« Ächzen. »Erwan ist Gédéon Le ... Lecanard. Auch in einem Wort.« Julien spuckt in die Kapuze. »Saf' ist ...« Er schnieft. »Roudoudou Lelapin. Und ...«

»Warum habt ihr euch verabredet.«

»Wegen der USB-Sticks.«

»*Der* USB-Sticks?« Michel stürzt sich auf Julien und packt ihn an den Schultern. »Machst du dich über mich lustig? Du hast gesagt, du hättest nur einen!« Ohrfeige. »Wo ist der andere? Wo?« Ohrfeige.

»Ich weiß es nicht!« Julien dreht das Gesicht weg, um sich vor der drohenden Ohrfeige zu schützen. »Saffron sollte es mir heute Abend sagen.« Michel schüttelt den Gefangenen so heftig, dass der Stuhl umkippt. Der Bulle wird von Juliens Gewicht mitgerissen. In seiner Wut zieht er die Knie an und landet dank der Schwerkraft auf der Brust des jungen Mannes. Unter seinen Kniescheiben kracht etwas.

Rippen.

Julien brüllt.

Aber Michel kümmert sich nicht darum. Er stößt Juliens Kopf gegen den Betonboden. »Was ist da drauf?« Noch einmal. »Antworte, du Arsch!«

Der Körper des jungen Mannes fängt an zu zittern und zu krampfen. Pfeifender Atem. Unter dem Sack ist ein Gurgeln zu hören.

Jean stürzt zu ihm, löst die Schnur um Juliens Hals und zieht mit einem Ruck den Sack ab. Hervorquellende Augen, bläuliche Haut, die Nase verstopft mit geronnenem Blut, rötlicher Speichel aus dem Mund. Mühsame Atmung. Nasser Husten. »Er erstickt gleich!« Ein Blick zu Michel, der zurückgewichen ist und nicht mehr weiß, was er tun soll. »Scheiße! Was hast du gemacht?« Jean bringt Julien in stabile Seitenlage und macht die Atemwege frei, aber es kommt nur noch mehr Blut. Zwischen zwei Krämpfen ein Wort, *Film*, dann der Anfang eines weiteren, *Mo*. Dann nichts mehr. Julien ist tot.

Bei der Rückkehr aus dem Hôtel-Dieu nimmt ein uniformierter Polizist Saffron in Empfang. »Ihr Anwalt ist da.«

Die junge Frau, die seit einer Stunde den Mund nicht mehr aufgemacht hat, zieht die Nase kraus. »Ich habe keinen Anwalt. Und ich habe ihm nichts zu sagen.«

»So ist das Verfahren. Kommen Sie mit.« Der Polizist führt sie in einen kleinen Raum am Ende des Gangs, ein Tisch, zwei Stühle, das trübe Licht einer Deckenlampe.

Ein circa sechzigjähriger Mann, klein, mit zuvorkommendem Gesicht, seriöser grauer Stahlbrille, schönen weißen Haaren und korrektem Anzug, erwartet sie. Er steht auf, um sich vorzustellen. »Maître Leterrier, ich bin Ihr Anwalt. Es sei denn natürlich, Sie lehnen mich ab.«

Saffron, bleich im Gesicht, der Körper verkrampft, bleibt in der Defensive. »Wer schickt Sie?«

»Ihr Vater, Mademoiselle.«

»Dad?« Überrascht, dann aggressiv. »Er ist in Cahors. Dem geh ich doch am Arsch vorbei.«

Maître Leterrier hat sich wieder gesetzt. Er schaut sie über den Brillenrand an. »Ihr Vater ist seit letztem Sonntag in Paris. Um Sie zu finden. Er hat mich vor einer Stunde aus dem Bett geholt, und wir haben uns getroffen. Er schien mir ziemlich besorgt für jemanden, dem *Sie am Arsch vorbeigehen*. Und während ich mit Ihnen spreche, wartet er draußen auf mich, um zu erfahren, was mit Ihnen geschieht.«

Entwaffnet setzt sich Saf' ihm linkisch gegenüber, ohne ihn anzuschauen. »Wie hat er es erfahren? Ich habe ihn nicht benachrichtigen lassen …«

»Das war auch schmerzlich für ihn. Der für diese Ermittlung Verantwortliche hat ihn benachrichtigt. Er ist ihm in den letzten Tagen mehrfach begegnet und wusste, dass er sich Sorgen macht. Ein recht ungewöhnlicher Schritt. Und wahrscheinlich in Erwartung einer Gegenleistung.« Maître Leterrier fährt fort. »Wir haben sehr wenig Zeit, vergeuden wir sie nicht. Ich bin hier, um mich zu vergewissern, dass Sie gut behandelt worden sind, und ich werde regelmäßig kommen, solange Sie in Gewahrsam sind.«

»Wie lange?«, fragt Saffron kleinlaut.

»Mindestens vierundzwanzig Stunden, aber …«

»Aber?«

»Angesichts des Verdachts gegen Sie, einen Mord begangen zu haben, und dies als Mitglied einer organisierten Bande, kann er bis zu sechsundneunzig Stunden dauern.«

Saf' rechnet stumm. Vier Tage … Sie krümmt sich.

»Und die Tatsache, dass das Opfer Polizeioffizier war, macht die Sache nicht besser. Ich habe noch keinen Einblick in Ihre Akten bekommen, um Ihre Verteidigung vorzubereiten, aber Ihr Vater hat mir schon alles gesagt, was er weiß. Gibt es irgendetwas, das Sie mir sagen wollen?«

»Ja. Einer meiner Freunde, Julien Courvoisier, mit dem ich gestern Abend verabredet war, ist vor meinen Augen entführt worden, auf offener Straße. Er wurde in einen weißen Kastenwagen gestoßen. Ich habe geschrien, ich wollte ihm nachlaufen, aber die Gäste im Café haben mich festgehalten. Und dann haben mich die Bullen verhaftet. Ich habe Angst um ihn.« Sie schließt die Augen, sieht wieder die beiden Gestalten in dem Video. »Man muss etwas tun.«

»Haben Sie den Beamten, die Sie vernehmen, von dieser Entführung berichtet?«

»Ja. Das ist sogar das Einzige, was ich gesagt habe. Sie glauben mir nicht. Das heißt sie tun so, als würden sie mir nicht glauben. Sie wissen es nämlich.«

»Was wissen sie?«

»Dass ihre Kumpane Julien gekidnappt haben.«

»Andere Polizisten?«

Saf' nickt.

»Haben Sie Beweise für das, was Sie da sagen?«

»Ich weiß es einfach, Punkt. Jedenfalls habe ich beschlossen, gar nichts mehr zu sagen.«

»Es ist nicht so leicht, den Leuten hier standzuhalten, wissen Sie. Aber solange wir nicht mehr wissen, ist das besser. Und jetzt: Haben Sie Ihrem Vater irgendetwas mitzuteilen, vollkommen vertraulich natürlich?«

Saffron starrt den Anwalt ein paar Sekunden an. Ein ganz unerwarteter Vorschlag. Eine Falle? Eine Chance? Nachdenken, schnell nachdenken. Und eine Entscheidung treffen. »Ja, sagen Sie ihm: Post am Boulevard de l'Hôpital, Postfach Nummer 137, mein Geburtsdatum. Von zwölf bis dreizehn Uhr, *Chez Jenny*, im ersten Stock.«

Der Anwalt steht auf, das Gespräch ist beendet.

Nun da sie es ausgespuckt hat, ein Anfall von Angst:

»Werden Sie sich erinnern?«

Lächeln. »Ich glaube schon.«

Der Morgen ist grau, noch nicht ganz Tag. Vorsichtig gehen Jean und Michel auf einem schmalen Pfad durch das dichte Gehölz am

Marne-Ufer bis zum Wasser. Dort entledigen sie sich ihrer in graue Umzugsdecken verpackten Last. Eins, zwei, drei, und der Leichnam von Julien Courvoisier fällt ein paar Meter vom Ufer entfernt ins Wasser. Da er beschwert ist, versinkt er rasch in den Fluten.

»He! Was macht ihr beiden da?«

Überrascht schauen sich die beiden um und entdecken schnell, woher die Stimme kommt. Auf einem wackligen Steg etwa dreißig Meter entfernt steht eine männliche Gestalt, schwarz vor dem helleren Himmel. Mit einem Hund. Einem großen.

Das Geräusch beim Aufschlagen des Körpers hat den Frühaufsteher, der hier mit seinem Schäferhund spazieren geht, aufmerksam gemacht. Er sieht zwei Männer, einen großen und einen kleinen – mehr konnte er nicht sehen –, abhauen, nachdem sie das Ding ins Wasser geworfen haben, und stürzt zur Straße. Ein Motor springt an, und ein dunkler Peugeot rast in der entgegengesetzten Richtung davon. Der Spaziergänger weiß, dass es ein 307 ist, weil er den gleichen hat. Aber er hat nicht genug Zeit, das Nummernschild zu erkennen.

Nach einer sehr kurzen Nacht begibt sich Neal mit einer gewissen Ungeduld zur Post am Boulevard de l'Hôpital. Postfächer. Er findet die richtige Nummer, gibt den Code ein. Das Fach geht auf. Darin ein USB-Stick. Er steckt ihn ein und geht. Dann schlendert er durch das Viertel, um sicherzugehen, dass ihm niemand folgt. Noch vier Stunden bis zu der Verabredung. *Chez Jenny*. Er ruft Cooke an. »Neuigkeiten, ja ... Schwer zu sagen. Bist du im Büro? Ich komme.«

Michelet ist sehr gereizt angekommen, der SISS-Informatiker hat ihn informiert. Jean sitzt allein im Versammlungsraum, er wartet. Er hatte sich geweigert, dem Informatiker zu geben, was sie bei Courvoisier gefunden haben.

Als der Unterpräfekt wütend den Raum betritt, zieht Jean den Stick heraus und legt ihn auf den Tisch.

»Ist das der einzige?« Michelet streckt die Hand aus, um ihn an sich zu nehmen.

Jean legt die Hand darauf. »Was ist da drauf?«

Überrascht über den Ton und die unbotmäßige Geste, die er

nicht gewohnt ist, zieht der hohe Beamte die Hand zurück. »Wie ich gesagt habe, eine Aufzeichnung.«

»Wovon?«

Keine Antwort.

»Du willst ihn haben, dann müssen die Karten auf den Tisch. Sonst behalte ich ihn und schaue, was ich damit anfangen kann.«

»Wo ist Michel?«

»Kümmer dich nicht um ihn.«

»Das betrifft auch ihn.« Michelet winkt dem Bärtigen, hinauszugehen, und als er gegangen ist, redet er weiter. »An dem Abend, als Sie bei Soubise waren, hatte sich Courvoisier in den Computer des Bullen gehackt. Er hat seine Festplatte kopiert, aber unserem Freund zufolge«, er deutet auf das Büro draußen, »hat er auch alles aufgezeichnet, was Soubises Webcam gesehen hat. Bis zu dem Moment, als er starb.«

Jean kapiert sofort. »Es gibt einen Film von dem Mord?«

»Vielleicht. Wahrscheinlich.«

»Und wann wolltest du uns das sagen?«

»Ich hatte Angst, wie Sie reagieren. Vor allem Ihr Komplize. Das war falsch. Jetzt ist alles in Ordnung, wir haben ihn ja.« Michelet deutet auf den Stick.

»Ich weiß nicht, was du darauf findest, aber wohl kaum, was du erwartest. Das Video hat Saffron Jones-Saber. Courvoisier war gestern Abend, als wir ihn geschnappt haben, mit ihr verabredet. Um die Sticks auszutauschen. Wir waren zu früh.«

»Verdammt! Und wo ist diese verfluchte Göre?«

»Keine Ahnung.«

»Redet noch mal mit Courvoisier. Wir müssen sie kriegen.«

»Er ist tot.«

Michelet öffnet den Mund, aber er sagt nichts. Fassungslos.

»Michel ist ein bisschen zu grob gewesen, dem Typ ist schlecht geworden. Ich bin kein Arzt.«

Der Unterpräfekt setzt sich, matt.

»Wir haben die Leiche weggeschafft. So gewinnen wir Zeit.«

»Wofür?«

»Jones-Saber zu finden. Courvoisier hat uns zum Teil erklärt, wie sie sich verabreden. Sie halten über Facebook Kontakt. Scoarnec und das Mädchen laufen immer noch frei herum, es ist noch nicht alles verloren. Wir kriegen sie schnell in die Finger und werden sie los.«

»Glauben Sie nicht, es reicht jetzt?«

»Wir haben keine Wahl mehr. Was glaubst du, was passiert, wenn die Kollegen von der Crim' sie vor uns finden, lebendig? Wie lange wird es dauern, bis sie reden?«

»Es ist nicht klar, was sie wirklich gesehen haben. Ihr hattet Masken auf.«

»Das ist mein Leben und meine Karriere. Ich gehe kein Risiko ein.«

»Es sind Kinder.«

»Es sind verdammte Terroristen, die allen auf die Nerven gehen. Wenn du bei den Großen mitspielst, tut's eben manchmal weh.«

Michelet schaut den Schwarzen an, als sähe er ihn zum ersten Mal.

»Und das gilt auch für dich.«

Der USB-Stick wandert aus der Hand von Jean in die des Unterpräfekten.

Feuerwehrleute und Polizisten am Ufer der Marne. Im Wasser suchen Taucher das Flussbett ab. Gegen elf Uhr wird das Objekt, das der Mann mit dem Hund hat ins Wasser fallen sehen, herausgefischt. Ein ganzes Stück flussabwärts von der Stelle, wo es hineingeworfen wurde. Die Strömung. Ein Schlauchboot bringt es zu dem kleinen Strand, wo alle warten. Seine Form, seine Größe, sein Gewicht lassen niemand im Zweifel, die Spurensicherung und der diensthabende Gerichtsmediziner werden gerufen.

Als dieser eintrifft, wird das Paket ausgewickelt, und die Helfer entdecken das graue Gesicht eines jungen Mannes. Er sieht friedlich aus, trotz der morbiden Hautfarbe und der Spuren von Schlägen. Er ist vollkommen nackt. Keine Papiere zwischen den Decken. Es wird schwirig werden, ihn zu identifizieren.

»Dieses Gesicht hab ich schon mal gesehen.« Ein älterer Chefbrigadier erkennt den Toten schließlich. »Auf einem Fahndungsaufruf, der Anfang der Woche rausgegangen ist.«

Saffron ist in ihre Zelle zurückgebracht worden. Fourcade, der zur dritten Vernehmung der jungen Frau gekommen war, bleibt noch eine Weile mit Pâris und Pereira im Büro. Die beiden Polizisten, jeder in seiner Ecke, sehen erschöpft aus.

»Ich mache mir Sorgen um Julien Courvoisier.« Pâris zündet sich eine Zigarette an. Die letzte aus dem Päckchen, das er gestern beim Abendessen mit seiner Frau aufgemacht hat. Ich rauche schon wieder zu viel. Er zerknüllt die Packung und wirft sie in den Papierkorb. »Die Kleine bleibt bei ihrer Geschichte.«

»Glauben Sie wirklich an das Märchen von den Polizisten, die in eine Entführung verwickelt sein sollen?« Das skeptische Gesicht des Staatsanwalts lässt keinen Zweifel an seiner eigenen Meinung.

»Was die Kollegen angeht, sicher nicht. Aber das Kidnapping ...«

»Halten Sie es nicht für möglich, dass sie Sie an der Nase herumführt? Um Zeit zu gewinnen? Damit die beiden anderen fliehen können? Zu allem anderen sagt sie doch nichts.«

»Zwei meiner Jungs waren heute früh noch mal bei der Schwester des Informatikers. Am Ende hat sie zugegeben, dass ihr Bruder ein paar Tage bei ihr war. Bis zu dem versuchten Einbruch in der Nacht vor unserem Besuch. Danach haben sie eine Nacht woanders geschlafen, und dann hat sie ihren Bruder mit einem Freund nach Belleville zu seiner Verabredung begleitet. Sie haben ihn knapp hundert Meter vor dem Treffpunkt allein gelassen. Sie hat große Angst gekriegt, als sie die Geschichte von Mademoiselle Jones-Saber gehört hat.«

Fourcade schweigt eine ganze Weile. Schließlich trinkt er seinen Kaffee aus und sagt: »Im Licht der jüngsten Entwicklungen ist das, was ich Ihnen erzählen werde, kaum beruhigend. Ich habe eine inoffizielle, aber anscheinend zuverlässige Antwort von meinen italienischen Kollegen.«

Die beiden Polizisten richten sich auf ihren Stühlen auf.

»Benoît Soubise interessierte sich für ein Unternehmen namens Trinity Srl., das sich auf Abfallrecycling spezialisiert hat. So weit, so gut. Aber die italienische Justiz verdächtigt diese Firma, Abfälle aller Art, auch Nuklearmaterial, illegal zu entsorgen. Vor allem in Libyen. Vor kurzem war sie in eine dubiose Geschichte verstrickt, vor der italienischen Küste wurde vom Schiff aus radioaktives Material verklappt. Außerdem soll ein Teil ihres Kapitals von der Camorra stammen.«

»Mafia?«

»Die Camorra. Die sind auf dem Kontinent«, verbessert Fourcade Pereira. »Aber das ist fast dasselbe. Leute, die es gewohnt sind, jeden, der ihnen in die Quere kommt, zu entführen oder gleich umzubringen. Hier in Paris wäre das allerdings eine Premiere.«

»Was für eine Verbindung zur PRG?«

Fourcade wendet sich mit strengem Gesicht an Pâris. »Warum sollte es eine geben?«

»Soubise zieht Erkundigungen über Trinity Srl. ein und zur gleichen Zeit macht er sich an Barbara Borzeix ran, die Leiterin der PRG-Rechtsabteilung.«

»Zwei Dinge, die vielleicht nichts miteinander zu tun haben. Zumal unsere Ökoterroristen in Ihrer Argumentation keinen Platz haben. Wenn sich Soubise hingegen im Namen der CEA für Trinity interessierte, um die Redlichkeit und den Ruf der Firmenleitung zu überprüfen, etwa im Hinblick auf eine eventuelle Zusammenarbeit, und unsere Atomkraftgegner davon Wind bekommen haben, haben sie sich vielleicht in etwas eingemischt, das ein paar Nummern zu groß für sie war.«

»Aber unsere Ermittlungen ärgern Elisa Picot-Robert. Und ihre Freunde in der Politik.«

»Leute, die es von Natur aus nicht mögen, dass man sich für ihre Angelegenheiten interessiert. Vor allem vor den Wahlen. Und vor allem, wenn Sie es sind.« Fourcade fixiert Pâris. »Ich hoffe, Sie verhalten sich ihnen gegenüber vorsichtig.«

Zögern des Polizisten, der seinem Stellvertreter einen Blick zuwirft. »Vorgestern bin ich Madame Picot-Robert über den Weg gelaufen. Reiner Zufall. Ich habe nicht mal mit ihr gesprochen. Aber ich weiß, dass diese Begegnung sie«, Pâris sucht nach dem richtigen Wort, »beunruhigt hat.«

Fourcade schaut ihn einen Moment mit ausdruckslosem Gesicht an. Dann entspannt er sich. »Gardinenpredigt vom Chef? Ich habe auch eine bekommen, und ich habe mich gefragt, warum.«

»Nein, diesmal haben sie es sanft versucht.«

»Und?«

»Ich bezweifle, dass es so funktioniert hat, wie sie es wünschten.«

»Passen Sie trotzdem auf, wir bewegen uns auf dünnem Eis.«

Zwölf Uhr, *Chez Jenny*, eine große elsässische Brasserie in der Nähe der Place de la République, überladenes, folkloristisches Dekor, viele Leute, viel Kommen und Gehen. Der erste Stock ist weniger voll, aber ständig gehen Gäste zur Toilette und wieder zurück. Neal findet den Ort für diesen Zweck gut gewählt. Er setzt sich an einen Tisch am Fenster, bestellt eine Portion hausgemachtes Sauerkraut und ein Bier und legt den USB-Stick gut sichtbar auf die weiße Tischdecke, ohne das mindeste Interesse für die Leute um ihn herum zu zeigen. Die Zeit vergeht sehr langsam. Neal erinnert sich an jedes einzelne Wort des Anwalts. *Ihre Tochter ist durch ihre Verhaftung völlig aus dem Gleichgewicht geraten und kaum darauf vorbereitet, mit einem Polizeigewahrsam fertigzuwerden, der aller Wahrscheinlichkeit nach vier endlose Tage dauern wird. Sie ist überzeugt, dass ihr Freund Courvoisier vor ihren Augen auf offener Straße entführt worden ist, ohne dass jemand etwas bemerkt hat. Überdies von Polizisten. Pâris, den ich gut kenne, hat mir bei einem raschen inoffiziellen Kontakt gesagt, dass er die ganze Geschichte für ein Märchen hält.*

Wenn ich sie nur sehen und hören könnte, wüsste ich es. Die Verwirrung, den Schrecken in Betracht ziehen, die Wahrheit heraushören. Du wüsstest es? Glaubst du? Denk an letzten Samstag, den Anruf, du hast gar nichts herausgehört. Ja, aber der letzte Samstag ist eine Ewigkeit her.

Selbst wenn man trödelt, braucht man, wenn man allein ist, keine Stunde für eine Portion Sauerkraut. Neal bestellt noch einen Apfelstrudel und einen Kaffee. Genau um dreizehn Uhr steht er auf, steckt den USB-Stick ostentativ in die Tasche, bezahlt seine Rechnung und verlässt die Brasserie. Er geht langsam auf dem breiten Gehweg etwa hundert Meter Richtung Bastille, dann merkt er, dass jemand hinter ihm ist. Er dreht sich nicht um, geht weiter.

Eine Stimme, männlich. »Wer sind Sie?«

»Der Vater von Saffron.«

Ein Mann taucht neben ihm auf. Neal wirft diskret einen Blick auf ihn. Wie jung er ist ...

»Können Sie das beweisen?«

Neal kramt in seinen Taschen, zieht seine Brieftasche heraus und zeigt seinen abgenutzten internationalen Führerschein.

Der junge Mann mustert ihn, berührt das Foto. Es sieht wirklich echt aus.

»Und Sie, wer sind Sie?«

»Ihr Freund.«

Scoarnec, endlich seh ich ihn.

»Haben Sie etwas für mich?«

Der Journalist zieht den Stick aus der Tasche und gibt ihn Erwan.

»Warum ist Saf' nicht selbst gekommen?«

Neal holt Luft. Jetzt muss er umsichtig sein und richtig spielen. »Sie ist festgenommen worden.«

Die Nachricht trifft Scoarnec, der offenbar nie damit gerechnet hat, dass ihm so etwas *wirklich* passiert. »Festgenommen? Wann?«

»Gestern Abend, in einem Café in Belleville.«

Das klingt glaubwürdig. Scoarnec atmet schwer. »Woher wissen Sie das?«

Gute Frage. Der junge Mann versucht wieder ins Gleichgewicht zu kommen.

»Seit Sonntag suche ich meine Tochter. Ich habe schnell gemerkt, dass ich nicht der Einzige war, dass auch die Crim' hinter ihr her war. Hinter euch. Ich bin benachrichtigt worden, als sie festgenommen wurde, und habe ihr einen Anwalt besorgt. Er hat mir erzählt, wo sie festgenommen wurde. Er hat mir auch Saf's Botschaft wegen dem Stick und der Verabredung überbracht. Ich wusste nicht, mit wem, auch nicht, was in dem Postfach war.«

Scoarnec bleibt stumm, er überlegt.

Neal nutzt die Pause, um ihn sich genauer anzuschauen. Er ist attraktiver als Bonaldi, mit sehr blauen, lebhaften Augen, aber er strahlt nichts Sympathisches aus. Ein von sich eingenommener Intellektueller. Schauen wir mal, wie er jetzt reagiert. »Der Anwalt hat mir noch etwas gesagt. Saf' sollte Julien, einen Freund von Ihnen treffen, als sie festgenommen wurde. Sie ist überzeugt, dass er vor ihren Augen mitten auf der Straße in einem Kastenwagen entführt worden ist. Sie hat wohl nicht gesehen, von wem, aber sie glaubt, es waren Bullen.«

Scoarnec schwankt, setzt sich auf eine Bank, sein Kopf fällt nach hinten, seine Augen sind geschlossen.

Neal befürchtet einen Moment, er könnte ohnmächtig werden.

Ein paar tiefe Atemzüge, Erwan richtet sich auf und fasst sich langsam wieder.

Neal ist sich sicher, dass Courvoisiers Entführung Scoarnec glaubwürdig erscheint. Und sehr besorgniserregend.

Der junge Mann stützt den Kopf in die Hände, versucht nachzudenken. Wahrscheinlich wussten sie nichts von der Verabredung, denn Courvoisier ist davor entführt worden. Also hat niemand Facebook benutzt. Courvoisier ist irgendwie auf andere Weise gefunden und verfolgt worden. Von wem? Und Saf'? Waren die Bullen auch ihr auf der Spur? Das kann ich vielleicht überprüfen. Zwei Schritte weiter entdeckt er eine Telefonzelle. »Ich muss telefonieren, warten Sie auf mich.«

Le Moulin, Tamara. Ja, gestern waren Polizisten hier, seine Freundin – wie heißt sie noch? – war nicht mehr da. Und mein Auto? Scoarnec hat schon aufgehängt. Auch Saf' wurde verfolgt. Zwar ist Facebook noch *safe*, aber das ganze menschliche Netz ist infiziert. Angst, Schwindel. Was tun?

Neal, der es satt hat, neben der Telefonzelle zu warten, nimmt ihn am Arm und zieht ihn in das Labyrinth der Sträßchen im Marais. »Ich weiß nicht, mit wem Sie telefoniert haben, aber ohne paranoid zu sein, es ist doch klüger, hier zu verschwinden.«

Erwan reisst sich los, geht schweigend ein paar Schritte, dann dreht er sich zu Jones-Saber um. »Warum machen Sie das alles?«

»Weil ich meine Tochter liebe und weil sie mich darum gebeten hat. Weil ich glaube, dass sie Soubise nicht umgebracht hat, übrigens auch Sie nicht, und weil ich ihr aus dieser Sauerei heraushelfen muss, in die sie sich verstrickt hat. Und Sie können mir dabei helfen.«

Stumm gehen sie weiter. Als sie auf den Place des Vosges einbiegen, fragt Scoarnec: »Ich brauche ein Versteck für ein paar Stunden oder Tage. Können Sie mir helfen?«

Neal denkt nach, lässt ein paar Sekunden verstreichen. »Vielleicht.«

Früher Nachmittag, noch einmal das Büro von Joël Cardona. Diesmal nimmt an dem Gespräch ein anderer Mann teil, den der CEA-Chef Pâris und Pereira als den verantwortlichen Juristen vorstellt. Ein Name wird nicht genannt.

Die Polizisten erläutern zuerst den Stand der Ermittlung und dass sie Scoarnecs und Courvoisiers Schuld im Fall Soubise bezweifeln. »Unsere Nachforschungen, vor allem die Telefon-Verbindungsdaten, scheinen zu beweisen, dass Sie Benoît Soubise sehr viel näherstanden, als Sie bereit waren, uns zu sagen.«

Cardona, der ihnen bis dahin höflich zugehört hat, begnügt sich mit einem Nicken.

Sein Untergebener ergreift das Wort. »Die Beziehungen zwischen Monsieur Cardona und Monsieur Soubise sind vertraulich.«

»Ich verstehe«, antwortet Pâris, »aber vielleicht wäre es opportun gewesen, uns zu sagen, dass er potentiell gefährliche Nachforschungen über Firmen mit Mafiakapital angestellt hat.«

»Das heißt?«

»Trinity Srl., Monsieur Cardona«, Pâris übergeht den Juristen bewusst, »was können Sie uns dazu sagen? Was nicht unters Staatsgeheimnis fällt natürlich.«

Ein Hauch Überraschung verdüstert Cardonas Gesicht. Er kennt die Firma, aber er war nicht darauf gefasst, dass sie in diesem Gespräch erwähnt wird. Doch er schweigt.

»Wie haben Sie von dieser Firma erfahren?«

»Wir sind Polizisten. Informationen zu finden gehört zu unserem Alltag. Haben Sie Benoît Soubise nicht genau wegen dieser Fähigkeit eingestellt?« Breites Lächeln von Pâris, der immer noch Cardona fixiert. »Also, Trinity?«

»Es gibt nichts, was wir Ihnen sagen könnten.« Wieder das Faktotum.

»Auch nicht über die illegalen Entsorgungspraktiken dieser Firma? Arbeiten Sie vielleicht mit ihr zusammen?«

»Oder planen Sie, das zu tun?« Pereira.

Diesmal kann der CEA-Chef sich nicht zurückhalten.

»Großer Gott, nein!«

»Wer dann?«

Der Jurist will antworten, aber Cardona fährt dazwischen. »Diese Information wie alles, was die Tätigkeit von Benoît Soubise betrifft, ist streng geheim. Wenn Sie die Geheimhaltung aufheben lassen wollen, müssen Sie ein offizielles Gesuch stellen. Wenn Sie mich jetzt bitte entschuldigen, ich habe viel zu tun.«

Verärgert verlassen die beiden Polizisten die CEA.

»Der alte Sack weiß wahrscheinlich, wer Soubise umgebracht hat, aber er weigert sich, es zu sagen.« Pereiras Monolog beginnt im Fahrstuhl. »Und wir ackern wie die Trüffelschweine.«

Pâris achtet nicht auf ihn. Während des Treffens hat er einen Anruf von Coulanges bekommen, der ihm eine Nachricht hinterlassen hat. Er hört sie ab und legt auf. »Schlechte Nachrichten. Heute Morgen ist die Leiche von Courvoisier aus der Marne gefischt worden. Und wurde gleich nach der Identifizierung ins gerichtsmedizinische Institut überführt. Ballester und Coulanges sind vor Ort.«

»Scheiße.«

»Fahren wir hin.«

Einmal quer durch Paris, und sie stehen am Quai de la Rapée in einem langen, kalten Raum, in dem es mehr Tote als Lebendige gibt. Die Autopsie hat noch nicht stattgefunden, aber der Gerichtsmediziner hat bei der ersten oberflächlichen Untersuchung Hämatome am Brustkorb festgestellt. Links und rechts, stärker auf dieser Seite, wo eine Distension auf einen Pneumothorax hinweist.

»Der Arzt glaubt, dass er so heftig geschlagen wurde, dass die Rippen brachen und die Lunge verletzt haben. Wahrscheinliche Todesursache: Ersticken.« Ballester legt seine Notizen wieder beiseite.

»Wer hat ihn gefunden?« Traurig betrachtet Pâris die Leiche des Informatikers.

»Ein Rentner, der die Kollegen gerufen hat, als er sah, wie zwei Kerle etwas ins Wasser geworfen haben.«

»Beschreibung der Kerle?«

»Ein Großer und ein Kleiner mit hellen Haaren. Es war noch ziemlich dunkel.«

»Genauer geht's nicht? Wann etwa?«

»Sechs Uhr dreißig.«

»Was hat er um diese Zeit am Marneufer gemacht?«

»Seinen Hund Gassi geführt.«

»Sonst noch was?«

»Ja, er hat einen Peugeot 307 wegrasen sehen, schwarz oder dunkelgrau.«

Blickwechsel zwischen den Polizisten, und Pereira sagt, was alle denken. »Zwei Männer, eine dunkle Kompaktlimousine, das sieht nach den beiden Mördern von Soubise aus.«

»Und entlastet Courvoisier, der deswegen tot ist.« Coulanges spinnt den Faden weiter.

»Die Kleine weiß was. Und sie muss es ausspucken, freiwillig oder mit Gewalt.«

Pâris bittet Ballester und Coulanges, Fotos von dem Toten zu machen und ihm dann in die 36 zu folgen.

Fünfundvierzig Minuten später sitzen alle im Büro um Saf' herum.

Pâris beginnt, ohne Samthandschuhe, er will schockieren. »Sie müssen mit uns reden.« Er zieht zwei Fotos von Courvoisiers Leiche aus einem Umschlag. Auf dem ersten der ganze Körper, nackt, auf dem zweiten das zugeschwollene Gesicht.

Saf' führt die Hände zum Mund und wendet den Blick ab. Sie fängt an zu weinen, noch bleicher als sonst. Ohne hinzuschauen, fragt sie: »Woran ist er gestorben? Hat er leiden müssen?«

»Wir glauben, dass er verprügelt wurde, dass er verletzt wurde und erstickt ist. Das ist nie sehr sanft.« Ohne die Stimme zu heben, nutzt Pâris den Vorteil. »Wir müssen Ihren Freund, Erwan Scoarnec, finden. Er ist in Gefahr.«

Saffron richtet sich auf und schaut den Polzisten aus geröteten, anklagenden Augen an. »Warum? Um ihn hinzurichten wie Julien?«

»Hör mit diesen idotischen Anklagen auf!« Pereira schlägt mit der flachen Hand auf den Tisch. »Dreh die Rollen nicht um! Wir sind keine Mörder, wir verhaften sie! Je länger du schweigst, desto mehr hilfst du den beiden Arschlöchern, die deinen Kumpel umgebracht haben, ihr dreckiges Geschäft in aller Ruhe zu Ende zu bringen. Erinnere dich, sie haben auch einen von unseren Kumpeln umgebracht!«

»Woher wissen Sie, dass es zwei sind?« Zu spät merkt Saffron, dass sie zu viel gesagt hat.

Pâris reagiert sofort. »Und Sie, woher wissen Sie das?«

Keine Antwort.

Pereira beugt sich mit bösem Gesicht zu der jungen Frau. »Was verheimlichst du uns, he? Hast du was gesehen? Spuck's endlich aus, verdammt noch mal!«

»Diese Männer sind gefährlich, Mademoiselle Jones-Saber. Denken Sie an Erwan.«

An Erwan denkt sie. Und sie hat Angst um ihn. Fast mehr als um sich selbst. Sie hofft, dass ihr Vater ihn gefunden hat. Ja, sie hofft mit aller Kraft, dass Erwan den Kontakt aufgenommen hat, dass er jetzt in Sicherheit ist. Und darüber nachdenkt, wie er das

Video am besten verwendet, um sie hier rauszuholen. *Gédéon* ist jedenfalls geplatzt. Julien sollte mir seinen Stick mit der Software für Marsand geben und konnte es nicht mehr. Und jetzt ist er tot. Ich muss durchhalten. Erwan ist bei meinem Vater. Wir werden da rauskommen. Sie werden mir helfen. Durchhalten.
»Mademoiselle Jones-Saber?«
»Ich weiß nichts. Ich habe Ihnen nichts zu sagen.«

Dem heute Morgen mit Cooke ausgetüftelten Plan getreu hat Neal ein Auto gemietet und Scoarnec auf den Hügeln von Trouville in einer Villa untergebracht, die einem nach China entsandten Freund von Cooke gehört.

Zweieinhalb Stunden, eine düstere Fahrt. Scoarnec, in seinen Sitz geduckt, hochmütig und verschlossen, antwortet einsilbig oder mit Grunzen auf alle Versuche Neals, ein Gespräch anzuknüpfen. Er verachtet Journalisten zutiefst und will, dass Neal das weiß. Wird noch schlimmer werden, als ich vermutet habe. Neal spürt, dass ihm die Wut zu Kopf steigt. Saf' ist im Knast, ihr Freund Courvoisier ist vielleicht in Lebensgefahr, und der kleine Intellektuelle schmollt und spielt sich als großer Denker auf. Ich werde Mühe haben, mich zu beherrschen. Mit dem Streit bis heute Abend warten, wenn Cooke da ist.

Endlich kommen sie vor der Villa an, sehr hübsch, ein langgezogenes normannisches Fischerhaus, das versteckt hinter hohen, dichten Hecken in einem Garten voller Kräuter und Blumen liegt. Scoarnec kriegt die Zähne nicht auseinander.

Großer Wohnraum und offene Küche im Erdgeschoss, oben vier Zimmer, zwei davon mit Blick aufs Meer. Erwan sucht sich eins aus, installiert dort eigenmächtig den hauseigenen Mac und schließt sich ein. Nach einigem Herumbasteln loggt er sich auf Facebook ein. Keine Spur von Marsand und Courvoisier. Um sich die Zeit zu vertreiben, surft er durchs Netz und schaut regelmäßig wieder auf Facebook nach, weiter ohne Erfolg.

Neal kümmert sich um den Haushalt und richtet sich ein, das beschäftigt ihn. Er lüftet den großen Raum, die unbewohnten Zimmer, findet frische Klamotten und Waschzeug für Scoarnec und für sich die Vorräte, die Cooke bei seinen diversen Besuchen hier gelassen hat.

Vor dem Treffen mit Unterpräfekt Michelet haben Patoux und Guesde lange diskutiert. Nicht leicht, den richtigen Ton zu finden.

»Wir sitzen in der Klemme. Dieser Idiot Michelet hat es vollkommen versaut, aber wenn wir ihn einfach zum Teufel schicken, kann er uns hochgehen lassen. Das Risiko dürfen wir nicht eingehen. Er muss weiter glauben, dass er bei uns eine Zukunft hat.«

Guesde nickt. »Er hat uns dermaßen angeschissen, dass er uns in der Hand hat, willst du sagen.«

»Etwas in der Art, zumindest für eine gewisse Zeit. Danach ...«

Also wurde Michelet am späten Nachmittag in ein kleines Büro im Finanzministerium bestellt, damit das Treffen für ihn offiziell aussieht, aber es wurden alle Vorkehrungen getroffen, um es geheim zu halten.

Guesde eröffnet das Feuer. »Zwei Tote mitten im Wahlkampf, was halten Sie davon, Michelet?«

»Zwei schwere Schnitzer, ich bin mir dessen bewusst.«

»Immerhin, zum Glück. Darauf brauche ich also nicht weiter einzugehen. Aber ich sage Ihnen, es herrscht Sturmwarnung, für Sie wie für uns. Ich hoffe, Sie verstehen mich.«

»Vollkommen.«

Patoux übernimmt. »Wir wollen nicht wissen, was Sie tun werden, wir haben andere Sorgen. Aber wir müssen herausfinden, wer die Akten von Soubise hat und was diese Person damit vorhat. Möglichst schnell. Wir wären auch nicht böse, wenn der Druck auf die Ökos bis zum zweiten Wahlgang aufrechterhalten wird, aber ohne weitere unbesonnene Risiken.«

»Und vor allem muss alles, was bis zu Guérin zurückverfolgt werden könnte, gründlich beseitigt werden. Keine Tricks, Michelet, danach werden Sie beurteilt.«

Neal hat mit dem, was er finden konnte, ein Abendessen gekocht. *Confit de canard* und Bohnen, etwas schwer nach dem Sauerkraut am Mittag, aber er hat wenig Auswahl. Beim Essen räumt Scoarnec verkrampft ein, dass die Villa sehr passend für seine Zwecke ist. Neal teilt ihm mit, dass der Eigentümer bald kommen wird, Cooke, Journalist beim *Herald*, einer großen Londoner Tageszeitung.

Scoarnec kennt den *Herald*, gibt zu bedenken, dass er von der Polizei gesucht wird und zu seinem Schutz ein Minimum an Sicherheitsregeln eingehalten werden sollte, ein Journalist mehr ... Neal antwortet nicht.

Kaum mit dem Essen fertig, geht Scoarnec wieder in sein Zimmer. Letzten Endes könnte ein Journalist von der internationalen Presse ganz nützlich sein, nach *Gédéon*. Wenn ich *Gédéon* rette.

Als er alles wieder aufgeräumt hat, setzt sich Neal in einen großen Ledersessel, ein Auge auf Scoarnecs Tür, und wartet.

Cooke kommt gegen Mitternacht, kurze Beratung. Er zieht einen Laptop hervor. »Darauf habe ich heute Morgen eine Kopie des USB-Sticks gespeichert. Aber die Datei ist mit einem PGP-Programm verschlüsselt. Scoarnec muss uns sein persönliches Passwort geben. Wie sieht's bei dir aus?«

»Hat schlecht angefangen. Der gute Mann sperrt sich. Er scheint auf irgendwas zu warten, vielleicht bedauert er sogar, dass er sich mit Fremden hat einsperren lassen, weit weg von seiner Basis. Jedenfalls redet er nicht.«

»Nutzen wir die Situation aus, um ihn ein bisschen aus dem Gleichgewicht zu bringen. Ein bisschen Druck hat noch niemandem geschadet.«

Neal zieht eine Grimasse. »Ich weiß nicht recht. Ich befürchte, danach wird er erst recht dichtmachen.«

»Eine andere Idee?«

»Schlafen gehen, ich bin sehr müde. Und abwarten, auf der Lauer liegen. Wir sind nicht die einzigen Akteure im Spiel, nicht mal die wichtigsten. Es wird zwangsläufig irgendwas passieren. Und wir werden da sein.«

9. Samstag

Der Tag wird lang werden. Drei Städte, zwei Meetings, ein Dutzend Treffen. Schneider, mühsam wach geworden, steht im Bad vor dem Spiegel. Er sieht schlecht aus, findet er, erschöpft. Es wird Zeit, dass alles vorbei ist. Im Hintergrund die Sechs-Uhr-Nachrichten im Radio.

Henri Joubert, früherer Minister der letzten Linksregierung, teilt mit, dass er sich Guérin anschließt, und erklärt, die Zukunft habe das Lager gewechselt.

Schneider knirscht mit den Zähnen: seine Zukunft zweifellos. Rasierseife, Pinsel, schöner weißer Schaum, wohliges Gefühl der Entspannung, er nimmt seinen Rasierer und beginnt, plötzlich sehr aufmerksam, sich zu rasieren.

Bei einem Meeting gestern Abend in Straßburg hat Guérin versichert, die Zukunft Frankreichs sei Europa. Am anderen Ende des Landes, in Bordeaux, hat Schneider denselben Satz gesagt. Konsens in der Europafrage.

Schneider brummt: Scheißkonsens.

Neue Entwicklung im Fall des ermordeten Commandant Soubise. Gestern wurde die Leiche von Julien Courvoisier, einem der von der Polizei gesuchten jungen Umweltschützer, aus der Marne gefischt ...

Bei dem Namen Courvoisier macht Schneider eine plötzliche Bewegung und schneidet sich ins Kinn. Er flucht, wirft den Rasierer ins Waschbecken, greift nach einem Handtuch, um das Blut zu stoppen, und stürzt ins Schlafzimmer, um Dumesnil anzurufen. Eine hinreißende junge Blondine liegt träge im Ehebett und liest *Gala*. Die hatte er ganz vergessen. Beim Anblick seines mit rosa Schaum verschmierten Gesichts fängt sie an zu lachen, was seine Laune nicht gerade verbessert.

Schließlich erreicht er seinen Wahlkampfleiter. »Hast du die Nachrichten gehört? Noch nicht? Ja, was treibst du denn? Einer der Umweltschützer, die wegen des Mordes an Soubise gesucht werden, ist tot aufgefunden worden, ermordet ... Glaubst du, man wird versuchen, uns da was anzuhängen? Das ist zu heftig, da steckt was anderes dahinter, irgendwas ist schiefgegangen ... Ich glaube, es ist an der Zeit, dass du diesen Commandant Pâris triffst und ein paar Informationen aus erster Hand bekommst ... Ja sicher, immer bleibt alles an dir hängen, an wem denn sonst?«

Neal steht früh auf. Schlecht geschlafen. Ständig gehen ihm dieselben Gedanken durch den Kopf und reißen ihn zwischen Angst und Erregung hin und her. Er geht hinunter, um sich einen Kaffee zu machen. Schaltet das Radio in der Küche an. Sucht den Kaffee und die Kaffeemaschine. Bleibt plötzlich stehen. *France Info: Julien Courvoisier, einer der jungen Umweltschützer, die von der Polizei gesucht wurden, ist gestern aus der Marne gefischt worden. Er zeigte Spuren von Schlägen, die nach ersten Befunden die Todesursache sein* könnten. *Der Staatsanwalt hat noch keine Erklärung abgegeben.* Nach einer Weile wird Neal klar, dass er barfuß auf den Fliesen steht, mitten im Durchzug, nur in T-Shirt und Slip, und dass es draußen regnet.

Ihm ist eiskalt, er gibt es auf, sich einen Kaffee zu machen, und geht hinauf, um Cooke zu wecken.

Knapp eine Stunde später steht ein kräftiges Frühstück auf dem Wohnzimmertisch, das laufende Radio in der Mitte. Neal geht hinauf, um Scoarnec zu holen. »Kommen Sie und hören Sie sich die Sieben-Uhr-dreißig-Nachrichten mit uns an. Es ist wichtig.«

Sie sitzen alle drei um den Tisch, der Kaffee macht die Runde. Die Entdeckung von Courvoisiers Leiche ist Punkt zwei beim Thema Innenpolitik. Die AFP-Meldung wird ohne Kommentar verlesen.

Scoarnec hat seine Tasse fallen lassen, die er gerade an den Mund gehoben hatte, er ist wie gelähmt.

Cooke hat sich hinter ihn gestellt, die Hände auf der Rückenlehne des Stuhls. Neal, ihm gegenüber, beugt sich vor, berührt ihn fast.

»Jetzt reicht es. Wer hat Courvoisier umgebracht? Wer will euch kaltmachen? Warum?«

Scoarnec, mit gesenktem Kopf, scheint nichts zu hören.

Neal packt sein Handgelenk, schüttelt es. »Verstehen Sie, was ich sage? Wer will euch kaltmachen? Warum?«

Scoarnec hebt den Kopf und schaut Saffrons Vater ein paar Sekunden lang an, als sähe er ihn zum ersten Mal, dann steht er auf, schwankt, fängt sich wieder und sagt sehr leise: »Kommen Sie mit.« Er geht nach oben, Neal und Cooke stützen ihn.

In seinem Zimmer setzt sich Scoarnec vor den Computer, steckt den USB-Stick ein, lädt ein kleines Dechiffrierprogramm von einem persönlichen Gmail-Konto, startet es und klickt auf den USB-Stick. Dann Doppelklick auf eine Videodatei.

Gespanntes Schweigen.

Auf dem Bildschirm ein Film in schlechter Bildqualität. In Großaufnahme das Gesicht eines Mannes, er schaut in die Kamera, senkt die Augen, wenig Bewegung. Hinter ihm ein helles Zimmer, das eine Bibliothek oder ein Arbeitszimmer sein kann.

»Soubise«, murmelt Scoarnec.

Die beiden anderen haben begriffen, sie schauen mit zugeschnürter Kehle zu, ohne eine Bewegung, ohne einen Laut.

Der Mann steht auf und geht. Lange passiert gar nichts mehr. Weit entfernt Alltagsgeräusche, schlecht aufgenommen von einem miserablen Mikro. Und Stille. Langsam wird das Licht schwächer. Die Dunkelheit dauert, der Bildschirm ist die einzige, schwache Lichtquelle.

Scoarnec lässt das Video vorlaufen.

Geräusche von der Tür. Schritte. Kurz darauf nähert sich eine dunkle Gestalt, ein Schatten im Schatten, und macht sich am Computer zu schaffen. Zwei, vielleicht drei Minuten lang. Männliche Stimme, die auf das Gerät schimpft, *mach schon*. Das Licht im Zimmer geht an, der Schatten richtet sich auf, flucht *Scheiße!*, dreht sich um, sein Rücken füllt das ganze Bild aus, *Warten Sie ...* und noch irgendwas, der Ton ist miserabel. Eine andere Stimme: *Komm nicht näher ... Geh zum Fenster ...* Die Gestalt entfernt sich, ist jetzt besser zu sehen. Sehr groß, athletisch, schwarze Kapuze, enger schwarzer Parka, schwarze Handschuhe.

Dahinter Soubise, der Befehle gibt. *Mach schon ... Dreh dich um ...* Er hat einen metallisch glänzenden Gegenstand in der Hand und holt sein Handy heraus. Jemand packt von hinten sein Handgelenk, Gerangel, der Polizist wird gegen die Wand geschleudert, er ist nicht mehr zu sehen, Krachen, Schreie. Eine zweite maskierte schwarze Gestalt erscheint, kleiner und stämmig. Wirre Bilder von einem Kampf, Fluchen, eine Masse huscht am Objektiv vorbei, ein Schlag, Stöße, das Bild zittert stark, stabilisiert sich, dann erscheinen zwei maskierte Gestalten, außer Atem.

Die kleinere, ebenfalls ein Mann: *Wir verduften!* Die große rührt sich nicht, schaut auf den Boden, dann auf den Computer, ohne ein Wort. Der Kleinere: *Mach schon, wir hauen ab!* Der Große scheint aufzuwachen, stürzt sich auf den Computer. Dahinter die Stimme des anderen: *Nimm endlich die Beine in die Hand!* Dann kein Ton, kein Bild mehr. Das Video ist zu Ende.

Ein Mord, live, Adrenalin pur.

Scoarnec, der an nichts anderes denken kann als an Juliens Tod, lässt sich tränenblind aufs Bett fallen und presst das Gesicht ins Kopfkissen.

Neal denkt an Saffron, hat sie dieses Video gesehen?

Cooke fasst sich als Erster wieder. Er setzt sich auf Scoarnecs Platz an den Computer und kehrt ihm den Rücken zu, holt einen

Schlüsselbund aus der Tasche, an dem ein USB-Stick hängt. Leer. Immer und überall auf alles vorbereitet zu sein ist ein Tick des alten Routiniers. Er steckt ihn ein und kopiert alle entschlüsselten Dateien. Dann steht er auf. »Neal, komm mit.« Er hat es eilig, wegzukommen, bevor Scoarnec sich wieder gefasst hat, die Kopie in Sicherheit zu bringen und endlich alles zu sehen, was auf diesem verdammten Stick ist. Er nimmt Neal am Arm und zieht ihn mit.

Scoarnec auf dem Bett rührt sich nicht.

Cooke wirft die Tür hinter sich zu.

Erwan bleibt lange liegen, niedergeschlagen und von wirren Bildern voller Gewalt und zusammenhanglosen Gedanken überwältigt. Dann kommt er langsam wieder zu sich. Ja, er war der Situation nicht gewachsen, vor diesen beiden alten Säcken. Zutiefst demütigend, muss er zugeben. Er muss sich zusammenreißen. Er richtet sich auf. Die Lage wieder in den Griff kriegen. Und weil die Pariser Aktivisten nicht mehr sicher sind, auf Facebook nachschauen und versuchen, Marsand, alias *Goupil Lerenard* zu kontaktieren. Vorsichtig natürlich, Courvoisier könnte geredet haben. Er setzt sich an den Computer.

Im großen Raum unten schimpft Neal. »Ich will ihm ein paar Fragen stellen. Ich will wissen, warum er nichts mit diesem Video angefangen hat.«

»Hör gut zu, deine Tochter ist in Sicherheit, solange sie in Gewahrsam ist. Aber das wird nicht mehr lange dauern. Wenn du sie also vor den Mördern schützen willst, müssen wir uns beeilen, die ganze Geschichte zu verstehen, bevor sie rauskommt. Und die ganze Geschichte ist vielleicht hier auf meinem Stick. Ich weiß nicht, ob dir die Bedeutung ganz klar ist ... Hilf mir.«

Sie räumen die Reste des Frühstücks weg, setzen sich einander gegenüber, jeder auf eine Seite des Tischs, und schalten ihre Computer ein. Cooke prüft, ob die Dateien auf dem Stick immer noch lesbar sind, und gibt alles an Neal weiter. Dann schaut er sich den Inhalt an. Zuerst das Video. Er schließt die Datei. Einmal genügt. Dann die Kopie von Soubises Festplatte. Er reckt die Faust in die Luft, zum Zeichen des Siegs und als Huldigung an Courvoisier, der ein exzellenter Hacker war. Im Verzeichnis drei Ordner, *Trinity*, *Flouze* und *Hespérides*. Neal nimmt *Trinity*, Cooke *Flouze*, sie machen sich an die Arbeit.

Bald ist Neal ganz darin versunken. Neugier, Erregung, die Freuden des Einbruchs in fremde Geheimnisse. Es geht um die Sicherheit seiner Tochter, die Rückkehr in seinen Beruf, den Beginn eines neuen Lebens. Schnell arbeiten, sehr schnell, mit Volldampf, ihm gegenüber Cooke, der ihn wortlos versteht, das tut gut. Der Vormittag verfliegt, ohne dass er es merkt.

Scoarnec ist nicht aus seinem Zimmer gekommen.

Gerichtsmedizinisches Institut am Quai de la Rapée. Das Rot der Backsteinmauern ist verschwunden, der unablässige Verkehr auf den nahegelegenen Schienen hat sie geschwärzt. Der Hof ist grau, genauso grau wie das Fahrzeug und die Angestellten des Bestattungsunternehmens, die sich vor der Tür die Beine in den Bauch stehen. Sie begleiten eine trauernde Familie, die einen Angehörigen abholt, der gestern bei einem Verkehrsunfall ums Leben gekommen ist.

Es ist kurz nach neun, die Sonne spielt Verstecken und der ganze Ort verströmt Traurigkeit.

Pâris und Fourcade sind zum Luftschnappen unter die Metrobrücke neben der Leichenhalle gegangen. Fourcade brauchte das nach der Autopsie von Julien Courvoisier. Es war seine erste. Aber was ihn mitnimmt, ist weniger die Autopsie an sich, sondern das, was die Befunde des Arztes über den Leidensweg des Informatikers aussagen, der kaum jünger war als er.

»Da.« Pâris reicht dem Beamten sein offenes Zigarettenpäckchen.

»Danke.« Fourcades Hand zittert leicht, als er die Zigarette zum Mund führt. Pâris gibt ihm Feuer, und er nimmt einen tiefen Zug. »Schlechte Zeiten für Umweltschützer.«

»Und für Bullen. Soubise ist genauso behandelt worden, bevor er gegen die Kante seines Tisches geknallt ist.«

»Und wofür all das?«

Pâris zuckt die Achseln. »Bei dem Kollegen haben sie einen Computer gestohlen. Courvoisier war Informatiker. Suchen oder suchten sie nach irgendwelchen Dateien?«

»Das meinte ich nicht. Was rechtfertigt den Tod von zwei Menschen? Was kann so viel wert sein? Soubise arbeitete für die CEA und das Innenministerium. Also, was ist die Atomenergie – die Staatsräson?«

Der Polizist schüttelt den Kopf. »Trotz der kleinen Show vom unbeteiligten Diener des Staates, die er uns vorgespielt hat, war Cardona über Soubises Tod tief betroffen. Oder er ist ein sehr guter Schauspieler.« Er zieht noch einmal an seiner Kippe und wirft sie dann weg. »Es gibt noch andere Akteure in dieser Sache. Sie haben versucht, unsere Nachforschungen zu blockieren und in eine bestimmte Richtung zu lenken. Schon viel zu lange verstecken sie ihre eigenen Interessen hinter dem Gemeinwohl. Gehe ich jetzt zu weit?«

Fourcade schaut Pâris direkt in die Augen, aber er antwortet nicht.

»Damit wir uns recht verstehen, ich habe keinerlei Sympathien für kleine Idioten wie Scoarnec, Jones-Saber und Courvoisier, ihre militante Paranoia und ihre Pseudo-Rebellion. Aber noch weniger mag ich die Leute, die die Großzügigkeit der Republik ausnutzen und missbrauchen und sich in Sicherheit fühlen, weil es bisher noch niemand geschafft hat, sie in die Enge zu treiben.«

»Und die bereit wären zu töten, um sich zu schützen?«

»Und die bereit wären zu töten, um sich zu schützen.«

»Indiskutabel, sie davonkommen zu lassen. *Dura lex sed lex.*«

Pâris betrachtet lächelnd die Seine. Noch ganz grün, der kleine Staatsanwalt. Zu grün. Das wird ihm vergehen. Mit der Zeit vergeht es immer. Oder nicht. Mir ist es nicht vergangen. Noch nicht. Aber ich werde langsam alt.

»Gestern Abend habe ich einen Anruf vom Generalstaatsanwalt bekommen.«

»Autsch! Gardinenpredigt von noch höherer Stelle?«

»Noch nicht, aber das könnte kommen. Er hat mir geraten, der Hypothese einer Abrechnung zwischen radikalen Umweltschützern nachzugehen, äußerst gefährlichen Leuten, so wörtlich. Courvoisier soll das erste Opfer gewesen sein.«

»Und woher kommt dieser Quatsch?«

»Keine Ahnung. Aber wenn wir die interessanteste Spur weiterverfolgen wollen, das heißt die PRG ... An die haben Sie doch gedacht, oder?«

Pâris nickt.

»Dann müssen wir meinen Vorgesetzten weiter ein paar Zuckerstückchen liefern.«

»Was meinen Sie?«

»Scoarnec finden und ihn in Sicherheit bringen. Es weist alles darauf hin, dass er einiges weiß. Und er kann nicht weit sein. Der Beweis: Die beiden anderen waren noch hier in der Gegend.«

Wieder ein Nicken.

»Mademoiselle Jones-Saber muss uns erzählen, was sie weiß.«

»Nicht einfach. Sie schweigt. Eine Mischung aus politischer Überzeugung und ihren Gefühlen für Erwan Scoarnec, das hält sie aufrecht.«

»Scoarnec ist ein möglicher Schwachpunkt, den wir möglichst gut ausnützen sollten.«

»Im Moment ist sie überzeugt, dass alle Bullen mörderische Geheimagenten sind. Zuerst muss sie ihre Meinung in dieser Beziehung ändern.«

»Ich vertraue Ihnen, Pâris.« Fourcade legt dem Polizisten die Hand auf die Schulter.

Der nickt stumm. Ich wollte, ich könnte dasselbe sagen.

»Heute Morgen kurz nach acht hat sich *Gédéon Lecanard*, alias Erwan Scoarnec, auf Facebook eingeloggt. Das wissen wir, weil er etwas auf seine Facebookseite geschrieben und ein neues Foto in sein Album gestellt hat. Keine Reaktion von *Placide Lechien*, natürlich, weil er tot ist, auch nicht von *Roudoudou Lelapin*.« Das sagt der Bärtige von der SISS. Er sitzt auf dem Rücksitz von Michelets Wagen, der in einer Tiefgarage steht.

Jean vorn neben dem Unterpräfekten versucht den Pizzageruch zu ignorieren. Den schleppt der da hinten ja überall mit hin. Zieht der nie frische Klamotten an?

»Aber eine Viertelstunde später hat ein gewiser *Goupil Lerenard* einen Kommentar auf Scoarnecs Seite gestellt. Eine unverständliche Nachricht, wahrscheinlich verschlüsselt. Ich bin schon dran, ich mag diesen Quatsch.« Er lacht.

Michel, der neben ihm sitzt, mustert ihn herablassend.

Verlegenes Husten, der Bericht geht weiter. »Ich hab das Foto untersucht, das Scoarnec hochgeladen hat, und eine verschlüsselte Nachricht darin gefunden. Sie sind schlau, sie verwenden Steganographie. Ein ähnliches Foto habe ich im Profil von Courvoisier gefunden, mit einer anderen Nachricht, die ein paar Tage alt ist.

Die nehm ich als Referenz, um zu entschlüsseln, was sie sich so erzählen.«

»Wie lange?« Michelet, angespannt.

Der Bärtige zuckt die Achseln.

»Wir müssen schnell machen.«

»Wie immer.«

»Was noch?«

»Der Junge, dem ich den USB-Stick von Courvoisier gegeben habe, hat rausgefunden, wozu das Programm darauf gut ist. Es ist eine Art Virus, speziell für Programme entwickelt, die einige Fernsehsender benutzen. Ich glaube, heute Nachmittag kann ich Ihnen sagen, welches Modell. So erfahren wir vielleicht etwas über das Ziel. Anscheinend soll eine Ausstrahlung gestört werden. Meiner Meinung nach ist das nicht sehr interessant. Wenn ich mich nicht irre, verwenden die nicht nur Computer. Wenn die ausfallen, können die jederzeit auf analoge Geräte umschalten.«

»Dann nutzt es gar nichts.«

»Das hab ich nicht gesagt. Sobald der Virus aktiv ist, braucht man eine oder zwei Minuten, um den angegriffenen Sender wieder zum Laufen zu bringen. Eine Zeitlang wird also der Bildschirm doch schwarz werden. Im richtigen Moment eingesetzt, könnte das schon was anrichten.«

Michelet entlässt den Bärtigen und schließt die Augen, um nachzudenken. Nach ein paar Sekunden sagt er: »Endlich gute Neuigkeiten.«

Jean reckt fragend das Kinn zu Michel, der genausowenig wie er selbst begreift, was den Präfekten so fröhlich macht.

»Das bestätigt einiges, was ich gestern herausgefunden habe. Vor drei Tagen ist ein Flugticket für Saffron Jones-Saber reserviert worden. Nach Mexiko. Abflug nächsten Donnerstagmorgen. Einfacher Flug. Raten Sie, wer bezahlt hat!«

Michel, seiner Sache sicher: »Scoarnec.«

Der Unterpräfekt lächelt ihm im Rückspiegel zu. »Verloren. Die Scheckkarte, die bei der Reservierung benutzt wurde, gehört einem gewissen Pierre Marsand. Und was macht er, dieser Marsand?«

»Er arbeitet beim Fernsehen?«

»France Télévisions. Techniker. Senderegie.«

»Na und«, Michel gequält, »inwiefern hilft uns das?«

»Courvoisier hat eine Verabredung mit Saffron Jones-Saber, um die USB-Sticks zu tauschen. Er bringt das Virus-Programm. Für eine Fernsehausstrahlung. Und das Mädchen hat Kontakt zu einem Techniker von France Télé? Wer will mit ihr auf Reisen gehen? Sehen Sie den Zusammenhang nicht?«

»Doch. Aber das löst unser Problem mit dem Video nicht. Ich habe keine Lust, meine Fresse auf *YouTube* zu sehen!«

Michelet nickt. Er fühlt zwei Augenpaare auf sich gerichtet. »Ich glaube, wir müssen aufhören, vor diesem Video Angst zu haben. Wenn es existieren würde, hätte die kleine Jones-Saber es euren Kollegen von der Crim' gegeben, die sie seit vierundzwanzig Stunden festhalten. Um sich und ihre Kumpane zu entlasten. Sie hatte es doch, oder? Also, warum hat sie ihnen nichts davon erzählt?«

»Sind Sie sicher?«

»Ich habe meine Leute in der 36. Im Moment hält sie die Klappe.«

Jean wirkt nicht überzeugt. »Trotzdem wär's mir lieber, alles, was sie haben, in die Finger zu kriegen. Um ganz sicherzugehen, dass nichts drauf ist, was uns belastet.« Er klopft dem Unterpräfekten mit einem Finger energisch auf die Schulter. »Bei dieser Sache haben wir alle viel zu verlieren.«

»Daran erinnern mich zurzeit alle.« Michelet dreht sich zu den beiden Polizisten um. »Die Lösung ist Marsand.«

Jean und Michel wechseln einen Blick, dann nicken beide.

Der Unterpräfekt lässt den Motor an und legt den Rückwärtsgang ein. Da sagt Michel: »Da ist doch noch was, was ich nicht kapiere.«

Michelet blickt zum Himmel. Was will der Rotschopf noch?

»War die Kleine nicht die Freundin von Scoarnec?«

»Doch. Na und?« Jean ist gereizt. Er will schnell auf die Jagd.

»Warum will sie sich dann mit dem anderen verpissen?«

Gegen Mittag heben Neal und Cooke fast gleichzeitig den Kopf. Zeit für eine erste Zusammenfassung, danach eine Kleinigkeit essen.

Neal fängt an. Trinity Srl. ist eine italienische Firma mit Sitz in Neapel. Tätigkeitsgebiet: Abtransport und Behandlung von Industrieabfällen, Unterhalt von Mülldeponien. Zwei Hauptaktionäre, vierzig Prozent hält die Sobo, eine andere italienische Firma, ebenfalls mit Sitz in Neapel, und dreißig Prozent die Intour mit Sitz auf den Jungferninseln. Soubise gibt sich viel Mühe, herauszufinden, wer hinter Intour steckt, die jeden Monat verkauft, umgetauft und von einem Steuerparadies ins andere verlegt worden ist. Er verfolgt die Kette zurück und bingo, vor zwei Monaten stößt er auf die PRG, die dreißig Prozent des Trinity-Kapitals hielt.«»Und wer bei der PRG hat die Akten geführt und diese Kaskade fiktiver Verkäufe getätigt?«

»Lass mich raten. Eben die Barbara Borzeix, von der im *Journal du Soir* die Rede war? Die Geliebte des verstorbenen Soubise?«

»Genau.«

Die beiden Männer reichen sich über den Tisch hinweg die Hand.

Neal redet weiter. »Anscheinend hat die Leiterin der PRG-Rechtsabteilung ein paar Monate vor Soubises Entdeckung mit diesen Verkäufen begonnen, die die PRG so schnell wie möglich aus den Kapitaleignern von Intour entfernen sollten. Mehrere Memoranden in der Akte zeigen, dass Borzeix damals ein Problem mit Trinity klar geworden ist und sie den Auftrag erhielt, diese Tochtergesellschaft schnellstens loszuwerden.«

Cooke ist an der Reihe. *Flouze*, will sagen Knete, ein passender Name. Die PRG will ihren Mediensektor an den Mermet-Konzern verkaufen. Darüber wird schon in ganz Paris gemunkelt. Aber der Plan ist schon viel weiter gediehen, als das Gerücht ahnt. Über Preis und Verfahren besteht Einigkeit. Die Summe bewegt sich mit den Aktiva der Telefon- und Internetgesellschaften um fünfzehn Milliarden Euro. So weit nichts Neues. Aber Achtung, wenn der CSA[14] nicht zustimmt, ist die Transaktion nicht möglich. Vor sechs Monaten erhielt Borzeix eine Mail von Elisa Picot-Robert, die sie über ein Treffen mit Mermet und Guérin informierte, bei dem Guérin zugesagt hat, die Zustimmung des CSA zu erwirken, wenn er zum Präsidenten gewählt werden sollte.

Eine Weile Stille. Dann stellt Neal die naheliegende Frage.

---

14 *Conseil supérieur de l'audiovisuel*, eine 1989 geschaffene Behörde, die die Aktivitäten der elektronischen Medien und von Rundfunk und Fernsehen überwacht und reguliert.

»Und was ist die Gegenleistung?«

»Dazu gibt es keine Mails an Borzeix. Aber ich habe sogar Besseres als das. Den dritten Ordner. Er enthält die detaillierte Beschreibung einer Aktiengesellschaft namens *Hespérides*. Zunächst die Statuten. Im Moment hält der Staat über eine öffentliche Institution die Mehrheit. Es folgt eine schematische Darstellung verschiedener Wege zur Privatisierung. Es gibt sogar schon einen Entwurf der künftigen Statuten und einen Terminkalender für die Operation, die sechs Monate nach der Präsidentschaftswahl stattfinden soll. Die Aktiva werden geschätzt, dann wird die Neuorientierung der Industriepolitik und der Allianzen skizziert. Die verschiedenen Memoranden sind von PRG-Managern verfasst und an einen gewissen CG geschickt worden, der sie verbessert, mit Anmerkungen versieht und mehrmals die Zustimmung oder Ablehnung seines Chefs vermerkt. Auch einige hohe Funktionäre in Bercy[15] haben das Ganze abgezeichnet. CG, aber da wage ich mich vielleicht zu weit vor, könnte Camille Guesde sein.«

»Die graue Eminenz von Guérin?«

Cooke nickt.

»Wie unvorsichtig!«

»Ich würde eher leichtsinnig sagen. Sie machen Geschäfte unter Freunden. Grob gesagt bereiten sich Privatunternehmen darauf vor, die Kontrolle über ein riesiges Stück des öffentlichen Kuchens zu übernehmen, sobald die Sterne ihnen günstig sind, und verfassen selbst den Vertrag, den sie später bereit sein werden zu unterzeichnen. Man wird nie besser bedient als von sich selbst. Ich habe eine gewisse Ahnung, was die *Hespérides* sind. Auch darüber wird in Paris gemunkelt. Aber wir brauchen Beweise.«

Cooke und Neal stehen auf, strecken sich, laufen im Zimmer herum. Draußen regnet es immer noch.

Neal fragt: »Soll ich Scoarnec da oben rufen, damit er einen Happen isst?«

»Lass es. Er wird heute Abend essen.«

Neal kocht Pasta mit einer Tomatensauce aus der Dose. Sie essen, ohne darauf zu achten, ganz gefangen von dem, was sie nach und nach entdecken.

---

15 Im Pariser Viertel Bercy befindet sich das Ministerium für Wirtschaft, Finanzen und Industrie.

»Als Nächstes müssen wir unsere Informationen über Trinity Srl. vervollständigen. Warum war es der PRG so wichtig, sich in Sicherheit zu bringen und ihre Spuren zu verwischen?«

»Das ist nicht weiter schwierig, wir haben einen sehr guten Korrespondenten in Rom. Ich rufe ihn an.«

»Schwieriger wird es, die Akten einzuschätzen, uns zu vergewissern, dass sie nicht getürkt sind.«

»Mir fallen sofort zwei Personen ein, die uns das sagen können, Borzeix und Cardona.«

»Wer ist Cardona?«

»Soubises Chef bei der CEA.«

»Gut. Jedenfalls wird keiner von beiden mit uns sprechen wollen, aus verschiedenen Gründen. Zudem ist dein Cardona vielleicht nicht die richtige Person. Soubise gehörte zum Innenministerium. Träumt dessen derzeitiger Mieter nicht davon, Guérin fertigzumachen?«

Cooke schüttelt den Kopf. »Das glaube ich nicht. Das wäre schon rausgekommen. Komm, einen Kaffee, und dann setzen wir uns wieder dran. Ich nehme Trinity, du Borzeix und Cardona.«

Neal wirft einen Blick auf die Treppe, die zu Scoarnecs Zimmer führt. Kein Laut von oben. Draußen regnet es weiter. Er setzt sich grummelnd wieder vor seinen Computer.

Pierre Marsand ist Amateurfußballer. Diesen Samstag spielte die Mannschaft von Montreuil, zu der er gehört, gegen Tremblay-en-France. Ein anstrengendes Spiel, das Montreuil knapp gewinnt. Gegen fünfzehn Uhr kehren die Spieler müde, aber froh in ihre Umkleidekabine zurück, gehen die entscheidenden Aktionen des Spiels noch einmal durch und beglückwünschen sich gegenseitig.

Marsand ist gerade mit dem Duschen fertig, als ein Stadionmitarbeiter kommt und ihm sagt, dass er auf dem Parkplatz erwartet werde. Von einer *supertollen Brünetten*! Saffron? Nach der Nachricht von Scoarnec hat er versucht, sie zu erreichen, ohne Erfolg. *Gédéon* gestrichen? Weicheier! Aber was macht Saffron hier? Über Fußball haben sie doch nie gesprochen. Egal, er hat die Flugtickets, sie werden abhauen wie vorgesehen, nach der Fernsehdebatte. Pech für die anderen. Er zieht sich schnell an und stürzt unter den Hänseleien der anderen hinaus.

Die junge Frau steht nicht am Stadioneingang. Marsand geht ein paar Schritte zwischen den parkenden Autos durch, als ein großer Schwarzer auf ihn zukommt, ihm diskret seinen Dienstausweis zeigt und ihn bittet, ohne ihm groß die Wahl zu lassen, in einen anthrazitgrauen Peugeot zu steigen. Am Steuer sitzt ein weiterer Mann, ein Rothaariger.

Ohne Mißtrauen steigt der Techniker mit dem ersten Bullen hinten ein und findet sich schon bald in Handschellen wieder, flach auf die Bank gedrückt und blind, über seinen Kopf ist eine Kapuze ohne Öffnungen gestülpt. »Was wollen Sie von mir?«

»Klappe! Und verhalt dich ruhig!«

Marsand fängt an zu protestieren und kriegt statt einer Antwort einen Faustschlag in die Rippen. Es verschlägt ihm den Atem, er hat die Botschaft verstanden und rührt sich nicht mehr.

Die Fahrt dauert etwa zwanzig Minuten. Irgendwann fährt der Wagen zu einem Ort hinunter, wo jedes Geräusch widerhallt. Eine Tiefgarage. Die Polizisten lassen ihn aussteigen, durchqueren eine Tür, dann noch eine, gehen einen Gang entlang, biegen rechts, dann links und noch einmal rechts ab.

Marsand stolpert ein oder zwei Mal, und als er sich noch einmal zu fragen traut, was eigentlich los sei, antwortet ihm nur das Schweigen seiner beiden Führer. Endlich setzen sie ihn auf einen Stuhl, und seine Kopfbedeckung wird abgenommen. Er befindet sich in einem kahlen Raum, an einem Tisch. Die beiden Bullen sind da und beobachten ihn.

Der Schwarze fängt an zu reden. »Du suchst dir deine Kumpel schlecht aus, Pierre. Ich kann dich doch Pierre nennen?«

»Wer sind Sie? Was wollen Sie von mir?«

Michel schlägt ihn auf den Kopf. »Antworte dem Herrn!«

Marsand schaut ihn ungläubig an. Das ist ein Albtraum, ich wache gleich wieder auf.

»Also?«

»Ja ... Ja, Sie können mich Pierre nennen. Glaube ich.« Er will noch etwas sagen, aber der Schwarze hebt die Hand, um ihn zum Schweigen zu bringen.

»Wir wissen, wer du bist, wo du arbeitest, und vor allem, mit wem du dich verschworen hast. Und was du planst. Und du suchst dir deine Kumpel schlecht aus.«

»Ich sehe nicht, was ...«
»Erwan Scoarnec, Julien Courvoisier, sagt dir das nichts?«
Sie wissen alles. »Nein.«
Wieder ein Schlag. »Bist du sicher? Überleg's dir gut.«
Der Techniker wagt kaum, Michel anzusehen, dessen Blick ihm Angst macht.
»Deine Kumpel sind Bullenmörder.«
»Das stimmt nicht! Das ist eine Lüge. Sie können es beweisen!«
»Du kennst sie also doch?« Jean lächelt.
»Du bist echt blöd, armer kleiner Pierre. Deine Kumpel sind nicht nur Mörder, sie haben auch noch angefangen, sich gegenseitig umzubringen. Scoarnec hat Courvoisier umgelegt.«
Julien tot? Unmöglich! »Wann? Wo?«
»Er ist gestern aus der Marne gefischt worden. Anscheinend konnte er nicht schwimmen.«
Tot. Gestern. *Gédéon* heute Morgen von Erwan gestrichen. Und Saf' ist verschwunden.
»Also bist du Komplize eines Mörders.«
»Nein, so war das nicht geplant. Es sollte nichts passieren. Ich wusste es nicht! Ich schwör's Ihnen! Sie müssen Saffron finden, sie kann alles erklären!«
»Die kleine Nutte?«
»Reden Sie nicht so von ihr!«
Michel fängt an zu lachen. »Er ist ja verliebt, wie?« Er dreht sich zu Jean um und zeigt mit dem Daumen auf Marsand. »Er ist verliebt, der Idiot! Du hast dich ficken lassen, Pierre. Von einer kleinen Nutte, ja. Sie ist verhaftet worden, deine Saffron. Und sie hat geplaudert. Wie, glaubst du, sind wir auf dich gekommen?«
»Das würde sie nicht tun! Sie ... sie liebt mich.«
»Sie liebt mich.« Michel äfft ihn nach.
»Wir verschwinden zusammen nach ...«
»Mexiko?« Jean fällt ihm ins Wort.
Sie wissen alles. Sie hat ihnen alles gesagt.
»Siehst du, das Problem im Moment ist, dass der Einzige, der immer noch frei rumläuft, dein Kumpel Erwan ist.« Jean beugt sich zu dem Techniker runter und sagt ganz sanft: »Über ihn hat sie uns dagegen nichts gesagt. Merkwürdig, nicht?« Er richtet sich wieder auf.

»Da steckst du in der Scheiße, kleiner Pierre.« Michel.
»Ja, bis zum Hals.« Jean.
Marsand fängt an zu weinen.
»Außer du hilfst uns.« Jean.
»Hilf uns, Scoarnec zu finden.« Michel.

Gegen Abend geht Erwan in seinem Zimmer auf und ab. Er ist nicht wieder runtergegangen, keine Lust, die beiden alten Säcke wiederzusehen. Also vertreibt er sich die Zeit, versucht zu überlegen, was er tun soll, ohne viel Erfolg, seine Gedanken sind wirr. Vor allem hat er Angst. Und er ist sehr enttäuscht. Wegen *Gédéon*. Er verliert nicht gern und schafft es einfach nicht, darauf zu verzichten. Einen großen Coup landen! Mitten im staatlichen Medienapparat! Geplatzt? Wie konnte es so weit gekommen? Ist gar nichts mehr zu machen? Denk gut nach.

Wenn er zu entnervt ist, surft er im Internet. Und seit heute Morgen kämpft er dagegen an, sich auf seine Facebookseite einzuloggen. Er weiß, dass dort nichts mehr zu erwarten ist. Julien ist tot, Saffron im Gefängnis, und dieser Idiot Marsand ist von der Bildfläche verschwunden. Facebook ist vorbei. Wie *Gédéon*. Aber wie ein Junkie kann er der Versuchung eines letzten Schusses nicht widerstehen.

Goupil Lerenard hat sein Profil aktualisiert. Die Seite und das Fotoalbum. Überrascht braucht Erwan ein paar Minuten, um sich zu entscheiden, dann lädt er das zwölfte Foto und das passende Programm herunter und dechiffriert die Nachricht. Er will sie sehen.

»Verflucht, nein!« Erwan steht auf, geht ein paar Mal um sein Bett herum. Er weiß, dass er alle Brücken abbrechen muss. Doch er antwortet und sagt für ein Treffen am nächsten Morgen zu. Er schlägt Ort und Zeit vor, kodiert die Nachricht und öffnet die Seite von *Gédéon Lecanard* noch einmal.

»Er hat angebissen.« Der Bärtige rollt mit dem Stuhl von seinem PC weg und dreht sich zu Michelet um. »Er will Ihren Knaben morgen früh treffen.«

»Perfekt. Bestätigen Sie.« Der Unterpräfekt geht.

Jean wartet im Innenhof der SISS.

»Und?«

»Es hat geklappt. Sie treffen sich morgen früh.«

»Sauber. Wir schnappen uns Scoarnec, er gibt uns das Video und dann ...«
»Und dann?«
»Tun wir, was nötig ist.«
Michelet schüttelt den Kopf.
»Wir haben keine Wahl, vergessen Sie das nicht.«
Er siezt ihn wieder, auch wenn der Ton immer noch aggressiv und drohend ist. Diese beiden Kerle sind gefährlich. Der Unterpräfekt nickt. »Ich weiß. Wie schätzen Sie Marsand ein?«
»Das heißt?«
»Wird er mitspielen?«
»Er hat Schiss, er wird tun, was man ihm sagt. Zudem hat er einen Hass.«
»Wegen des Mädchens?«
»Ja.«
»Vielleicht ist er auch ein guter Schauspieler, wie?«
»Keine Ahnung. Ist mir egal.«
»Mir nicht. Ich hätte gern eine«, Michelet sucht das richtige Wort, »elegantere Lösung. Und eine endgültige. Die keine Spuren hinterlässt.«
»Das Einzige, was zählt, ist das Scheiß-Video. Ich will wissen, ob es existiert und was drauf ist.«
»Und was die verdammten Ökos von Soubises Dateien verstanden haben, vergessen Sie das nicht. Der ursprüngliche Auftrag war ja, rauszufinden, was die anderen wissen.«
»Dazu müssen wir diesen USB-Stick haben.«
»Und es so deichseln, dass man nicht zu viele Fragen stellt. Besonders unsere Freunde von der Crim' nicht.«
»Und wie wollen Sie das machen?«
Michelet lächelt. »Ich hab da so eine kleine Idee.« Vertraulich nimmt er Jean am Arm und zieht ihn zur Straße. »Ich werde dafür sorgen, dass die Wohnung von Marsand verwanzt wird. Und Sie halten ihn mir warm. Passen Sie auf, dass Ihr Schläger-Freund ihn nicht fertigmacht. Wir brauchen ihn noch. Ich sehe Sie heute Abend.«

Erwan versucht sich in seinem Zimmer zu beschäftigen, aber es nutzt nichts. Jede Viertelstunde schaut er auf Facebook nach. Hat

Marsand inzwischen Zeitung gelesen? Weiß er das mit Julien? Womöglich hat er Angst bekommen. Und Saffron ist nicht mehr da, um den Schlag aufzufangen. Und dann kommt die Bestätigung. Der Techniker ist einverstanden, er wird sich morgen am späten Vormittag in Paris mit ihm treffen. Mit klopfendem Herzen und geschlossenen Augen streckt sich Erwan auf dem Bett aus, um die Neuigkeit zu verdauen. Verrückte Hoffnung, wieder Herr der Lage zu werden, das Wesentliche zu retten, das heißt *Gédéon*, den großen Coup, und wieder der Anführer zu sein. Damit das Opfer Juliens nicht umsonst war. Danach wird man weitersehen. Er fühlt sich besser, bereit, den beiden Alten da unten gegenüberzutreten, die sich aufspielen, als wüssten sie aufgrund ihrer Lebenserfahrung alles. Und ihnen auf Wiedersehen und danke zu sagen. Morgen ziehe ich wieder in den Kampf. Zur Abendessenszeit verlässt Scoarnec sein Zimmer, steigt die Treppe hinunter, gewaschen, frisch angezogen, ein winziges Lächeln auf den Lippen. Meisterhaft inszeniert stellt er Selbstsicherheit und Entspanntheit zur Schau.

Neal spürt einen Schwall Aggressivität in sich aufsteigen.

Cooke stellt einen dampfenden Topf auf den Tisch. »Zwei Büchsen *Boeuf-carottes*. Essen Sie mit?«

»Natürlich.«

Als Neal das Essen aus der Konservendose kostet, verwandelt sich seine Aggressivität in Abscheu und er greift beim ersten Bissen an. »Wir denken beide, dass Sie dieses Video der Polizei übergeben müssen.«

»Wenn ich das tue, werden sie mich verhaften, mit einer ganzen Reihe guter Gründe. Plus einigen anderen, die sie erfinden.«

»Möglich. Na und? Macht Ihnen das Angst?«

»Ich will nicht ins Gefängnis.«

»Dabei wären Sie dort in den heutigen Zeiten sicherer als anderswo. Ihr Freund Courvoisier wäre noch am Leben, wenn Sie's schneller getan hätten.«

Scoarnec ist getroffen.

Den Vorteil ausnutzen, Neal redet weiter. »Morgen früh fahre ich nach Paris zurück. Um sieben Uhr. Ich nehme Sie mit und setze Sie bei der Criminelle ab.«

Erwan steht auf. »Gut, ich komme mit.« Er nimmt ein großes Glas Wein, trinkt es auf einen Zug leer und setzt es lächelnd wieder ab.

»Ich muss mir den Mund spülen nach diesem *Boeuf-carottes*.«

Als die Tür von Scoarnecs Zimmer sich hinter ihm schließt, wendet sich Cooke an Neal. »Dir ist klar, dass Scoarnec mit großer Wahrscheinlichkeit nicht zur Criminelle geht?«

»Wenn er nicht hingeht, sagen wir ihnen Bescheid.«

»Wir sind Journalisten, keine Gehilfen der Polizei, hast du das vergessen?«

»Mein wichtigstes Ziel ist nach wie vor, meine Tochter aus dieser Sauerei rauszuholen. Das habe ich von Anfang an deutlich gesagt. Natürlich schütze ich meine Quellen, und die Dateien erwähne ich nicht einmal.«

»Dann bin ich einverstanden.«

»Jetzt weiß ich, warum Scoarnec nichts an die Öffentlichkeit gebracht hat. Er hat Angst vor dem Knast.«

Cooke zieht ein skeptisches Gesicht. »Wenn's dir hilft, das zu glauben ... Kommen wir auf unsere Schäfchen zurück. Gegen Trinity Srl. ermittelt seit sechs Monaten die italienische Antimafia-Justiz. Die Firma steht im Verdacht, der Camorra zu gehören und nicht immer sehr orthodox, um nichts Schlimmeres zu sagen, mit den ihr anvertrauten Abfällen umgegangen zu sein.«

»Und die Verbindung zur PRG?«

»Von 2001 bis 2006 hat die Terrail, eine Tochter des Unternehmens der schönen Elisa, einen Großauftrag ausgeführt, die Renovierung von Privatkliniken in Italien und Frankreich. Und wer Klinik sagt, redet von Radiologie, also von radioaktivem Material. Soubise ist auf Trinity gestoßen, als er den Umgang mit diesem Material überprüfte.«

»Kernenergie an allen Ecken und Enden.«

»Nicht verwunderlich, dass sie schleunigst aus dieser Sauerei rauswollten. Es kommt nicht gut an, mit Mafiosi im selben Verwaltungsrat zu sitzen. Das sehen die Märkte nicht gern.«

»*Indeed*. Ich habe nach Möglichkeiten gesucht, an Cardona ranzukommen. Er ist Polytechnique-Absolvent, Jahrgang 72. Ich habe das Album der Ehemaligen durchgeblättert, die Jahrgänge 71, 72, 73. Und weißt du, wen ich gefunden habe? Streng dich nicht unnötig an, du wirst es nie erraten. Gérard Blanchard, den Chef des Restaurants *Chez Gérard*.«

»*Small world*. Wer hätte das gedacht?«

»Bei seinem Privatanschluss kommt nur der Anrufbeantworter. Sonntags ist sein Lokal geschlossen, ich gehe am Montag zu ihm. Borzeix besuche ich morgen unangemeldet.«

Die beiden Komplizen lächeln sich zu, es tut gut, wieder zusammenzuarbeiten, dann fängt Cooke an zu gähnen. »Ich geh schlafen, ich kann nicht mehr.«

Bevor Neal hinaufgeht, schaut er noch mal in seine Mailbox. Nur eine Nachricht von Maître Leterrier. Der Polizeigewahrsam seiner Tochter ist um achtundvierzig Stunden verlängert worden, wie vorausgesehen. Saf's Vater ertappt sich bei dem Gedanken, dass das eine eher gute Nachricht ist.

10. Sonntag

Neal holt den Wagen aus der Garage, schließt das Tor und schlendert, solange er auf Scoarnec wartet, auf und ab. Das Gras ist noch feucht, aber der Tag kann schön werden.

Erwan kommt durch den Garten, in Jeans und T-Shirt, unverschämt, schön, jung und stolz, es zu sein. Er legt die Hand aufs Dach des Wagens: »Bevor ich einsteige, will ich eines klarstellen. Sie setzen mich an der Porte de la Chapelle ab, ich fahre mit der Metro weiter. Bei Saffron können Sie den aufmerksamen, beschützenden Vater spielen, so viel Sie wollen, aber ich bin nicht Ihr Sohn.«

»Okay.« Neal senkt den Kopf und setzt sich ins Auto, um sein Lachen zu verbergen. Wie schön, kein Inzest in meinem Haus, da hab ich ja noch mal Glück gehabt. Armer Schwachkopf. Er fährt langsam, fast automatisch, und bemüht sich, an die Begegnung mit Borzeix zu denken. Bald. Vielleicht entscheidend.

Die Gegenwart von Scoarnec, der hartnäckig stumm aus dem Seitenfenster schaut und die vorbeiziehende Landschaft betrachtet, stört, irritiert, hindert ihn daran, sich zu konzentrieren. Saffron steht zwischen ihnen, Saffron, die sich für den da entschieden hat. Schließlich bricht Neal das Schweigen und stellt die Frage, die ihn die ganze Nacht gequält hat. »War Saf' an dem Abend bei Ihnen, als Sie den Mord an Soubise live aufgenommen haben?«

»Das müssen Sie sie fragen, nicht mich.« Erwan hat sich nicht umgedreht.

»Sie ist in Polizeigewahrsam, noch zwei Tage. Ich kann nicht mit ihr sprechen, und das wissen Sie. Aber ich muss es wissen, um – wie haben Sie noch gesagt? – aufmerksam und beschützend handeln zu können.«

Langes Schweigen.

Scoarnec lässt die Sekunden verstreichen und sagt schließlich widerstrebend: »Ja, sie war da.«

Neal stellt sich den Schock seiner Tochter vor, noch nie hat sie den Tod aus der Nähe gesehen, erst recht keinen gewaltsamen. Sie war behütet. Zu behütet? In ihrem Alter hast du das Massaker an den Geiseln und Geiselnehmern bei den Olympischen Spielen in München live miterlebt. Na und? Was hast du mit deiner reichen Erfahrung gemacht? »Was auch passiert, sagen Sie nie, dass sie dabei war, lassen Sie sie aus der Geschichte mit dem Video raus.«

Erwan dreht sich um und fixiert Neals Profil. »Behalten Sie Ihre Ratschläge für sich, ich brauche sie nicht. Sie sind ihr Vater, Sie haben mich vierundzwanzig Stunden beherbergt, aber das gibt Ihnen keinerlei Rechte. Ihre Tochter hält Sie für einen Blender, und ich stimme ihr zu. Sie haben sie von der Welt abgeschnitten und erstickt, ich dagegen habe ihr die Welt geöffnet, ich habe aus ihr eine Kämpferin gemacht. Also mischen Sie sich ja nicht in unsere Angelegenheiten!«

Neal bemüht sich, etwas schneller zu fahren, um sich zu beruhigen. Ohne die Straße aus den Augen zu lassen, sagt er sehr deutlich: »You're so full of shit.«

Bis zur Ankunft in Paris sagen die beiden Männer kein Wort mehr. Neal hält in der Nähe des Metroeingangs Porte de la Chapelle, setzt Scoarnec ab und wiederholt zum letzten Mal, ohne besondere Betonung: »Commandant Pâris, Brigade criminelle, Quai des Orfèvres 36, Metro Cité oder Saint-Michel.«

Erwan beugt sich zum Fenster herunter: »Mach, dass du wegkommst!«

Neal folgt ihm mit den Augen, bis er im Metroeingang verschwunden ist.

Als Pâris die große Treppe der Crim' heruntergeht, spricht ihn Perrin an, ein Vertreter seiner Gewerkschaft. Er hier, an einem Sonntagmorgen?

»Ich hab dich gesucht. Man hat mir erzählt, dass du ein Mädchen verhörst.«

»Man?«

Lächeln. »Ein Freund von mir möchte dich sehen, hast du fünf Minuten Zeit?«

Pâris legt den Kopf auf die Seite. »Und was will dieser Freund von mir?«

»Nur Gutes, glaube ich.«

Gezwungenes Lachen beiderseits.

»Wo? Wann?«

»Sofort, draußen, vor dem Palais de la Justice. Er weiß, wer du bist.«

Pâris seufzt und geht durch den Gang im ersten Stock, den gewöhnlich die Anwälte nehmen, um zum Eingang an der Place Dauphine zu kommen. Auf dem Gehweg angelangt, wartet er knapp dreißig Sekunden, dann hält ein schwarzer Citroën mit getönten Scheiben vor ihm.

Die hintere Tür geht auf und ein Mann mit breitem, flachem Gesicht und graumeliertem Haar ist zu sehen. »Danke, dass Sie mir ein wenig von Ihrer kostbaren Zeit schenken.« Er rutscht ein Stück, um dem Polizisten Platz zu machen.

Ein letzter Rundblick, und der Wagen fährt los.

Pâris mustert seinen Gesprächspartner, der angespannt ist, sich offenbar nicht recht wohl fühlt und nach den ersten Worten sucht. Es muss ihn einiges gekostet haben, hierherzukommen und mich abzuholen. Aber es scheint an der Zeit, alles auf eine Karte zu setzen. »Monsieur Dumesnil, man kann mich auch anders treffen als im Rahmen einer etwas melodramatischen Entführung.«

»Zumindest wissen Sie, wer ich bin.«

»Heutzutage ist es schwer, den Medien ganz zu entgehen. Selbst für einen Mann im Hintergrund.« Pâris lächelt. »Ich glaube, wie ich selbst sind Sie sehr beschäftigt. Wenn Sie mir also sagen würden, was mir die Ehre dieses sonntäglichen Besuchs verschafft.«

»Direkt zur Sache. Das hatte man mir schon gesagt.«

»*Man* quatscht entschieden zu viel.«

»Benoît Soubise.«

»Ein Fall, in dem ich und mein Team ermitteln.«

»Es wird viel darüber geredet.«

»Schade, aber kaum überraschend.«

Dumesnil verzieht das Gesicht, er wäre gern auf Verständnis gestoßen. »Elisa Picot-Robert und Pierre Guérin ... Müssen wir uns da auf Enthüllungen gefasst machen?«

»Direkt zur Sache, wie?«

Es ist fast zehn Uhr dreißig, als Erwan im Parc des Buttes-Chaumont ankommt. Trotz des ungewissen Wetters sind schon Leute da, Familien mit Kinderwagen, viele Jogger, einige Liebhaber von Tai-Chi am Morgen. Er fühlt sich relativ sicher. Was ihn nicht daran hindert, sich nach zu eindringlichen Blicken oder diskreter Beschattung umzuschauen. Aber er kann nichts entdecken, und nachdem er sicherheitshalber einmal die Runde gemacht hat, geht er zu der Rotunde auf der Île du Belvédère. Erwan hat Marsand nie sonderlich ernst genommen. Zu schlapp, nicht mutig genug, höchstens für die Ebenen der Geschichte tauglich. Bloß ein Ausführender, und keiner von den eifrigsten. Aber leicht manipulierbar. Und er ist heute wirklich da, auf dem Posten, sicher, weil er wissen will, was los ist.

Scoarnec verliert keine Zeit mit langen Ergüssen, die Begrüßung ist kurz. Seine Stimme kommt ihm selbst erstaunlich müde vor, als er spricht. »Ist dir niemand gefolgt?« Du bist so blöd, dass du es sowieso nicht gemerkt hättest. Aber wer sollte dich verdächtigen? »*Gédéon* ist geplatzt. Wir müssen es abblasen.« Seine Kehle ist zugeschnürt. Auch wenn er sich noch so sehr zur Vernunft ruft, es ist immer noch genauso schwer zu akzeptieren.

»Was ist los, verdammt? Und was hast du ... Ich meine, was ist mit den anderen passiert?«

»Julien ist tot.« Surreal, unglaubwürdig, die Wörter klingen falsch. Julien, sein Freund, für immer verschwunden. Nein, hingerichtet. Ein tiefes Gefühl der Ungerechtigkeit überflutet Erwan. Er muss sich rächen. Dann überkommt ihn wieder die Traurigkeit. Er schluckt, um nicht in Tränen auszubrechen. Nicht vor Marsand.

Der Techniker neben ihm muckst sich nicht. Er zeigt keine Gemütsbewegung, aber innerlich freut er sich, dass dieser Halbstarke zusehends den Mumm verliert. Der kleine Gockel ist verschwunden. Was hat Saffron bloß an ihm gefunden? »Wie ist das passiert?«

»Das ist nicht dein Problem!« Die Aggressivität hilft Erwan, die Tränen zu unterdrücken. »Er ist tot. Und wir stoppen alles.« Je weniger du darüber weißt, desto besser geht's dir. Und uns. Kein Vertrauen zu dir, wenn sie dich erwischen, werden sie's schon aus dir rauskriegen, garantiert, und du wirst uns noch mehr belasten.

Marsand mustert Scoarnec, aber er schafft es nicht, seinen Ärger ganz zu verstecken. Du hast uns da reingeritten, und jetzt versuchst du dich zu schützen. Womöglich haben die Bullen recht und du hast Julien umgebracht. Verdammt, du hast deinen besten Freund getötet. Arschloch! »Und Saffron?« In scharfem Ton, aber dann nimmt der Techniker sich zusammen. »Wo ist sie?«

»Was fällt dir ein, mir so viele Fragen zu stellen? Ich hab gesagt, wir blasen alles ab, fertig, Schluss!«

»Verdammt noch mal! Die Zeitungen schreiben ...«

»Lügen!«

»Und der tote Bulle? Auch eine Lüge?«

Erwan schüttelt den Kopf. Der Kerl ist entschieden zu blöd, er kann einfach nicht wie ein Kämpfer reagieren und sehen, wo die Prioritäten liegen. Er zwingt sich, Marsand die Hand auf die Schulter zu legen. »Geh nach Hause. Mach deine Arbeit wie immer. Du riskierst nicht viel. Aber sobald du kannst, nimm ein paar Tage Urlaub und fahr weg. Weit weg. Verschwinde zwei oder drei Wochen von der Bildfläche.« Er zieht die Hand zurück, dreht sich um und geht.

»Warte!« Marsand kriegt es mit der Angst, er darf ihn nicht gehen lassen. Er schluckt heftig, schaut sich unentschlossen um. Überleg. Schnell! »Wir haben das alles doch nicht umsonst gemacht? Und Julien?«

»Was – Julien?«

»Jemand legt ihn um, und du legst die Hände in den Schoß?«

»Was weißt du denn davon?« Wütend macht Erwan kehrt und pflanzt sich böse vor Marsand auf.

Der weicht zurück. »Ich sage nur, dass wir zumindest versuchen sollten, etwas zu tun. Damit Julien nicht für nichts und wieder nichts gestorben ist!«

»Ach ja? Was genau willst du tun? Ich habe den Virus nicht, den er vorbereitet hatte, und ohne den ...«

»Vielleicht hab ich eine Lösung. Manueller Kurzschluss. Gröber, sicher, aber vielleicht ja sogar wirkungsvoller.«

Vielleicht ja sogar wirkungsvoller ...

Auf einer Bank zu Füßen des Pavillons tut Michel so, als läse er im *Journal du Dimanche*. Das Gespräch zwischen Marsand und Scoarnec in seinem Ohr dauert noch zwei Minuten, dann hört es auf. Eine ganze Weile.

Okay, wir versuchen's.

Bei diesen Worten Scoarnecs schaut Michel zu Jean hinüber, der weiter unten hinter dicht belaubten Büschen hockt, die ihn vor den Blicken der Spaziergänger verbergen.

Der Schwarze steckt sein Fernglas weg und dreht sich zu seinem Partner um. Diskret nicken die beiden Polizisten sich zu.

Michel steht auf und biegt in die nächste Allee ein. Er geht den Kangoo holen, während Jean sich an die Fersen der beiden Ökos heftet.

Pâris bewundert die Quais, die rechts und links an der Limousine vorbeigleiten, ein Schauspiel, dessen er nicht müde wird. Er denkt nach. Was hätte er davon, mit Schneiders Wahlkampfleiter zu sprechen? Guérin auf dem Weg zum höchsten Amt stolpern zu lassen? Der Gedanke ist ihm dieser Tage durch den Kopf gegangen. Mehr als ein Mal.

»Ich weiß, dass Sie schon Probleme mit Guérin und seiner Clique hatten«, fängt Dumesnil wieder an, »wir haben unsere Kontakte im Polizeiapparat. Und Freunden gegenüber zeigen wir uns erkenntlich.«

»Erkenntlich obendrein? Drücken Sie sich klarer aus.« Pâris' Ton ist plötzlich schneidend. »Das Erste, was man als junger Bulle lernt, wenn man in einem etwas heiklen Dienst anfängt, ist, keinem Politiker zu trauen.«

»Verallgemeinern wir doch bitte nicht.«

»Ihre Freundschaft dauert, solange sie nützlich ist. Oder ungefährlich. Sie sind gut informiert? Dann müssten Sie wissen, dass ich im Schloss der Rentner ziemlich viele Geschichten miterlebt habe. Und unsere jetzigen Gegner waren dabei nicht die einzigen Stars.«

In der Limousine herrscht wieder Schweigen. Der Chauffeur vorne tut, als hörte er nichts, und schaut geradeaus.

Dumesnil räuspert sich. »Die Atomenergie ist ein ernstes Problem. Von vitaler Bedeutung für unser Land. Es hat viel Zeit gebraucht, diesen Sektor zu entwickeln und wettbewerbsfähig zu machen. Die strategische und finanzielle Bedeutung ist enorm. Von den Umweltproblemen ganz zu schweigen. Wenn es hinter den Kulissen ein abgekartetes Spiel zwischen gewissen privatwirtschaftlichen Interessen und politischen Entscheidungsträgern gibt, die sich diesen Kuchen ohne die geringste Rücksicht auf die langfristige Energieversorgung Frankreichs teilen wollen, muss man das öffentlich machen.«

»Und weshalb glauben Sie, dass dies der Fall ist?«

»Die CEA ist darin verwickelt. Und die PRG. Und über die PRG Guérin, nicht wahr? Es ist logisch, dass wir uns damit beschäftigen.«

»Sie oder Ihre Freunde unter den Großunternehmern, die Angst haben, dass ihnen dieses gute Geschäft durch die Lappen geht?«

»Eugène Schneiders Einstellung in dieser Frage ist entschieden demokratisch und republikanisch.«

Pâris kann sich eine ironische Grimasse nicht verkneifen. Er lässt noch ein paar Sekunden verstreichen. »Meine Nachforschungen sind bei weitem noch nicht abgeschlossen. Aber ich bin bereit, meine Hand dafür ins Feuer zu legen, dass ich, wenn ich sie zu Ende führen kann, die Hypothese von den mörderischen Ökoterroristen entkräften werde. Sie haben Benoît Soubise nicht umgebracht.«

»Wer dann?«

»Das weiß ich noch nicht. Aber es ist möglich, dass gewisse schon genannte Personen zu den Auftraggebern gehören.«

Dumesnil pfeift durch die Zähne. »Haben Sie Beweise?«

»Wenn ich welche hätte, wäre ich dann hier und würde mit Ihnen reden? Aber seit wann brauchen Sie Beweise, um etwas an die Presse durchsickern zu lassen? Dafür gibt's den Konjunktiv.«

»Warum haben Sie das noch nicht getan?«

»Jeder seinen Job, Monsieur Dumesnil, jeder seinen Job. Ich jedenfalls werde scharf beobachtet und stehe unter starkem Druck. Indirekt, über die Staatsanwaltschaft, aber auch von meinen Vorgesetzten. Erwan Scoarnec als Täter gefällt allen.«

»Uns nicht.«

Sie sind wieder auf der Île de la Cité angekommen.

Pâris lässt sich am Pont-Neuf, Ecke Quai des Orfèvres absetzen. Er steigt aus und bemerkt die Touristen, die jetzt aufgewacht sind und die paar schüchternen Sonnenstrahlen nutzen. Er beugt sich ein letztes Mal zu Dumesnil im Auto. »Ich mache mir keine Illusionen über Ihre Motive, ich weiß, dass sie sehr wenig mit meinen zu tun haben. Verbleiben wir so. Dieses Treffen hat nie stattgefunden.« Er lässt die Tür los, die sich augenblicklich schließt.

Der Citroën entfernt sich.

Borzeix wohnt nördlich des Père Lachaise, eine kurze Fahrt, die Neal gerade Zeit genug lässt, sich eine harte Auseinandersetzung mit einer eisernen Lady auszumalen und sich darauf gefasst zu machen, sich den Zutritt mit groben Fragen erzwingen zu müssen.

Er kommt in eine sehr stille Straße, fährt ein Stück und parkt weiter weg, geht zu Fuß um den Häuserblock und bemerkt ein Auto, das einen Steinwurf von Borzeix' Haus entfernt parkt. Darin zwei Männer, einer von ihnen liest Zeitung. Schutz? Beschattung? Zufall?

Eine adrette Sechzigerin geht in das Haus, einen Hund und einen randvollen Einkaufswagen hinter sich herziehend. Neal beeilt sich, holt sie ein, hält ihr mit strahlendem Lächeln die Tür auf, streichelt den Hund, hebt den Einkaufswagen hoch und steht mit ihr vor dem Lift. Sie steigt im vierten Stock aus, er fährt weiter zur obersten Etage, der achten. Auf Facebook hat er ein paar Bemerkungen über die luxuriöse Dachterrasse von Borzeix gelesen. Im Treppenhaus zwei Türen, die Namen stehen unter der Klingel. Neal richtet sich auf, überprüft seine Kleidung, klingelt.

Nach ein paar Sekunden öffnet ihm eine große, sehr schöne Frau. Kastanienbraune, goldschimmernde Mähne, ovales Gesicht, das an die Frauen Botticellis erinnert, jadegrüne Augen, Neal verschlägt es den Atem. Sie trägt eine bunte Djellaba und empfängt ihn mit einem wohlwollenden Lächeln in ihrem künstlichen Paradies. »Herein, herein.«

Aus der Fassung gebracht, findet sich Neal in einem großen, sehr hellen Raum mit drei Ledersofas, einem mit Büchern vollgestopften Regal und einem Schreibtisch wieder, der eine ganze Wand einnimmt, ein schönes, sehr zeitgenössisches Stück aus Stahl und Glas. Er bemerkt die vollen Aschenbecher, den durchdringenden Geruch von Gras, einige mehr oder weniger geleerte Flaschen, Kissen und herumliegende Badetücher.

Borzeix pflanzt sich vor ihm auf, mustert ihn mit leisem Lächeln. »Nicht schlecht ... Wer sind Sie, Monsieur Unbekannt, der so früh am Morgen in meinem Scherbenhaufen von Leben landet?«

Mich zusammennehmen, auf ihr Spiel eingehen, die Angst und die Euphorie ausnutzen. Neal lächelt und verstärkt seinen Akzent. »Ich heiße Neal Jones-Saber und bin Engländer.«

»Das hätte ich wetten können. Wollen Sie was trinken? Ein Bier, einen Tropfen Gin?« Sie nimmt ihn am Arm. »Kommen Sie, gehen wir auf die Terrasse, hier sieht es aus wie auf einem Schlachtfeld.«

Neal hebt die Augenbrauen, ein Schlachtfeld, na ja, nicht ganz ... Aber gut.

Die Terrasse ist luxuriös, voller Blumen, sehr ruhig, sehr ordentlich, man hat über die Bäume des Friedhofs hinweg einen herrlichen Blick über die ganze Stadt.

Neal setzt sich auf einen Liegestuhl und entscheidet sich für ein Bier, das er nicht zu trinken beabsichtigt.

Borzeix schenkt sich einen tüchtigen Schluck Gin in ein Stielglas, dann streckt sie sich in einem Liegestuhl neben ihm aus. »Sie kommen gerade recht, ich fing an, mich hier schrecklich zu langweilen, so ganz allein. Also, Herr Engländer, was führt Sie her?«

»Ich bin der Vater von Saffron Jones-Saber.«

Borzeix' Blick bleibt verschwommen, offenbar sagt ihr der Name nichts.

»Ein zwanzigjähriges junges Mädchen, das sich zur Zeit in Polizeigewahrsam befindet, im Rahmen der Ermittlungen zum Mord an Commandant Soubise.«

Borzeix richtet sich auf, stellt ihr Glas ab.

»Ich bin überzeugt, dass sie nichts damit zu tun hat, dass es sich um einen schrecklichen Irrtum handelt, und ich versuche, ihr da rauszuhelfen. Wären Sie bereit, kurz mit mir darüber zu sprechen?«

»Ich glaube, ich habe der Polizei schon alles gesagt, aber warum nicht?«

Sie runzelt die Brauen, sie strengt sich sehr an, aus ihrem Nebel aufzutauchen, er muss schnell machen, bevor sie es schafft. »Wissen Sie, woran Commandant Soubise gearbeitet hat, als er ermordet wurde?«

Borzeix lacht, ein überraschendes Lachen, ein Ausbruch von Selbstironie. »Stellen Sie sich vor, ich weiß es nicht. Benoît und ich haben uns am Pokertisch kennengelernt, er war ein gutaussehender Mann, verführerisch, sanft. Ich muss mich einsam gefühlt haben«, tiefer Blick zu Neal, »wie heute. Ich wusste nicht, dass er Polizist war und dass er für die CEA gearbeitet hat. Schauen Sie, im Bett haben wir uns sehr gut verstanden, und wir haben nie, niemals, über unsere Arbeit gesprochen. Die Polizei sagt, ich sei Opfer einer verdeckten Ermittlung geworden. Opfer, glauben Sie das?« Sie steht auf, nimmt ihr Gin-Glas und leert es in einen Blumentopf. »Ich mache mir einen Kaffee. Was möchten Sie? Tee? Auch einen Kaffee?«

»Kaffee ist genau richtig.«

Borzeix verschwindet in der Küche, kommt mit zwei Espressos und zwei Gläsern Wasser auf einem Tablett zurück. Sie setzt sich auf den Rand eines Sessels.

Der Ausnahmezustand ist vorbei. Jetzt muss er sie aus dem Gleichgewicht bringen. »Man hat mir erzählt, dass sich Soubise für die Pläne der PRG interessiert hat, ihre Medienbeteiligungen an den Mermet-Konzern zu verkaufen.«

Borzeix lacht wieder, offener diesmal. »Sie brauchen sich nicht als besorgter Vater zu verkleiden, um Informationen darüber zu bekommen. In den Pariser Salons redet man über nichts anderes.«

»Anscheinend interessierte Soubise sich auch für die Reinvestition der so freigesetzten Mittel in den *Jardin des Hespérides*.«

Die Juristin steht auf, ihr Körper ist angespannt. Die Anstrengung, sich aus ihrer seligen Lethargie zu befreien, ist mühsam, sie zieht eine Grimasse. »Wer sind Sie wirklich? Und was für ein Spiel spielen Sie? Und woher haben Sie diese Informationen?«

»Ich bin Neal Jones-Saber, der Vater von Saffron, wie ich schon gesagt habe. Ich bin auch Journalist und versuche, Licht in diese Affäre zu bringen.«

Borzeix nimmt Neal am Arm. »Kommen Sie, ich begleite Sie hinaus.«

Er folgt ihr, redet aber weiter auf sie ein. »Bitte beantworten Sie ein paar Fragen, es ist in Ihrem eigenen Interesse, Madame. Sie riskieren sehr viel. In dem ganzen Verwirrspiel mit dem Kapital von Trinity Srl. ist Ihr Name der einzige, der für die PRG auftaucht ...«

Geschockt bleibt sie stehen. »Sie wissen ja einiges.«

»Wenn es zum Skandal kommt, sind Sie der perfekte Sündenbock. Also, was ist mit meinem Interview?«

Borzeix zieht ihn zum Eingang, öffnet die Tür. »Ich werde darüber nachdenken.«

Neal beugt sich zu ihr, redet leise. »Denken Sie schnell nach, Sie haben vielleicht nicht viel Zeit. Es gibt Beweise, dass Soubise nicht von verirrten Umweltschützern ermordet wurde, sondern von Profis. Im Auftrag von wem? Den Leuten, die in den *Jardin des Hespérides* wollen? Den Leuten, die das verhindern wollen? Konkurrenten? Oder sind es die *silent partners* von Trinity Srl. von der Camorra? Und werden sie jetzt aufhören? Wen wollen sie zum Schweigen bringen? Der beste Schutz für Sie ist, alles, was Sie wissen, an die Öffentlichkeit zu bringen.«

Borzeix schubst den Journalisten ins Treppenhaus und will die Tür zumachen.

Er gibt ihr schnell seine Karte. »Treffen Sie sich mit mir.«

Sie nimmt sie. »Warum schließlich nicht? Morgen ist es unmöglich. Sagen wir Dienstagmorgen, acht Uhr dreißig, im Café de la Mairie, Place Gambetta.« Sie lächelt. »Danke für Ihren Besuch.« Und sie wirft die Tür zu.

Auf der Straße stellt Neal fest, dass das Auto und die beiden Insassen immer noch da sind. Er schreibt sich das Kennzeichen auf. Man weiß ja nie.

Borzeix legt sich wieder auf die Terrasse, ihr ist völlig klar, dass der Moment gekommen ist, sich endgültig zu entscheiden. Gegen oder mit Elisa? Hat sie in der PRG noch eine Zukunft? Wo kann das hinführen, wenn sie sich gegen Elisa entscheidet? Ebenfalls völlig klar ist, dass sie noch viel zu *stoned* ist, diese Entscheidung jetzt zu treffen. Mich ausruhen, den Rausch ausschlafen. Morgen werd ich weitersehen. Sie tippt die Nummer von Jones-Saber ins Adressbuch ihres Handys, zerreißt die Karte und wirft die Schnipsel in den Wind. Und realisiert plötzlich, dass Soubise nicht mehr zu ihrem Leben gehört. Das Kapitel ist zu Ende.

Neal isst in einer Brasserie in der Nähe des Père Lachaise ein Entrecote mit Kartoffelpüree und begießt es mit einem kleinen Saint-Pourçain. Um die Erinnerung an das scheußliche *Boeuf-carottes* gestern Abend zu verjagen. Dann ein Kirschpudding, nicht besonders gut, meine Schwiegermutter macht ihn sehr viel besser. Ein Kaffee.

Er muss sich entschließen, Pâris anzurufen. Eine gewisse Angst. Ein schwieriger Drahtseilakt, so wenig wie möglich zu sagen, um seine Quellen zu schützen, und doch genug, um Saffron zu entlasten. Wenn Scoarnec schon bei der Crim' war, ist es natürlich einfach, aber darauf kann man sich nicht verlassen. Er sucht in seinen Taschen nach der Karte von Pâris und zieht sein Handy heraus.

Gegen sechzehn Uhr betritt Neal die 36 und lässt sich zur Crim' begleiten, wo Pâris ihn hinter seinem Schreibtisch erwartet.

Der Polizist winkt ihm, Platz zu nehmen. »Also, was konnten Sie mir eben am Telefon nicht sagen?«

»Ich bin gekommen, um Ihnen dies hier zu bringen.« Neal reicht ihm einen USB-Stick. »Schauen Sie's an.«

Pâris steckt ihn in seinen Computer, dreht den Bildschirm so, dass Neal ihn sehen kann, und klickt auf das Icon, das auf dem Bildschirm erscheint.

Das Gesicht eines Mannes in Großaufnahme.

Neal will schon was sagen, aber er schaut Pâris an und schweigt. Die plötzliche Anspannung in dessen Gesicht zeigt, dass er Soubise erkannt hat und dass er dieses Video zum ersten Mal sieht. Scoarnec war nicht hier. Auf Neals Anweisung hin überspringt Pâris die lange schwarze Passage und lässt den Film wieder laufen, als sich auf dem Bildschirm etwas bewegt. Verstört sieht Neal, der es nicht schafft, die Augen abzuwenden, die ganze Szene des Mordes noch einmal, fasziniert und zugleich beschämt über seinen eigenen Voyeurismus.

Ende des Films.

Pâris schiebt mit versteinertem Gesicht den Bildschirm beiseite und beugt sich zu dem Journalisten vor. »Woher haben Sie das?«

»Meine Quellen sind vertraulich. Vergessen Sie nicht, ich bin Journalist.«

»Wenn es Ihnen passt. Für welche Zeitung?«

»Ich schreibe für den *Herald* über die Probleme, um die es in den Präsidentschaftswahlen in Frankreich geht.«

»Und der Mord an Soubise gehört zu diesen Problemen?«

»Ich glaube, ja. Jedenfalls ist dieses Video bei der Arbeit an dem Artikel aufgetaucht, und ich kann nichts Weiteres dazu sagen.«

Pâris reibt sich das Gesicht. »Sie gehen mir auf die Nerven, Jones-Saber. Sie sind ein Spezialist darin, die Dinge zu vermischen. Unglücklicher Familienvater, dann verhinderter Journalist. Und jetzt Gehilfe der Polizei. Finden Sie sich darin zurecht?«

»Im Moment, ja. Ich habe dieses Dokument als Journalist erhalten. Ich bringe es Ihnen, mit Billigung meines Teams, um meine Tochter aus der Affäre zu ziehen. Ich handle als Familienvater, nicht als Gehilfe der Polizei.«

»Die Mörder, wenn es sich denn um sie handelt, sind schwer zu identifizieren.«

»Das ist nicht mein Problem. Ganz offensichtlich handelt es sich nicht um meine Tochter und ihre Freunde. Wenn ich erreiche, dass sie von jedem Verdacht freigesprochen wird, belasse ich es dabei. Wenn nicht, stelle ich das Video mit meinen persönlichen Anmerkungen ins Netz.«

»Ist das eine Drohung?«

»Ganz und gar nicht. Das ist eine Information, damit niemand überrascht wird.«

»Ihre Weigerung, uns zu sagen, woher dieses Video kommt, nimmt ihm viel von seiner Glaubwürdigkeit.«

»Ich vertraue auf die Fähigkeiten Ihrer Spezialisten. Und auf Ihre Intelligenz, zwei und zwei zusammenzuzählen.«

Pâris steht auf. »Ich begleite Sie hinaus.«

Sie gehen bis zum Ausgang der Abteilung, zwei Stockwerke tiefer.

»Wann kann ich meine Tochter sehen?«

»Nicht vor Ablauf des Gewahrsams. Wir werden ihren Anwalt benachrichtigen.« Pause. »Danke, dass Sie uns dieses Video gebracht haben.«

Neal lächelt. »Ich bin sicher, Sie werden es zu nutzen wissen.«

In Jeans Ohren Rock, schwer, metallisch. Das geht so seit vierzig Minuten, ununterbrochen. Und er kann sonst nichts hören. Keine Ahnung, ob sie miteinander reden, die beiden Idioten, und was sie reden. Unmöglich, eine Stelle zu finden, von der aus man Einblick in Marsands Wohnung hat.

Michel kommt mit einer Plastiktüte in der Hand. Der Geruch nach chinesischem Frittiertem erfüllt den Kangoo. »Na?«

»Nichts. Sie haben den Fernseher immer noch voll aufgedreht.«

»Marsand macht sich über uns lustig, sag ich dir, er ist unzuverlässig. Womöglich erzählt er dem anderen gerade alles. Michelet,

dieser Arsch, bringt uns mit seinem Quatsch noch in den Knast.« Pause. »Wir müssen da hoch, Ihnen alles aus der Nase ziehen, was sie wissen, und sie dann endgültig zum Schweigen bringen. Diesmal nehmen wir uns Zeit und tarnen es als Selbstmord. Einer ihrer Kumpels ist tot, die andere sitzt im Knast. Sie werden dringend gesucht. Das wird durchgehen.«
»Gib mir meine Frühlingsrollen und sei still, ich hör zu.«
»Ach ja, und was hörst du?«
»Die Musik von hirnlosen kleinen Weißen. Ich bilde mich.« Jean streckt die Hand aus, ohne sich zu Michel umzudrehen. »Meine Frühlingsrollen!«

Marsand hockt benommen auf der Armlehne seines Sofas.
Neben ihm zieht Erwan an dem, was von ihrer dritten Tüte übrig ist – Gras, um sich Mut zu machen, oder nur, weil es das Einzige ist, was sie noch teilen können, oder auch beides –, und schaut seinen Komplizen nachdenklich an. Der neue Plan könnte funktionieren. Wer hätte gedacht, dass Marsand zu so schnellen Reaktionen imstande ist? Deswegen, und obwohl er ihm gerade eine Stunde lang noch einmal erklärt hat, wie wichtig der Schock ist, den *Gédéon* hervorrufen kann – Aufwachen, das muss man erreichen –, zweifelt er daran, den Techniker von der ganzen Subtilität und Bedeutung seines Kampfs überzeugt zu haben. Marsand ist einer von diesen heutigen Rebellen, verweichlicht und bequem.
Zum Glück war Saffron da, um ihn bis zum Schluss zu motivieren. Aber Saffron hat ihn verstanden. Jetzt sitzt sie allein in einer Zelle. Ein notwendiges Opfer. Wie das von Julien letzten Endes. Jetzt muss er die Fackel weitertragen, den Schlussakt schreiben. Und der Erste sein bei dem, was mit Sicherheit folgen wird.
Erwan schaut sich um. Chaos. Einen Moment lang ist er versucht, den Fernseher leiser zu stellen, wo auf MTV ein Konzert der *Queens of the Stone Age* läuft. Anscheinend mag der Techniker das. Er selbst sieht darin nur die xte Version der Unterjochung durch die Kultur der Entropie. Mit linkischen Gesten drückt Erwan seinen Stummel im Aschenbecher aus und nimmt ein Stück Pita vom Tisch, auf dem die Reste von Lebensmitteln herumliegen. Dann steht er kauend auf und schließt sich in Marsands Schlafzimmer ein. Er muss sich ausruhen.

11. Montag

Cardona erscheint wie jeden Montag um sieben Uhr im Büro, die Zeitungen unter dem Arm und einen jungen, frisch in die höheren Sphären aufgestiegenen Polytechnique-Absolventen namens Pierre Bonnot im Schlepptau.

Cardona ist guter Laune. Wenig fehlt, und er würde trällern. Im Vorbeigehen ruft er seiner Assistentin zu: »Odile, bringen Sie uns bitte zwei Kaffees? Und Gebäck? Danke, Sie sind ein Engel.«

Kurz darauf stellt Odile ein gut gefülltes Tablett auf den Schreibtisch.

Als sie draußen ist, schiebt Cardona das Ganze weg und breitet die auf der Seite »Unternehmen« aufgeschlagenen Wirtschaftszeitungen aus. Alle titeln *Die gefährlichen Liebschaften der PRG*. In den Zwischentiteln ist die Rede von einer Antimafia-Untersuchung in Italien, illegalen Verschiebungen von spaltbarem Material und der langen Verbindung zwischen Camorra und PRG bei diesen einträglichen Geschäften.

Cardona frohlockt, isst zwei Rosinenbrötchen, klopft auf die Titel der Zeitungen. »Sehen Sie, Bonnot, die Picot-Robert will die Areva schlucken, wir werden sie daran hindern und können dabei strikt auf dem Gebiet der Ökonomie bleiben. Wenn die schöne Elisa heute Morgen Zeitung liest, wird ihr klar werden, dass ihre Bulimie sie teuer zu stehen kommen, dass sie vielleicht sogar den Krieg verlieren kann. Schauen Sie.«

Auf Cardonas Bildschirm ist die Entwicklung der PRG-Aktien live zu verfolgen. Bei Börsenbeginn waren sie im Aufschwung, jetzt brechen sie ein. »Und das ist erst ein Vorgeplänkel. Der Krieg wird erst nächste Woche richtig beginnen.«

Bonnot ist verblüfft. »Haben wir etwas mit diesen Artikeln zu tun?«

»Es gibt Gelegenheiten, die man ergreifen muss. Und die Indiskretionen, die die italienische Justiz auf die Zusammenarbeit zwischen der PRG und der Camorra aufmerksam gemacht oder manche französische Journalisten auf die laufenden Ermittlungen der italienischen Staatsanwaltschaft hingewiesen haben, kommen der CEA sehr gelegen. Sie legen den Finger genau in die Wunde. Ein halbes Jahrhundert der Unabhängigkeit lang war die CEA unter der unparteiischen Kontrolle der Öffentlichkeit sicher. Aber wenn unsere Aktiva eines Tages durch Verschiebungen der Aktionärsmehrheit, wer weiß, in den Sparstrumpf von Privatunternehmen wandern, wer kontrolliert sie dann? Stellen Sie sich vor, Nuklearanlagen in den Händen von Mafiosi!«

»Wie kann Madame Picot-Robert wissen, dass der Warnschuss von uns kommt?«

»Keine Sorge, sie ist intelligent, sie weiß es.«

Odile am Telefon. *Ein gewisser Neal Jones-Saber von der Londoner Tageszeitung* The Herald *bittet um ein Gespräch. Er sagt, er habe sehr interessiert die Morgenzeitungen über den Handel mit spaltbarem Material gelesen und würde gern Ihre Meinung dazu hören.«*

Cardona überlegt ein paar Sekunden. Nein, zu früh. »Sagen Sie ihm, ich sei zurzeit nicht verfügbar, aber lassen Sie sich seine Nummer geben und stellen Sie mir eine kleine Akte zu diesem ... wie sagten Sie? Jones-Saber zusammen.«

Mermet, auf dem Rücksitz seines Mercedes auf der Fahrt von seiner Wohnung in Neuilly zum Firmensitz in der Rue Saint-Honoré, hört wie immer RTL.

An diesem Morgen eine Exklusiv-Umfrage über die Stimmenverschiebungen im zweiten Wahlgang. Fünfundachtzig Prozent der Wähler, die sich im ersten Wahlgang für den Front National entschieden haben, beabsichtigen, im zweiten Guérin zu wählen.

Mermet lächelt zufrieden.

Sein Chauffeur sagt: »Ich werde im zweiten Wahlgang auch Guérin wählen, Monsieur.«

Anruf von Patoux. *Haben Sie heute die Wirtschaftszeitungen gelesen?*

»Nein, die lese ich nicht, und ich bin nicht der Einzige.«

Jemand nimmt die PRG aufs Korn ...

»Die Wirtschaftspresse ist sowieso eine Erpresserbande. Auf die kommt's nicht an.«

Sie haben ganz recht. Ich rufe nur an, um zu erfahren, ob Sie es für möglich halten, dass die Boulevardpresse darauf anspringt.

»Das glaube ich nicht. Aber ich werde vorsichtshalber ein Auge darauf haben, jedenfalls soweit es meinen Konzern betrifft. Seien Sie unbesorgt.« Als das Gespräch beendet ist, notiert Mermet in seinem BlackBerry: *Memo zur Wirtschaftspresse anfordern. Kapital, Entscheidungsträger, Kontrolle, Auflage, Verbreitung, Leserschaft.*

Neun Uhr. Die Zeitschrift *Les Échos* unter dem Arm, betritt Borzeix das PRG-Gebäude. Sie hat die Zeitung bereits gelesen und ist über die Attacke gegen die PRG im Bilde. Und sie sieht eine heftige Reaktion ihrer Chefin voraus, die Art der Enthüllungen muss sie misstrauisch machen. Unterwegs hat sie sich deshalb schon Sorgen gemacht. Sie hat kaum Zweifel, dass Pierre Guérin, seine Schergen und im weiteren Sinn auch Elisa Picot-Robert und Albert Mermet in die Geschichte verstrickt sind, die zum Tod von Benoît geführt hat. Hätte sie besser umkehren sollen?

Jetzt ist es zu spät, sie ist schon in der Halle.

Borzeix kommt gar nicht erst dazu, ihr Büro zu betreten, als eine ihrer beiden Assistentinnen ihr mitteilt, sie solle in den obersten Stock kommen, ins Himmelreich. Elisa will sie sehen.

Die erwartet sie ungeduldig, die Presse vor sich ausgebreitet und die Börsenkurse in Technicolor auf allen verfügbaren Bildschirmen. Die beiden Frauen grüßen sich formell. Seit einer Woche hat sich die Stimmung zwischen ihnen radikal verändert. Jedes Einverständnis ist verflogen.

Elisa Picot-Robert winkt ihr, Platz zu nehmen. Möchte sie etwas trinken? Die Distanz ist da, aber der Ton soll liebenswürdig klingen. Die Grande Dame beherrscht sich, aber die Anstrengung scheint groß.

Nach den Drohungen jetzt die Zeit der Versöhnung?

Der Kaffee wird gebracht, dann sind sie wieder allein. Schweigendes Intermezzo, nur gestört vom Klicken des Metalls in den Keramiktassen.

»Letzte Woche habe ich schneller gesprochen als nachgedacht.«

Also das Zuckerbrot. Borzeix wartet ab.

»Und ich verstehe, dass Sie schockiert waren. Ein Verhalten ...« Die Worte kommen mühsam. Elisa Picot-Robert fällt es schwer, um Verzeihung zu bitten, umso schwerer, als sie sich von der Frau, die vor ihr sitzt, dieser scheinbar so ungerührten Mitarbeiterin, verraten fühlt. Nur scheinbar ungerührt. Zu weich und wahrscheinlich zu schwatzhaft. Die Presse, dahinter steckt mit Sicherheit sie. »... das unangebracht war. Ich glaube, und ich beklage es, dass unsere

Beziehungen dadurch unwiderruflich gelitten haben. Es wird uns in Zukunft schwerfallen, unsere alltäglichen Aufgaben gemeinsam zu bewältigen, die in den kommenden Monaten voraussichtlich sehr belastend sein werden.«

Borzeix nickt, ohne etwas zu sagen. Sie weiß, dass es noch nicht zu Ende ist. Keine Entlassung mit Schimpf und Schande. Das ist kein Köder, und mit so etwas gibt Elisa sich nicht selbst ab. Es wird auf einen Deal hinauslaufen.

»Sie haben mir letztes Jahr von diesem Plan erzählt, eine eigene Praxis als Wirtschaftsanwältin zu eröffnen. An welchen Ort hatten Sie noch gedacht?«

»Genf.«

»Genf, ach ja, ich erinnere mich. Und wenn ich Ihnen dabei helfen würde? Mit einer garantierten jährlichen Honorarsumme natürlich? Was halten Sie davon?«

Borzeix lässt sich Zeit mit der Antwort. »Die letzten drei Jahre waren außerordentlich gewinnbringend für mich. Ich habe an Ihrer Seite sehr viel gelernt.« Das Vorgehen ihrer Chefin ist vollkommen logisch. Indiskutabel, eine potentielle *Feindin* in der Firma zu dulden. Zudem hast du mich durch die Schweigepflicht an der Kandare, wenn du mich zu deiner bzw. zur Firmenanwältin machst. »Zuallererst, nie überstürzte Entscheidungen zu treffen.« Sie lächelt, dann redet sie weiter. »Ich habe am Wochenende Besuch bekommen.« Einstweilen kann ich ihr ruhig guten Willen beweisen. »Von einem Mann, der sich als Vater des jungen Mädchens vorstellte, das im Rahmen der Ermittlungen zum Mord an Benoît Soubise festgenommen wurde. Sie soll der Gruppe von Aktivisten angehören, die die Polizei von Anfang an verdächtigt hat.«

Elisa Picot-Robert sagt nichts, sie hört zu.

Sie weiß es, denkt Borzeix sofort. Sie war es also, die meine Wohnung hat durchsuchen lassen. Und sie lässt mich wahrscheinlich beschatten. »Er wollte Informationen über Benoît, über seine Arbeit. Ich habe dem Herrn erklärt, dass ich ihm nicht viel sagen kann, weil ich selbst nicht wusste, was er getan hat – bis er umgebracht wurde.«

»War er mit dieser Antwort zufrieden?«

»Ja und nein, er schien enttäuscht.«

»Noch etwas?«

Borzeix zögert einen Moment. Weiß Elisa, dass dieser Neal Jones-Saber Journalist ist? Möglich. Nichts sagen von der Bitte um ein Interview. Im Fall, dass. »Er hat nur erwähnt, dass es Beweise gibt, die seine Tochter und ihre angeblichen Komplizen entlasten.«

»Beweise? Welcher Art?«

»Das hat er nicht gesagt.«

»Danke, dass Sie sich die Mühe gemacht haben, mich zu informieren.«

Ich weiß, dass du weißt, dass ich weiß. Und dass ich dich gerade gewarnt habe, dass die Zeiten für dich rauer werden könnten. Borzeix steht auf.

Elisa lächelt mit zusammengepressten Lippen. »Denken Sie über meinen Vorschlag nach.«

Nach dem Zuckerbrot die Peitsche?

»Seien Sie vernünftig, Mademoiselle Jones-Saber, helfen Sie uns. Wir wissen, dass es Beweise gibt, die Sie entlasten. Und Monsieur Scoarnec ebenfalls. Sagen Sie uns, wo wir ihn finden können.« Trotz des versöhnlichen Tons prallt Fourcade seit einer Stunde bei Saffron auf eine Wand.

Xte Vernehmung der jungen Frau im Büro von Pâris' Team. Anwesend sind Pâris, der Staatsanwalt und Estelle Rouyer, die das Protokoll tippt.

Und Saf', die sich auf das Notwendigste beschränkt, der Linie getreu, die sie in den letzten drei Tagen verfolgt hat. Aber sie ist erschöpft, ihr Gesicht ist eingefallen und ihr Teint matt. Sie sitzt zusammengesunken auf ihrem Stuhl, ihr Kopf ist nach vorn gefallen, die Schultern hängen schlaff nach unten. »Wenn es Beweise gibt, warum bin ich dann noch hier?« Aber ihr Verstand ist noch wach.

»Weil du und dein Freund zu blöde sind, sie zu verwenden?«

Saffron dreht sich zu Rouyer um, die das hinter ihrem Bildschirm gesagt hat. »So redest du nicht mit mir!«

Lebhaft und bissig.

»Ich rede mit dir, wie ich will, mein Mäuschen. Du gehst mir langsam auf die Nerven, mit deinem überlegenen Getue, du kleinbürgerliche Möchtegern-Revoluzzerin.«

»Warum?« Fourcade.

»Warum was?«

»Warum haben Sie uns Ihre Beweise nicht sofort mitgeteilt?«
»Ich weiß nicht, wovon Sie reden.«
»Halten Sie uns nicht für dumm.«
»Ich weiß nicht, wovon Sie reden.«
Pâris greift ein. »Der einzige Grund, der erklären könnte, warum Sie sich nicht zu entlasten versucht haben, wäre, dass Sie und Ihre kleine Minderbemittelten-Truppe irgendetwas vorbereiten. Wollen Sie uns deshalb nicht sagen, wo Erwan Scoarnec steckt?«
Saffron schaut ihn an. Er ist scharfsinnig, aber er redet drumrum. Von was für Beweisen redet er? Von dem Video? Erwan hätte es nie jemandem gegeben. Wenn er es benutzen musste, hätte er es selbst getan, über ihre üblichen Wege. Und es wäre schon im Netz. Und in allen Zeitungen. Ist es in den Zeitungen, oder bluffen die Bullen? Aber sie haben einiges mitgekriegt. »Wenn ich nichts getan habe und Sie den Beweis dafür haben, lassen Sie mich frei. Oder ich bin eine politische Gefangene!«
»Reden Sie keinen Mist. Sie sind hier, weil Sie im Verdacht stehen, Komplizin eines Mörders zu sein.«
»Ich dachte, Sie hätten Beweise für das Gegenteil.«
»Haben wir das gesagt?«
»Was für ein Beweis ist das denn, den Sie haben?«
Fourcade nickt Pâris zu, der sagt: »Ein Film.«
»Wie ... Wie haben Sie den bekommen?« Saf's Stimme entgleist. Ist das Video publik gemacht worden? Und ich bin doch noch hier? Und Erwan immer noch draußen? Worauf wartest du, um mich hier rauszuholen?
»Sie bestreiten also nicht, dass dieser Film existiert.«
Stille.
Pâris steht auf, geht um seinen Schreibtisch herum und pflanzt sich vor Saffron auf. »Woher kommt dieser Film?«
»Ich weiß nicht, wovon Sie sprechen.«
»Ich glaube, doch. Sogar sehr gut.«
»Was haben Sie Erwan angetan?« Die einzige Erklärung. Erwan ist gefasst und sicher geschlagen worden, damit er sagt, wo der USB-Stick ist. Sie wollen wissen, ob es Kopien gibt. Saffron krampft sich vor Angst zusammen.
»Nichts. Wir müssten ihn zuerst festnehmen, um ihm irgendwas antun zu können.«

Er lügt. Abstreiten, alles abstreiten bis zum Schluss. »Ihre Beweise sind Quatsch.«

»Was bereiten Sie und Scoarnec vor? Was kann rechtfertigen, dass er Julien Courvoisier hat krepieren lassen?« Pâris hebt Saffrons Kinn, die seinem Blick auszuweichen versucht, und schaut ihr direkt in die Augen. »Ich dachte, sie wären Freunde. Oder hat er ihn vielleicht selbst umgebracht?«

»Das ist nicht wahr! Das würde Erwan nie tun!«

»Ach ja? Sind Sie so sicher?«

Saffron schwankt.

Fourcade nutzt es aus. »Warum lässt er Sie dann hier vermodern?«

Schweigen.

»Ist er das Opfer wert, das Sie für ihn bringen?«

»Sie lügen! Sie lügen alle! Lassen Sie mich in Ruhe!«

Schweigen.

»Willst du dir wirklich dein ganzes Leben versauen für diesen Kerl?«

Wieder dreht sich Saffron langsam zu Estelle Rouyer um, mit Tränen in den Augen. Sie holt tief Luft. »Nicht für ihn. Für das, woran wir glauben.«

Pâris seufzt.

Estelle verdreht die Augen.

»Sie können das nicht verstehen, Sie sind Gefangene Ihres Systems.«

»Schon zwei Tote, eine Entführung vor Ihren Augen: Wenn es jemand gibt, der nichts kapiert, dann Sie. Erwan schwebt in großer Gefahr.«

»Nicht solange er weit weg von Ihnen ist.«

Fourcade wechselt einen Blick mit den Polizisten und sie brechen das Gespräch ab. Saffron weigert sich wie immer, das Vernehmungsprotokoll zu unterschreiben, und Rouyer bringt sie in ihre Zelle zurück.

Als Fourcade mit Pâris allein ist, sagt er: »Verstockt.«

»Überzeugt.« Eine seltene Tugend. »Was machen wir mit ihr? Wir können ihr nichts vorwerfen.«

»Außer sie weiß von der Existenz des Videos.«

»Das wissen wir nicht. Außerdem würde das bedeuten, dass die Quelle von Saffrons Vater Scoarnec ist.«

»Glauben Sie nicht, dass er das tatsächlich ist?«

Pâris zuckt die Achseln. »Auf dem Video ist deutlich zu sehen, dass die Mörder den Laptop gestohlen haben. Also auch die Aufzeichnung. Und wenn wir etwas mit Sicherheit sagen können, dann dass die Mörder nicht Scoarnec und Courvoisier waren.«

»Courvoisier ist ein Hacker. Könnte er diesen Film nicht aus der Ferne aufgezeichnet haben, nachdem er sich in Soubises Computer gehackt hat? Ist das nicht möglich?«

»Ich denke, ja. Ich muss unsere Techniker fragen.«

»Wenn das so ist, dann weiß die Kleine, dass er existiert. Vielleicht war sie sogar dabei, als er aufgenommen wurde. Sie hat ihn gesehen. Und nichts gesagt. Unterschlagung von Beweisen, unterlassene Hilfeleistung, das reicht, um ein Ermittlungsverfahren gegen sie einzuleiten und sie nur unter polizeilichen Auflagen freizulassen. Ich kann sie nicht einfach so gehen lassen.«

»Warum nicht?«

»Haben Sie heute Morgen schon Zeitung gelesen?« Fourcade bückt sich zu seiner Aktentasche, nimmt eine Zeitung heraus und zeigt sie Pâris. Im Wirtschaftsteil ein Artikel über die PRG und ihre zweifelhaften italienischen Freunde. »Diese Indiskretion stammt hoffentlich nicht von uns?«

Pâris schüttelt den Kopf. Über Trinity hat er mit Dumesnil gestern nicht gesprochen, von dort kommt das sicher nicht. Ja, mit diesem Schlag gegen eine seiner getreuesten Stützen in der Geschäftswelt soll wohl Guérin getroffen werden. Vielleicht waren es ganz einfach Konkurrenten von Elisa?

»Manche werden es trotzdem glauben. Ein weiterer Grund, uns den Fall zu entziehen. Das oder die Einstellung des Verfahrens gegen unsere grüne Rebellin, was beweisen würde, dass wir diese Spur nicht mehr ernst nehmen.«

»Sind Sie immer noch überzeugt von Ihrer Strategie, was das Video betrifft? Es zu den Akten zu nehmen könnte uns vor derartigen Misslichkeiten schützen. Wenn wir Beweise vorlegen, die die Hypothese von den mordenden Ökoterroristen widerlegen, nehmen wir jeder Kritik den Wind aus den Segeln.«

»Seien Sie beruhigt, ich habe es zu den Akten genommen. Nur die Berichte, in denen es erwähnt wird, habe ich ein paar Tage ›verlegt‹. Wenn wir vermeiden, die Aufmerksamkeit auf dieses entscheidende

Element zu lenken, gewinnen wir Zeit. Ich werde seine Existenz zu gegebener Zeit offiziell bekannt geben.«

Pâris nickt. »Ich habe die DVD von Neal Jones-Saber der Spurensicherung übergeben, und sie hat eine Kopie des Films zur Analyse ins Zentrallabor nach Écully geschickt. Wir werden sehen, was sie herausholen können.«

Neal sitzt Gérard Blanchard, dem Chef des Restaurant *Chez Gérard*, in dessen kleinem Büro im Obergeschoss gegenüber, das mit Aktenordnern, Rechnungen und Briefen aller Art vollgestopft ist.

»Danke für Ihre Kolumne in der *Times* letzten Freitag. Sie hat mir gefallen, denn Ihre Beurteilungen sind gerecht, Sie haben gut gearbeitet! Außerdem wird sie hoffentlich die angelsächsische Kundschaft hierherlocken, die mir im Augenblick fehlt.«

»Sie haben sie gelesen?«

»Natürlich, was glauben Sie denn? Ich habe mein Alarmsystem!«

Sie trinken einen köstlichen Kaffee, in kleinen Schlucken und aus Porzellantassen.

»Nun, worüber wollten Sie mit mir reden?«

»Ich habe eine sehr spezielle Bitte. Kennen Sie einen gewissen Joël Cardona?«

Unmerklich ändert sich Blanchards Haltung. Er ist auf der Hut. »Ein regelmäßiger Gast.«

»Ich habe eingewilligt, für das Ressort Außenpolitik einer großen englischen Tageszeitung zu schreiben, und ich versuche, einen Gesprächstermin mit diesem Herrn zu erhalten. Bis jetzt ist es mir nicht gelungen, ihn zu erreichen.«

»Das wundert mich nicht.«

»Wären Sie bereit, die Rolle des Vermittlers zu spielen?«

»Wie kommen Sie darauf, dass dies im Rahmen meiner Möglichkeiten liegt?«

»Zwischen ehemaligen Schülern der École polytechnique ist so etwas doch machbar.«

Gérard lacht laut auf. »Schau einer an, Sie sind ja gut informiert! Das ahnt keiner, weder das Personal noch die Gäste. Sie wissen ja, ein Polytechniker ist ein Polytechniker. Aber Cardona gehörte zu den Besten, der Crème de la crème. Ich bin einer von den ein oder zwei Irren, die's in jedem Jahrgang gibt, die am schlechtesten abschneiden und beim Theater, Ballett oder in der Gastronomie landen.«

Neal zieht es vor, nicht auf dieses Bekenntnis einzugehen. »Ich habe heute Morgen die Wirtschaftspresse gelesen, und ich glaube, ein Treffen könnte für beide Seiten nützlich sein. Ich bitte Sie nur, ihm diese Nachricht zukommen zu lassen.«

Gérard zögert, aber nicht lang. »Lassen Sie mir Ihre Telefonnummer da.«

Pierre Marsand nimmt vier Pizzas aus der Kühltruhe und legt sie in seinen Einkaufswagen. Dann geht er durch den Gang mit der Tiefkühlkost zur Backwarenabteilung. Er hat schon zweimal die Runde gemacht, das wird bald Verdacht erregen. Er konzentriert sich auf ein Siebenkorn-Toastbrot, als neben ihm eine Stimme sagt:

»Wo ist dein Kumpel?« Jean steht mit einem Plastikkorb in der Hand neben ihm.

»Bei mir zu Hause. Er ist am Rotieren, er redet mit sich selbst. Er macht mich noch wahnsinnig.«

»Es ist bald vorbei. Hast du was gefunden? USB-Stick, DVD, Aufbewahrungszettel, Postquittung?«

»Nichts. Weder in seinen Klamotten noch in seinem Rucksack. Ich musste heute Nacht zweimal aufstehen, um alles zu durchsuchen.« Marsand dreht sich zu dem Polizisten um, eine Reflexbewegung.

»Diskretion! Konzentrier dich auf deine Einkäufe.«

Der Techniker blickt starr geradeaus. »Ich habe versucht, ihn über das Video auszuhorchen, wie Sie verlangt hatten, aber er meidet das Thema ...«

Wissen wir, Dummerchen, wir hören euch zu.

»Ich frage mich, ob es überhaupt existiert. Und ich trau mich nicht, nachzubohren. Sonst wird er misstrauisch.«

»Hast du etwa doch Schiss?«

Marsand senkt die Augen. »Er hat Ihren Kumpel umgebracht. Und dann auch Julien. Er macht mich nervös. Ich hab keine Lust, dass er rausfindet, dass ich mit Ihnen zusammenarbeite.«

»Sei beruhigt, wir sind in der Nähe. Mach weiter, du machst das großartig.« Jean verschwindet.

Die Wahlversammlung Guérins im 93. Departement geht zu Ende. Es ist sehr gut gelaufen, ein mittelgroßer Saal, nur geladene Gäste, keine Störung und viel Begeisterung. Natürlich, die Partei hatte ein Viertel mit Einfamilienhäusern ausgesucht, nicht die Innenstadtviertel, aber manche fanden die Herausforderung doch zu riskant, und die zuhauf erschienene Presse lauerte auf einen Fauxpas.

Guérin hatte diese Wahlversammlung gefordert, er legte Wert darauf. Jetzt holt er Luft, entspannt sich, feiert mit seinen Getreuen den Erfolg der Operation mit Fruchtsaft und trockenem Kuchen. Er ist einer Dame respektablen Alters mit gefärbtem, dauergewelltem Haar in die Hände gefallen, die kokettiert. »Herr Präsident, Sie erlauben doch, dass ich Sie Herr Präsident nenne ...«

Vielsagendes Lächeln von Guérin.

»Wissen Sie, wir alle hier verlassen uns auf Sie, dass sie von diesen jungen Leuten befreien ...«

Das streng vertrauliche Handy Guérins vibriert in seiner Hosentasche, er entschuldigt sich für seine Unhöflichkeit, die Zwänge des Wahlkampfs, entfernt sich ein paar Schritte und überlässt die Dame, die von den jungen Leuten befreit werden will, Sonia.

Guérin beschleunigt das Ganze und der Umtrunk endet gegen Mitternacht. Ein Wagen setzt ihn und Sonia vor ihrer Wohnung ab. Auf dem Gehweg geht Guesde auf und ab und erwartet sie.

Sonia ist überrascht. Guérin küsst sie liebevoll auf die Stirn. »Ich muss ein paar Kleinigkeiten mit ihm besprechen. Es dauert nicht lange, geh schon mal vor. Ich komme nach.«

Während sich Sonia im Schlafzimmer auszieht, versucht sie, die Welle von Müdigkeit und Ekel in Worte zu fassen, die sie überwältigt. Sie geht zum Fenster und wirft einen Blick auf die Straße hinunter.

Guesde und Guérin gehen langsam nebeneinander her und reden. Eine große schwarze Limousine hält neben ihnen.

Sonia wird plötzlich aufmerksam.

Der Wagen Elisas. Der Chauffeur geht. Guérin steigt hinten ein, Guesde vorne, die Türen schließen sich.

Sonia kehrt ins Zimmer zurück, bleibt stehen, schließt über eine Minute lang die Augen, dann geht sie zum Schrank und holt einen Koffer.

Saf's Anwalt holt sie bei der Entlassung aus dem Polizeigewahrsam ab. Zwei Schritte von der 36 entfernt wartet Neal in der um diese Zeit fast leeren Brasserie *Soleil d'Or* beklommen auf sie. Was soll er seiner Tochter sagen, wie soll er es ihr sagen? Und wenn sie ihn nicht sehen will?

Er entdeckt Saffron, steif, gefolgt von ihrem Anwalt. Sie treten ein, gehen auf seinen Tisch zu. Neal steht auf, um sie zu begrüßen.

Saffron setzt sich, ohne eine Geste zu ihm hin, mit verschlossenem Gesicht.

Der Anwalt nimmt ihn am Arm, zieht ihn beiseite. »Ihre Tochter ist unter polizeilichen Auflagen entlassen worden, das ist eher positiv. Aber sie macht mir Sorgen. Sie hat kein Wort gesagt, ich glaube sogar, sie hört mich gar nicht. Ich lasse Sie beide jetzt allein. Schauen Sie, was Sie machen können, und rufen Sie mich morgen an, dann erörtern wir die Lage.«

Neal kehrt zu seiner Tochter zurück, küsst sie.

Sie lässt es geschehen, ohne zu reagieren.

»Komm, ich habe dir ein Zimmer in meinem Hotel gebucht, zwei Schritte von hier. Dort ist es ruhiger, du kannst dich ausruhen.«

Schweigend gehen sie an der prachtvollen Apsis von Notre-Dame vorbei, über den Pont Saint-Louis und ein Stück den Quai entlang. Bei jedem Schritt spürt er den Abgrund, der ihn von seiner Tochter trennt.

In der Hotelhalle spricht Saffron zum ersten Mal. »Gibt es hier einen Computer?«

Neal zeigt auf eine Nische hinten in der Halle.

»Bevor wir raufgehen, muss ich ins Internet.« Saffron schaut ihren Vater an. »Und ich will allein sein.« Sie geht in das kleine Gästebüro, loggt sich fieberhaft auf Facebook ein, sieht, dass Scoarnec am Samstag mit Marsand Nachrichten ausgetauscht hat. Er ist also frei und am Leben. Keinerlei Nachricht, kein Zeichen für sie. Nichts. Als hätte sie aufgehört zu existieren. Sie hat das Gefühl, jede Orientierung verloren zu haben, sie fühlt eine große Leere. Hör auf. Hör auf, dran zu denken, nicht jetzt.

Saf' geht wieder zu ihrem Vater, der bei den Fahrstühlen auf sie wartet, und zusammen fahren sie in den zweiten Stock hinauf, Zimmer 26. Ein winziges Schmuckstück auf einen stillen Hof hinaus, ein großer Strauß roter Rosen auf dem Tisch am Fenster. Neal hat ihr ein paar saubere Kleider aufs Bett gelegt, die er aus der verlassenen kleinen Wohnung in der Rue du Faubourg-Saint-Martin geholt hat, und er hat ihr Toilettenartikel gekauft, die im Bad auf sie warten.

Saf' erkennt das Eau de Cologne von Guerlain, das sie in Cahors immer benutzt, und ihr steigen Tränen in die Augen. »Ich geh mich duschen.« Die Worte kommen mühsam heraus. Sie geht ins Bad.

Neal hört, wie der Riegel vorgeschoben wird.

Saffron zieht sich schnell aus, setzt sich in die Badewanne, dreht die Dusche auf und gibt endlich den Tränen nach, ein Weinkrampf schüttelt sie.

Neal setzt sich auf den einzigen Sessel im Zimmer, einen gut gepolsterten Armsessel mit blauweißen Volants. Er hört seine Tochter schluchzen. Zwischen ihnen eine Tür. Eine Wand. Nichts zu machen. Außerdem würde er sicher nicht die richtigen Worte, die richtige Geste finden. Flüchtiger Gedanke: Ich habe Lucille nie weinen sehen. Außer im Kino. Denk nicht an sie. Er strengt sich an, seinen Kopf leer zu bekommen, und wartet mit gefalteten Händen. Die Initiative ihr überlassen.

Nach langer Zeit beruhigt sich das Schluchzen, und dann kommt Saf' in einem blauen Frottiermantel aus dem Bad, mit verquollenem, gerötetem Gesicht, ein weißes Handtuch um das nasse Haar gewickelt. Sie setzt sich aufs Bett, den einzigen verfügbaren Platz, und fängt sofort an: »Hast du den Stick geholt? Hast du ihn Erwan gegeben?«

Neal konzentriert sich einen Moment. Richtig sortieren. »Ich hab getan, was du mir hast ausrichten lassen. Er hat mich angesprochen, als ich das *Chez Jenny* wieder verlassen habe, und ich habe ihm von deiner Festnahme und der Entführung eures Freundes erzählt.« Der angestaute Groll entlädt sich plötzlich. »Ein verdammter Idiot, dein Erwan.«

Die Antwort lässt nicht auf sich warten. »Denk, was du willst, das ist mir gleich, aber behalt es für dich.«

»Du hast ja recht.« Pause. »Er wollte ein Versteck, sofort. Ich habe ihn zu Cooke mitgenommen, dem einzigen Verbündeten, den ich hier in Paris habe. Er hatte etwas für uns, eine Villa in der Normandie, und wir sind zu dritt hingefahren. Wir wussten nicht, was auf dem USB-Stick war, Scoarnec hat sich geweigert, es uns zu sagen oder uns den Zugangscode zu geben. Aber als er von der Ermordung Courvoisiers erfuhr, ist er zusammengebrochen und hat uns alles gezeigt.« Wieder eine Pause. »Auf dem Stick ist mehr als das Video mit dem Mord an Soubise.« Neal beobachtet seine Tochter.

Saffron, die sich schämt, dass sie nichts davon weiß, verbietet sich, Fragen zu stellen.

Ihr Vater fährt fort. »Es sind auch die Unterlagen drauf, an denen Soubise arbeitete, bevor er starb. Die der Grund waren, warum er ermordet wurde. Ich habe angefangen, sie zu studieren, mit Cooke zusammen. Wie ... wie früher.« Neal hält inne. Er befürchtet eine heftige Reaktion, du spielst den Voyeur im Leben deiner eigenen Tochter. Er würde sich ertappt fühlen, selbst auf diese geschönte Version der Realität träfe das zu. Aber es kommt nichts. Saf' scheint sich nicht für das zu interessieren, was er sagt.

Er fängt wieder an. »Noch einmal zu dem Video, das war das Einzige, was Scoarnec interessierte. Ich weiß, dass du bei ihm warst, als es aufgezeichnet wurde, er hat's mir gesagt. Du hast es also gesehen.«

Saf' nickt, einen Anflug von Schrecken in den Augen.

»Dieses Video entlastet euch alle drei.«

Wieder nickt Saf'.

»Wir, Cooke und ich, verstehen nicht, warum Scoarnec es nicht an die Polizei weitergegeben hat. Wir haben ihn gefragt. Er hat geantwortet, er wolle nicht ins Gefängnis. Am Samstag, nach dem Mord an Courvoisier, glaubte ich, ich hätte ihn davon überzeugt, dass er es der Polizei übergeben muss. Aber am Sonntag ist er mit dem Stick verschwunden.«

Saffron schaltet sofort. Samstagabend Kontakt mit Marsand, Erwan schöpft wieder Hoffnung für *Gédéon*. Warum? Hat Marsand den Virus? Und am Sonntag trifft er sich mit ihm, nachdem er das Video irgendwo in Sicherheit gebracht hat.

Neal sieht, dass seine Tochter lebendiger wird, und fährt fort. »Wir hatten am Samstagmorgen eine Kopie des Sticks gemacht. Als ich sah, dass Scoarnec es nicht tut, habe ich am Sonntagnachmittag das Video selbst zu Commandant Pâris gebracht.«

Wutausbruch von Saffron. »Du hattest kein Recht, das zu tun! Dieses Video gehört Erwan, es gehört uns! Du hast es gestohlen, du hast uns an die Polizei verraten!«

Um sich zu beruhigen, fährt sich Neal langsam mit der Hand übers Gesicht. Solche Ausbrüche passieren immer dann, wenn man sie am wenigsten erwartet. »Scoarnec wollte das Risiko nicht eingehen, ins Gefängnis zu wandern ...«

»Natürlich! *Gédéon* ist für Mittwochabend geplant, eine wirklich spektakuläre Aktion! Bis dahin mussten wir uns verstecken. Er hätte es am Donnerstag bekannt gemacht.«

»*Gédéon*?«

Saf' verschließt sich sofort, und Neal spürt es. Er fragt nicht weiter nach, nicht der richtige Moment, und redet in einem Ton, der versöhnlich sein soll, weiter. »Das Risiko für Erwan hat sich dadurch nicht im Geringsten vergrößert, denn ich habe es selbst Pâris übergeben und ihm nicht gesagt, woher ich es habe.«

»Und er hat dich nicht danach gefragt?«

»Doch, aber ich habe nicht geantwortet. Ich bin Journalist, ich schütze meine Quellen.«

Saf' streckt sich aus, schließt die Augen.

Das noch so junge Gesicht von Angst und Tränen gezeichnet. Ein verirrtes Kind. Sag ihr nicht, was du von ihrem jämmerlichen Unternehmen hältst, frag sie nicht nach ihrer spektakulären Aktion. Lass sie kommen, warte ab.

Saffron fragt, ohne sich aufzusetzen, mit belegter Stimme: »Glaubst du, man kann etwas zu essen aufs Zimmer bekommen?«

Neal, erleichtert, etwas tun zu können, steht auf. »Ich kümmere mich darum.«

Elisa kommt von einer großen Soirée im *Pré Catelan* im Bois de Boulogne, zu der ein Konkurrent der PRG eingeladen hatte, den sie sich in den kommenden Jahren einzuverleiben gedenkt. Sehr elegant in einem Smoking von Saint Laurent, geschminkt und frisiert, sieht sie hinreißend aus.

Neben ihrer strahlenden Erscheinung verblassen die beiden Männer in Anzug und Krawatte. Nach den Entwicklungen dieses Tages hatte Elisa eine umgehende Lagebesprechung verlangt, sie sagte, man müsse immer einen Schritt voraus denken. Sie fängt mit den Wirtschaftsartikeln von heute Morgen an. »Ich stimme Ihnen zu, dass wir keinesfalls antworten dürfen, wenn wir vermeiden wollen, dass sich die großen Medien an der Polemik beteiligen. Aber ich kann Ihnen versichern, dass alle Großunternehmer um mich herum sie gelesen und sehr genossen haben. Es braucht nicht viel mehr, und sie blasen zum Halali. Dahinter steckt Cardona, er setzt die Waffen ein, die Soubise ihm geliefert hat. Aber dies ist erst eine Warnung. Wenn Cardona sich richtig ins Zeug legt, kann er mir und uns allen großen Ärger machen. Gibt es keine Möglichkeit, ihn zu kaufen?«

Guérin schaut fragend zu Guesde.

»Wir können es versuchen. Wir werden darüber nachdenken. Mir macht etwas anderes Sorgen. Die Medien sind mehr oder weniger unter Kontrolle. Aber was passiert, wenn uns Schneider bei der Debatte am Mittwoch mit Soubises Informationen kommt?«

»Er hat diese Informationen nicht.«

»Wir wissen nicht mehr, wer sie hat und wer sie nicht hat.«

»Könnte das die Wahl am Sonntag gefährden?«

»Ich glaube nicht. Der Abstand ist zu groß. Aber es könnte Schaden anrichten, und es wäre besser, es zu vermeiden.«

»Man müsste Schneider erklären, dass er damit ein unnötiges Risiko auch für sich selbst eingeht.«

»Patoux kennt Dumesnil gut, sie waren zusammen auf der École normale supérieure. Bist du einverstanden, dass er vor der Debatte kurz mit ihm darüber spricht?«

»Ja, das scheint mir der richtige Moment.«

Elisa schaltet sich ein. »Mich beunruhigt etwas ganz Anderes. Bei dieser Soirée war nicht nur die feine Gesellschaft anwesend. Es war auch jemand da, der sehr gerne im Dreck wühlt und dessen Sie sich in dieser Geschichte mehr oder weniger bedient haben, wenn ich ihn richtig verstanden habe, ein Journalist namens Moal. Er hatte die Frechheit, mich unter vier Augen sprechen zu wollen. Wissen Sie, dass die kleine Jones-Saber heute Nacht auf freien Fuß gesetzt wird?«

Guérin und Guesde wechseln einen schnellen Blick. Der Sinn ist klar: Schweigen.

Guesde antwortet. »Das wusste ich, ja. Die Criminelle hat nicht viel gegen sie in der Hand, die vier Tage Polizeigewahrsam sind abgelaufen … Ich sehe keinen Grund zur Beunruhigung.«

»Um Nägel mit Köpfen zu machen: Meine wirkliche Sorge ist, dass die Criminelle nicht mehr an die Spur der Ökoterroristen glaubt, immer noch Moal zufolge, und da es gute Polizisten sind, einige kennen wir ja, nicht wahr Pierre?, werden sie weitersuchen. Im Moment vermuten sie angeblich eine Aktion von Profis.«

»Woher haben Sie das?«

»Wollen Sie sich über mich lustig machen, Pierre?«

»Unwichtig, verlieren wir keine Zeit. Wir müssen handeln, Sie haben recht, wir müssen um jeden Preis unsere Handlungsfähigkeit bewahren.«

Guesde wendet sich an Guérin. »Kann man erreichen, dass die Crim' von dem Fall abgezogen wird?«

Neal kommt nach zwanzig Minuten zurück, mit einem Tablett mit einem Käseomelette, einer Flasche Beaujolais und einer schönen Apfeltorte. Zu dieser nächtlichen Stunde eine beachtliche Leistung. Stumm fangen sie an zu essen. Dann entschließt sich Neal zu reden, leise und ohne sie anzusehen. »Als mir klar wurde, dass du in eine Geschichte verwickelt bist, bei der es um Atomenergie geht, bin ich in Panik geraten. Atomenergie ist seit zwanzig Jahren mein Albtraum. Ich muss mit dir über den Tod deiner Mutter sprechen.«

Saffron schreckt auf, so überrascht, dass sie sich plötzlich für das interessiert, was ihr Vater sagt. »Mama ist nicht bei einem großen Anschlag in Beirut gestorben, als ich zwei war?«

»Nicht exakt, nein.« Schweigen, das sich hinzieht. Daran zurückzudenken ist immer schmerzhaft ... »Als ich deine Mutter kennenlernte, war ich als Kriegskorrespondent für englische Zeitungen im Nahen Osten, mit Basis im Libanon. Sie unterrichtete an einem Beiruter Gymnasium Französisch. Wir verliebten uns, leidenschaftlich, bis zum Wahnsinn. Deine Mutter erfüllte alles um sich herum mit Leben.« Neal lächelt verloren, dann wendet er sich wieder seiner Tochter zu. »Sechs Jahre später bist du geboren. Lucille wollte nach Frankreich zurück, damit du in Ruhe und Frieden aufwächst. Ich liebte den Krieg, und so sind wir geblieben.«

Sein Gesicht verkrampft sich.

»Ein Jahr nach deiner Geburt war ich einer großen Sache auf der Spur, dem bestgehüteten Geheimnis der Welt, der israelischen Atombombe. Im Lauf meiner Arbeit habe ich einen Zeugen gefunden, der bereit war zu reden, auch Fotos, Pläne, Dokumente. Ich war kurz vor dem Ziel, aber ich hielt alles strikt geheim. Eines Tages lud mich ein amerikanischer Journalist, den ich ganz gut kannte, ein gewisser Vincent Hanna, ein, in der Umgebung von Beirut mit ihm zu Abend zu essen. Ich nahm an.«

Neal seufzt. Jetzt gibt es kein Zurück mehr. »Ich sollte eigentlich allein kommen, aber da es eine sehr hübsche Gegend war, voller Blumen und Grün, und wir alle drei, deine Mutter, du und ich, gerade deinen zweiten Geburtstag zusammen gefeiert hatten, sind wir alle gefahren. Deine Mutter hat sich ans Steuer gesetzt ... Warum sie? Ich weiß es nicht. Als wir aus der Stadt kamen, wurde eine Rakete auf uns abgefeuert, genau gezielt, Profiarbeit. Deine Mutter war auf der Stelle tot. Du und ich«, Neal gestattet sich ein bitteres Lachen, »sind mit ein paar Schrammen davongekommen.« Pause. »Am nächsten Tag hat der englische Geheimdienst mir geraten, den Libanon sofort zu verlassen. Ich habe es geschafft, meinen Zeugen und alle Dokumente nach London zu schicken, andere Journalisten haben den Stab übernommen und die Beweise für die Existenz der israelischen Atombombe veröffentlicht. Das hat damals großes Aufsehen erregt. Und nicht das Geringste an der Entwicklung im Nahen Osten geändert. Große Ursache, kleine Wirkung. Außer dass ich ... dass wir deine Mutter verloren haben.«

Vater und Tochter schauen sich an. Der Schmerz ist da, zum ersten Mal teilen sie ihn offen.

»Danach bin ich mit dir nach Cahors gezogen. Ich habe mir nie verziehen, dass ich nicht rechtzeitig begriffen habe, dass Hanna für die CIA arbeitete und Verbindung zum Mossad hatte. Ich habe mir auch nie verziehen, dass deine Mutter an meiner Stelle gestorben ist. Und ich habe Angst vor allem, was mit Atomenergie zu tun hat.«

Saf' beugt sich zu ihm, legt ihm die Hand auf die Schulter, streicht ihm durchs Haar. Nimmt ihn in die Arme. »Danke, Dad.« Sie küsst ihn auf die Wange. »Ich bin müde, du sicher auch. Gehen wir schlafen, ja?«

Sonia geht auf Elisas Wagen zu, den Koffer in der Hand. Sie stellt ihn neben dem Auto ab, öffnet die hintere Tür.

Guérin, zur PRG-Chefin gebeugt, dreht ihr den Rücken zu. Er redet gerade. »Dann sind wir uns einig, der Fall wird der Crim' entzogen und der Antiterrorismus-Abteilung übergeben? Ich kümmere mich gleich morgen darum.«

»Tut mir leid, dass ich störe«, sagt Sonia. »Ich habe meinem Mann etwas zu sagen, es dauert nicht lang, Sie haben ihn gleich wieder.«

Guesde sieht beunruhigt aus.

Guérin steigt aus, steht etwas verlegen und schlecht gelaunt vor Sonia. »Was gibt es so Dringendes?«

»Hör mir gut zu. Ich denke schon eine Weile daran, heute Abend habe ich einen Entschluss gefasst. Ich verlasse dich, ich gehe.«

Guérin öffnet den Mund, um zu protestieren, zu schreien, das ist unmöglich, mitten im Wahlkampf!

Seine Frau hält ihn mit einer Geste zurück. »*Sei still! Never explain, never complain*, erinnerst du dich? Die Formel hast du eine Zeit lang benutzt. Ich gehe heute Abend. Morgen schicke ich meine Unterlagen an Patoux, sie sind geordnet, er wird sich leicht zurechtfinden. Ich werde es vor Sonntag nicht bekanntgeben. Am Montag reiche ich die Scheidung ein. Ich schicke dir meinen Anwalt. Steig wieder ein, du wirst erwartet, man braucht dich. Und ihr habt noch etwas zu besprechen.« Sonia kehrt Guérin, der noch ein paar Tage lang ihr Mann sein wird, den Rücken, nimmt ihren Koffer, und geht schnell und plötzlich heiter davon.

Mach dir keine Illusionen, deine Karriere ist verspielt ...

Die letzten Sätze von Guesde im Kopf, stößt Michelet das Telefon zurück.

Aber vor dem Wahlabend passiert nichts. So viel Zeit bleibt dir noch, mehr nicht.

Nur ein paar Tage, um wieder in den Sattel zu kommen. Oder eine Alternative zu finden, in der Art: als Erster zuschlagen, hart und schnell. Eventuellen Enthüllungen zuvorkommen, um sie dann in dem Licht erscheinen zu lassen, das ich mir wünsche. Mich maximal decken und Namen fallen lassen. Oder abhauen und mir mein Schweigen mit der Zuflucht in einem warmen Land bezahlen lassen. Sie haben die Mittel dazu, und das haben vor mir schon andere gemacht.

Was würde Guesde tun, der Freund seines Vaters, der ihn unter die Fittiche genommen, bis jetzt geschützt und für seinen Aufstieg gesorgt hat? Guesde würde sich in Sicherheit bringen. Und das haben er und Patoux sicher auch vor, wenn ihnen die Felle wegschwimmen.

Mach dir keine Illusionen, deine Karriere ist verspielt ...
Kein Pardon.
Michelet lässt sich in seinem Sessel zurücksinken. Es ist spät, und er ist immer noch an der Place Beauvau. Auf dem Schreibtisch vor ihm drei CDs, die Aufzeichnung der Gespräche zwischen Marsand und Scoarnec in den letzten vierundzwanzig Stunden. Er hat sie schon einmal abgehört, bevor Guesde ihn anrief, aber es ist nichts dabei rausgekommen. Was hatte er sich erhofft?
Nichts.
Michelet schaut wieder auf die Uhr, sagt sich, dass er im Moment Besseres tun kann, und schiebt die erste CD in seinen Laptop.
Am Anfang das Gespräch der beiden im Park Buttes-Chaumont. Zuerst ein langer Monolog von Marsand, der sich die Wartezeit vertreibt und Mut macht. Langweilig. Scoarnec kommt. Sie reden. Michelet konzentriert sich bis zum Schluss, als sie den Park verlassen, dann geht er mit einem Mausklick wieder ein Stück zurück.
Wegen solcher kleiner Idioten zu stürzen.
Zum dritten Mal. Michelet stöhnt immer öfter, je weiter der Timecode fortschreitet. Er will gerade abbrechen, als Marsand eine Alternative zu ihrem großartigen *Gédéon*-Plan vorschlägt. Er lässt es weiterlaufen und setzt den Cursor dann zwanzig Sekunden zurück. Hört es noch einmal ab.
... Lösung. Manueller Kurzschluss. Gröber, sicher, aber vielleicht ja auch wirkungsvoller ...
Manueller Kurzschluss? Bei France Télévisions direkt?
Zurück.
... gröber, sicher, aber vielleicht ja auch wirkungsvoller ...
Ein Attentat im Sender?
Zurück.
... wirkungsvoller ...
Vor aller Augen?
Zurück.
... wirkungsvoll ...
Vor der Nase der Presse. Vorbei mit den Fragen.

12. Dienstag

Pâris wacht zu früh auf, müde nach einer nicht sehr erholsamen Nacht. Er schläft schlecht, das wird langsam zum Dauerzustand. Und was er sieht, wenn er die Augen aufmacht, entmutigt ihn vollends. Er liegt im Studio von Pereiras Sohn, ein reizloser Würfel, in dem er fast die Wände berühren kann, wenn er die Arme auf der Bettcouch ausstreckt. Ich schlafe auf einer Bettcouch, großartig!

Er steht auf, stößt gegen den Koffer voller Klamotten und grummelt bis zur Kochecke. Eine Kippe, noch eine miese Gewohnheit, die sich festsetzt, Kaffee aufsetzen und bis die Kaffeemaschine zu brodeln geruht, die Lage überdenken. Ich bin ganz allein, ich nächtige in einem Kaninchenstall, ich geh auf die fünfzig zu und mein Job geht mir allmählich ernsthaft auf die Nerven, toll.

Keine Ahnung, warum, aber seine ersten Gedanken heute Morgen drehen sich öfter als sonst um seine Frau und seine Töchter. Sie haben auch seine letzten Träume bevölkert. Sie fehlen ihm. Sie oder die Macht der Gewohnheit, die Regelmäßigkeit gewisser Rituale, kleine Bequemlichkeiten, all die Erleichterungen, die das Zusammenleben schafft und die man am Ende gar nicht mehr wahrnimmt. Ich war hart neulich abends, ich wollte mit allem brechen. Ein Wutanfall, der Druck, den ich immer weniger aushalte? Habe ich das Falsche getan? Es fängt langsam an zu tropfen. Zu viel Kalk in der Maschine, sie spuckt. Nie sauber gemacht. Sowas passiert zu Hause nicht. Außerdem haben sie eine richtige Espressomaschine. Zu Hause.

An was anderes denken.

Er schaltet das Radio ein. Der Wahlkampf auf Hochtouren, wie jeden Tag. Allianzen, Mesallianzen, Verrat, Floskeln und Banalitäten, Umfragen und dann die Experten, Kommentatoren, Leitartikler, immer mehr, immer selbstgewisser. Heute auf allen Sendern Guérin zu Besuch im 93. Departement, ein Händedruck hier, ein energisches Zwiegespräch dort. Tagesthema: die dringliche Säuberung der Banlieue vom Gesindel. Wieder mal Sätze nur für die Medien. Und dieser Kaffee wird einfach nicht fertig. Pâris geht unter die Dusche.

Eine Viertelstunde später, vollständig angezogen, schnell eine Tasse, so kann er dem Tag schon eher gegenübertreten, und bereits die dritte Zigarette. Vielleicht sollte ich mich bei Christelle entschuldigen, bereit sein, zu reden? Höchste Zeit, mich mit dem zu begnügen, was ich habe.

Er schaltet sein Handy ein. Ein paar Sekunden, dann piept es mehrmals. Zwei Nachrichten auf der Mailbox, zwei unwichtige SMS von der Arbeit und eine von Sonia.

Sie werden abgezogen. Schnell. Ich verlasse das Schiff ... Und seinen Kapitän. S.

Pâris stützt sich auf die Theke, atmet tief seufzend den Rauch aus, blickt ins Leere. Er müsste reagieren, sofort Pereira und Fourcade anrufen, aber er tut es nicht. Noch nicht. Nicht sofort. Er schaut noch einmal auf das Display.

Ich verlasse das Schiff ... Und seinen Kapitän. S.

Punkt halb neun kommt Neal an der Place Gambetta an, einen dicken Stoß Zeitungen unter dem Arm. Er entdeckt das *Café de la Mairie*, checkt jeden Tisch, keine Borzeix. Er nimmt einen Platz im Innenraum, nicht auf der Terrasse, trotz der Sonne, die anfängt zu stechen. Zu viel Öffentlichkeit. Ein Kaffee und zwei Croissants. Das Warten beginnt.

Neal schaut die Zeitungen durch. Keine Artikel mehr über die Aktivitäten der PRG im Bereich Atommüllentsorgung. Auf der Titelseite aller Zeitungen Guérins Abstecher ins 93. und die Wiederholung seiner kraftvollen Versprechungen, gnadenloser Krieg gegen die Schattenökonomie, republikanische Ordnung bis in die kleinsten Winkel und Ruhe und Frieden für die anständigen Leute. Die Kommentare sind mehr oder weniger sarkastisch, doch tatsächlich okkupiert er so billig die Aufmerksamkeit der Medien, am Tag vor dem großen Fernsehduell. Schneider, zu Besuch in einem Eisenhüttenwerk in Dunkerque, und seine Vorschläge zur Rettung der französischen Industrie sind auf die vierte Seite verbannt. Hübscher Publicitycoup.

Und Borzeix ist immer noch nicht da.

Nach einer dreiviertel Stunde winkt Neal Cooke, der ein paar Tische von ihm entfernt sitzt. Sie setzen sich zusammen und bestellen eine Runde Kaffee. Neal hatte ihn gewarnt, wenig Aussicht, dass sie wirklich kommt, sie vergeuden ihre Zeit. Aber Cooke wollte unbedingt als anonymer Beobachter dabei sein.

»Ruf sie an, man weiß nie. Hast du ihre Nummer?«
»Nicht von ihrem Handy, sie hat sie mir nicht gegeben. Aber ich habe ihre Büronummer gefunden.«
»Versuch's.«
Beim ersten Klingeln verspricht eine liebenswürdige weibliche Stimme, Madame Borzeix zu suchen, er möge sich einen Moment gedulden.

Im Büro der Leiterin der PRG-Rechtsabteilung herrscht Hochbetrieb. Drei Frauen räumen systematisch die Schränke aus und stapeln die Akten vor Borzeix, die sie sortiert. Was sie ihrem Nachfolger hierlässt, wird wieder in die Schränke geräumt, was sie nach Genf mitnimmt, wird in die Umzugskartons gestapelt.
Ihre Assistentin öffnet die Tür einen Spalt. »Madame, Monsieur Jones-Saber möchte Sie sprechen.«
»Sagen Sie ihm, ich sei unauffindbar. Definitiv unauffindbar.«

Im *Café de la Mairie* ziehen Cooke und Jones-Saber missmutig Bilanz. Der erste Versuch, die Glaubwürdigkeit der Akten zu überprüfen, endet in einer Sackgasse. Aber doch nicht ganz. Borzeix' Reaktionen am Sonntag lassen keinen Zweifel daran, dass der *Jardin des Hespérides* existiert.
»Gut, wir wissen zwar, dass er existiert, aber wir wissen nicht, was er ist. Also nicht verwendbar.« Neals Handy klingelt. Gérard Blanchard.
Cardona, heute Abend, in der Pause im Foyer der Oper.
Cooke und Jones-Saber bestellen noch einen Kaffee und stoßen auf den Restaurant-Chef an.

Saffron erwacht schwer aus einem unruhigen Schlaf. Schon zehn Uhr. Spät. Katzenwäsche, kein Frühstück, sofort los. Bei ihrem Vater ist niemand da, und unten am Empfang erfährt sie, dass er ihr eine Nachricht hinterlassen hat: *Bin weg bis elf Uhr, warte hier, unternimm nichts ohne mich.* Dass er nicht da ist, ist gut. Dem Gewitter noch ein paar Tage aus dem Weg gehen, hinterher ist immer noch Zeit für Erklärungen. Jetzt will ich's wissen, ich muss Marsand finden. Er ist der Letzte, der mit Erwan Kontakt hatte. Wenn jemand etwas von ihm weiß, dann er.

Saf' verlässt das Hotel, schaut sich um, die Straße ist wie gewöhnlich voller Touristen und belebt. Kein verdächtiger Schatten, kein ausweichender Blick, kein besetztes Auto. Aber das heißt gar nichts. An dem Abend, als Julien ... Da hat sie auch nichts bemerkt.

Slalom zwischen den Leuten hindurch, sie geht von der Île Saint-Louis zur Île de la Cité, hinter Notre-Dame durch, zum Panthéon hinauf. Unterwegs bleibt sie immer wieder stehen, dreht sich um, blickt in Schaufenster, um zu sehen, wer hinter ihr ist. Endlich ein großes Internetcafé in der Rue Soufflot. Im Hotel wollte sie das heute Morgen nicht tun. Sie bezahlt für dreißig Minuten, setzt sich vor einen Computer, geht auf Gmail, tippt das Passwort ein, das sie auswendig kennt, und findet die Adressenliste aller Mitverschwörer von *Gédéon*, die Erwan dort für den schlimmsten Fall deponiert hat, nur für sie beide.

Auch die Adresse von Marsand findet sich dort.

Sie löscht die Chronik des Browsers und geht. Letzter Sicherheitscheck und dann in die Metro.

Pâris hat dem Team nichts gesagt. Noch nicht. Er will Fourcade die Chance geben, erst zu retten, was zu retten ist. Alle arbeiten, als wäre nichts. Sie haben höchstens gemerkt, dass die Stimmung nicht zum Besten ist. Aber sie sagen lieber nichts, sie wissen, dass der Chef eine schwierige Zeit durchmacht. Das erklärt es wohl.

Durand hat heute Morgen mit Écully telefoniert. Das Video hat nichts Großes ergeben. Sie arbeiten an den Stimmen und »schicken uns Fotos von allem, was verwendbar sein könnte, vor allem von den Klamotten der beiden Maskierten. Aber das ist nicht viel.«

»Nimm dir mit Coulanges noch mal die Verbindungslisten vor. Diesmal müsst ihr das Netz weiter auswerfen. Die Sendebereiche in der Nähe von Soubises Wohnung überprüfen, die Nummern identifizieren, die um die Zeit seines Todes dort aktiv waren, die Listen durchgehen, schauen, wohin uns das führt.«

»Die Staatsanwaltschaft wird meckern, das wird einiges kosten.«

»Fourcade spielt diesmal mit.« Pâris' Handy vibriert auf dem Schreibtisch, er wirft einen Blick auf die Anzeige. »Wenn man vom Teufel spricht.« Er holt tief Luft, nimmt ab. »Herr Staatsanwalt, was gibt es Neues?«

Nichts mehr zu machen.

»Trotz des Videos?«

Trotz des Videos. Die Anweisung kommt von ganz oben, und das Video kümmert sie einen Dreck. Außer dass ich es zur Antiterrorismus-Abteilung nach Saint-Éloi schicken soll. Unverzüglich.

»Die übernehmen also.«

Wie vorhergesehen.

»Und wir?«

Die Verantwortung abgeben. An wen, weiß ich noch nicht.

»Das ist jetzt auch nicht wichtig.«

In der Tat. Einen guten Tag, Pâris.

»Auf Wiedersehen.« Seine Jungs müssen gemerkt haben, dass etwas nicht stimmt, denn sie stehen alle an der Tür und schauen ihn an. Pâris legt das Telefon wieder auf den Tisch und lächelt ihnen bitter zu. »Der Fall Soubise gehört nicht mehr uns.«

Saffron steigt immer wieder um, fährt zurück, beobachtet genau, was in den weniger bevölkerten Stationen um sie herum los war. Kein bekanntes oder wiedererkanntes Gesicht. Niemand folgt ihr.

An der Station Botzaris verlässt sie die Metro, es ist fast Mittag.

Marsand finden. Wegen Erwan und wegen etwas anderem. Die Komödie, die du ihm vorgespielt hast, ist unwürdig. In ihrem Kopf vermischen sich die leidenschaftlichen Worte, die ihr Vater letzte Nacht gesagt hat, mit der Erinnerung an den Ekel, den sie bei der Berührung von Marsands Körper empfunden hat. Sie ist nicht stolz. Sie muss es ihm sagen, von Angesicht zu Angesicht. Adieu, streich mich aus deinem Leben, es war ein Irrtum. Zumindest das.

Sie geht entschlossen die Rue de Crimée hinauf, lässt bald den Parc des Buttes-Chaumont hinter sich, biegt in die Straße des Technikers ein und bleibt vor der Tür des Gebäudes stehen. Sie holt tief Luft, jetzt muss sie rein. Marsand gegenübertreten, Adieu sagen. Sie tippt den Code ein.

»Was macht denn diese Schlampe hier?« Michel hat die kleine Jones-Saber entdeckt. Als sie auf dem Gehweg auf sie zukam, hatte er sie gierig mit den Augen verschlungen und erst nach einer Weile begriffen, wer sie ist.

Jean am Steuer braucht ein paar Sekunden, um zu reagieren, und in der Zeit geht Saffron ins Haus. Zwischen den Zähnen flucht er:

»Scheiße ...« Sturmwarnung. »Du steigst aus und drehst eine Runde, dalli!«

»Was?«

»Geh und schau nach, ob ihr nicht die Kollegen am Hintern kleben!«

Michel bückt sich, um das Funkgerät mit den Kopfhörern aufzuheben, das vor ihm auf dem Boden liegt, aber Jean packt ihn am Arm. »Benutz dein Telefon, vielleicht sind noch andere auf Funk.«

Fluchend steigt Michel aus.

»Und lass es eingeschaltet.« Sobald er allein ist, nimmt Jean sein eigenes Handy und wählt die Nummer von Michelet. Es läutet. Sich aufs Schlimmste gefasst machen, falls die Crim' sich hier rumtreibt. Läuten. Marsand warnen? Läuten. Der Schwarze stellt den Empfänger lauter, der mit der Wohnung verbunden ist. Läuten. Michelet nimmt nicht ab. Anrufbeantworter. Was treibt der denn?

Oben angekommen, klingelt Saffron bei Marsand, mit ein bisschen Glück ist er um diese Tageszeit nicht da. Ein paar Sekunden, dann hört sie drinnen Bewegungen, der Techniker macht die Tür auf und schaut sie verblüfft an. Hinter ihm sieht sie das Studio, eine unbeschreibliche Unordnung und hinten im Zimmer Erwan.

Sie folgt ihrem ersten Impuls, stößt Marsand beiseite, der gegen die Wand prallt, und läuft zu Erwan. Sie nimmt ihn in die Arme. Die Bullenschweine hatten also doch recht. Sie küsst ihn auf den Mund. »Du lebst.« Zwischen zwei Küssen: »Sag etwas.«

Scoarnec, mit verschlossenem Gesicht, behält Marsand im Auge, der zusammenbricht, der Idiot muss durchhalten, und stößt Saf' zurück. »Was machst du hier?« Er packt sie an den Schultern, führt sie mit Gewalt zur Tür zurück. »Sind dir die Bullen gefolgt? Führst du sie an der Hand hierher? Verdammt, hast du die Sicherheitsregeln vergessen? Hast du nicht an mich gedacht? Mach, dass du hier wegkommst, verschwinde überhaupt aus Paris! Und warte, bis ich dich kontaktiere.«

Marsand ist wieder aufgestanden. Die Bullen ... Stimmt, die Bullen. Was werden sie denken? Was werden sie tun? Er kann nicht überlegen, er sitzt in der Tinte. Als Saffron an ihm vorbeitaumelt, stammelt er nur: »Eine schöne Schlampe bist du«, bevor er die Tür hinter ihr zuwirft.

Leichenblass, im Schockzustand, unfähig, ein Wort herauszubringen, geht Saffron wie ein Automat die Treppe hinunter, auf die Straße und weiter in Richtung Buttes-Chaumont.
Schlampe ...
Und Erwan: *Verschwinde aus Paris ...*
Ihr ist schwindlig.

Jean sieht Saffron aus dem Haus kommen. Ruft Michel an. »Wo bist du?«
Beim Park, Rue de Crimée. Ich hab die Runde gemacht, niemand da.
Sein Komplize ist im Beschatten unschlagbar, er kennt alle Tricks. Wenn er nichts gesehen hat, dann gab es nichts zu sehen. Vielleicht bleibt ihnen das Schlimmste erspart.
Was machen wir?
Er denkt nach.
Was wollte die Kleine?
»Ich weiß es nicht.«
Wie, du weißt es nicht? Haben sie nicht geredet?
»Scoarnec hat sie rausgeschmissen.«
Die kleine Jones-Saber hat das Ende der Straße erreicht. Sie verschwindet aus seinem Blickfeld.
Schnell nachdenken.
Hast du ihn erwischt?
»Nein.«
Verflucht, nie ist er da, wenn man ihn braucht, der Drecksack!
Das Mädchen nicht entwischen lassen. »Sie kommt auf dich zu. Du verfolgst sie und bleibst ihr auf den Fersen, solang ich dir kein Zeichen gebe. Kapiert?«
Ja.
Jean legt auf. Wieder Anruf bei Michelet.

Michel folgt der Zielperson in einigem Abstand auf dem gegenüberliegenden Gehweg. Er hat die Sonnenbrille aufgesetzt, das Wetter ist danach, und seine roten Haare unter einer Schirmmütze versteckt.
Das Mädchen geht zur Metrostation Buttes-Chaumont, sie wirkt, als wüsste sie nicht einmal, wo sie ist, sie sieht und hört nichts. Als sie in die Metro hinuntergeht, überquert er die Straße und folgt ihr

auf dem Fuß. Linie 7b Richtung Louis-Blanc. Nicht viele Leute auf dem Bahnsteig, erhöhtes Risiko, bemerkt zu werden.

Michel stellt sich etwa ein Dutzend Meter links von Saffron Jones-Saber, etwas weiter zurück, um außerhalb ihres Blickfelds zu bleiben. Er nimmt die Brille ab, schaut angestrengt auf seine Füße, um unter dem Mützenschirm zu bleiben, und riskiert nur ab und zu einen flüchtigen Blick. Nicht ihretwegen, sondern wegen der Kameras, man weiß nie.

Kurz darauf kommt der Zug.

Die Zielperson steigt ein, bleibt an der Tür am Ende des Wagens stehen, mit dem Rücken zu den anderen Passagieren. Er sitzt auf einem Klappsitz im selben Wagen, am anderen Ende. Etwa zwanzig Personen zwischen ihnen. Er prüft sein Handy, es hat Verbindung zum Netz, Jean kann ihn anrufen. Und wenn er nicht anruft, wird Michel improvisieren, wie immer.

Das Mädchen ist ein zusätzliches Risiko. Die Geschichte ist ohnehin schon vermasselt genug. Außerdem wissen sie immer noch nicht, was auf diesem Video ist. Auch nicht, ob es zirkuliert. Könnte sein, dass diese verfluchten Ökos ihnen seit zwei Tagen Theater vorspielen. Und die Schlampe da hat vor ihren Augen den USB-Stick geholt.

Louis-Blanc.

Die Zielperson steigt aus. Er folgt ihr. Sie zögert, geht in einen Gang, es scheint der falsche, geht in eine andere Richtung. Sie hat sich verlaufen. Er kommt näher. Mehr Leute hier, er hält sich weiter aus ihrem Blickfeld. Sie biegt wieder ab, Blick nach oben, sie scheint ihr Ziel zu suchen, den richtigen Bahnsteig.

Wohin geht diese dumme Gans? Immer noch keinerlei Zeichen von Jean. Verdammt, immer bleiben diese Scheißaktionen an ihm hängen! Das Video existiert und die Kleine da hat es, er ist sich ganz sicher. Auch die da verschaukelt sie. Er muss sie sich schnell schnappen, bevor sie abhaut. Jean hätte auf ihn hören sollen, sie hätten die beiden Gauchos in Marsands Wohnung unauffällig beseitigen sollen. Und hinterher alles gründlich durchsuchen, bis sie's gefunden hätten.

Weil jetzt ... Jetzt droht es hässlich zu werden.

Die Zielperson kommt auf einem anderen Bahnsteig an. Haufen Leute drumrum.

Auf der Anzeige steht, der nächste Zug kommt in vier Minuten.

Michel postiert sich hinter dem Mädchen. Sie steht mit dem Rücken zu ihm. Am Rand des Bahnsteigs. Sie hat keine Ahnung, dass er hier ist. Sieben oder acht Leute zwischen ihnen.

Was macht bloß Jean? Michel zieht seinen Mützenschirm in die gesenkte Stirn. Er denkt an all die Leute um sich herum. Ein Schubs und bums, alle auf den Schienen. Wär ein schönes Gemetzel, wenn genau in dem Moment ein Zug käme. Er ist schlau, er bleibt immer dicht an der Wand. An der Wand hier die üblichen Plakate, Werbung für Kosmetik, Theaterstücke, Filme. Lautsprecherdurchsage, Michel spitzt die Ohren. Man solle sich vor Taschendieben hüten. Ohne Scheiß?

Drei Minuten.

Die Zielperson am Bahnsteigrand. Ein versehentlicher Schubs mit der Schulter und ...

Michel ballt die Fäuste in den Hosentaschen. Jean, Jean, was treibst du? Ruf an, verdammt! Er macht einen Schritt nach vorn, geht an drei Kerlen vorbei. Beim Aufprall wird alles, was sie bei sich hat, zermalmt. Man muss etwas tun für dieses Video. Den USB-Stick zermalmen.

Zwei Minuten.

Michel zieht den Kopf zwischen die Schultern und die Kapuze über den Kopf, um sein Gesicht zu verdecken. Was tun. Noch ein Schritt vorwärts.

Unterpräfekt Michelet wartet, bis er das Palais de justice verlassen hat, dann greift er zu seinem Handy. Mehrere Anrufe. Von Jean. Ein Problem? Er hört nicht erst die Nachrichten ab, er ruft sofort an.

Beim ersten Läuten nimmt der Bulle ab. Er hat gewartet.

»Hier Michelet, was ist los?«

Wo warst du verdammt?

Das Du ist wieder da. Großer Stress. »Beruhig dich, ich hatte einen guten Grund. Gerade hab ich das famose Video angeschaut.«

Schweigen.

»Ihr seid unmöglich zu erkennen. Die Aufnahme ist mies, man sieht gerade mal, dass ihr maskiert seid.«

Bist du sicher?

»Ja, ganz sicher. Also, was ist los?«

Die Kleine ist in Marsands Wohnung aufgetaucht.
»Und?«
Sie ist rausgeflogen.
»Ist sie verfolgt worden?«
Anscheinend nicht. Michel ist ihr nach, um zu sehen, wohin sie geht.
»Wir scheißen auf sie, lasst sie laufen. Uns interessieren nur die beiden anderen.«

Saffron hebt mechanisch den Kopf zur Anzeigetafel. Idiotischer Reflex, weil sie den Windstoß spürt, den der Zug im Tunnel auslöst. Eine orange Null signalisiert die Ankunft. Der idiotische Reflex eines Menschen, der nicht mehr denkt.
Verschwinde aus Paris ... Schlampe ...
Um sie herum bewegt sich die Menge vorwärts, sie lässt sich treiben. Metall kreischt, als der Zug aus dem Tunnel kommt. Das Gedrängel fängt an, alle wollen schnell einsteigen. Sie stemmt sich dagegen, um die Sicherheitslinie auf dem Boden nicht zu überschreiten. Zu nah am Rand. Gefährlich.
Verschwinde ...
Ihr Blick wird von den weißen Scheinwerfern des Zugs gefesselt, der näher kommt. Hinter ihr wird gestoßen. Das Quietschen der Bremsen ist unerträglich, ohrenbetäubend.
Schlampe ...
Der Zug kommt näher. Saffron bewegt sich vorwärts. Er kommt und ... fährt an ihr vorbei. Der Luftzug zwingt sie, die Augen zu schließen, den Kopf abzuwenden. Der Zug hält. Die Türen öffnen sich. Saffron steigt ein, von den eiligen Fahrgästen mitgezogen.
Sie sieht die männliche Gestalt mit der Kapuze hinter sich nicht, auch den bösen Blick nicht. Die Hand von Michel ist im letzten Moment aufgehalten worden, sie umklammert das Telefon noch, das geklingelt hat, als sie in dem Getümmel schon fast Saf's Schulter berührte.
Schlampe ...
Das Wort dreht sich in Saffrons Kopf im Kreis herum. Durch den offenen Bruch mit Marsand wollte sie sich moralisch reinwaschen. Es hat nicht geklappt.
Schlampe ... Verschwinde ...

Langsam und tief atmen, die Scherben später wieder zusammensetzen. Wann wird das möglich sein? Sie denkt wieder an ihren Vater, jetzt würde sie ihn gern sehen, er soll sie in die Arme nehmen. Nach und nach kommen ihr Fetzen ihres Gesprächs letzte Nacht in den Sinn, Erinnerungen an die Wirklichkeit, die für sie neu war. In den Krieg verliebter Kriegskorrespondent, leidenschaftlicher, untröstlicher Liebender, schuldig, notwendig schuldig geworden. Ihr Vater, ein unbekanntes, anrührendes Wesen. Wie soll sie das alles verkraften?

Der Zug fährt an und trägt Saf' davon.

Marsand schaut zu, wie Scoarnec erregter denn je im Zimmer auf und ab geht. Der kleine Gockel hat Angst vor den Bullen. Er macht seine Freundin fertig, diese Schlampe, und versucht sich zu rechtfertigen. Er braucht mich mehr denn je, er ist mir auf Gedeih und Verderb ausgeliefert. Ich werd ihn bezahlen lassen. Sie werden alle bezahlen.

Sein Handy auf dem Fernseher klingelt. Marsand stürzt sich darauf und schnappt es Erwan vor der Nase weg, der Anstalten macht, es zu nehmen. Unbekannte Nummer, Zögern, dann geht er ran.

Kannst du reden?

»Warte.« Der Techniker deckt den Hörer mit der Hand zu und formt mit den Lippen das Wort »Arbeit«. Dann geht er in sein Zimmer und schließt die Tür hinter sich. Leise sagt er: »Saffron war da.«

Wissen wir.

»Woher?«

Sei still und hör zu.

»Schnell, Scoarnec ist dabei, völlig paranoid zu werden.«

Genau, du wirst es ausnutzen und die Sicherheitsmaßnahmen verstärken. Und dann wirst du Folgendes tun ...

Als Neal diesen Morgen um elf wieder ins Hotel kam, war seine Tochter nicht mehr da. Sie hat kein Handy mehr, ist also nicht zu erreichen. Er hat sie in allen Cafés in der Gegend gesucht. Vergeblich. Angst und Ohnmachtsgefühle sind wieder da. Alle, die Soubises Mörder gesehen haben, sind in Lebensgefahr.

Weil er nichts tun konnte, ist er wie verabredet zu Cooke gegangen, um zu arbeiten, und hat jede Stunde im Hotel angerufen. Um sechzehn Uhr endlich die Nachricht, dass Saffron zurück ist. Auf den Anruf in ihrem Zimmer antwortete sie nicht. Also fuhr Neal sofort hin, entschlossen, ihr nachdrücklich klarzumachen: Du gehst nicht weg, ohne zu sagen, wohin, du lässt mich nicht ohne jede Nachricht.

Als Neal Saffrons Zimmer betritt, findet er sie im Bett, unter der Decke vergraben, mit aufgelöstem Gesicht, am ganzen Körper zitternd. Zuerst denkt er an eine schwere Grippe und stürzt ans Telefon, um einen Arzt zu rufen.

Sie hält ihn zurück: »Dad, ich bin nicht krank.«

»Was dann? Du verschwindest, du ...«

»Lass mir Zeit. Das passiert, das müsstest du doch wissen, es ist dir auch passiert. Das geht vorbei. Ich flehe dich an, mach mich nicht verrückt, frag mich nicht aus.«

»Ich habe mir Sorgen gemacht.«

»Gestern warst du perfekt, verdirb nicht wieder alles. Ich weiß doch, dass du da bist. Du wirst immer da sein.« Saffron lässt sich in die Kissen fallen, schließt die Augen. »Ich muss schlafen. Hast du ein Schlafmittel?«

»Ja.«

»Gib mir was. Nicht zu stark.« Pause. »Morgen fahre ich nach Cahors zurück. Zu Omama.«

Cahors, wunderbare Idee. Neal nimmt Saf's Hand, küsst sie. Dann geht er mit dem Anwalt telefonieren, um das Problem mit der Aufsicht durch die Justizbehörden zu regeln, bringt ihr Schlafmittel, eine Flasche Wasser und ein Stück Käsekuchen, den sie so liebt, und setzt sich dann in den Armsessel neben dem Bett.

Das Zittern beruhigt sich, Saffron schläft tief und fest.

Neal bleibt noch eine ganze Weile, ohne sich zu rühren, und schaut sie an. Ich hätte den ganzen Tag bei ihr bleiben, sie nicht aus den Augen lassen sollen. Unmöglich. Einmal habe ich für sie alles sein lassen. Resultat? Nicht großartig. Ich fang nicht wieder damit an. Sie ist erwachsen, sie hat ihr eigenes Leben, ich habe meines. Wäre ihre Mutter bei ihr geblieben? Nicht so sicher. Außerdem, was ändert das? Ich mag durcheinander, unglücklich sein, ein schlechtes Gewissen haben, aber ich werde mich nicht mehr hinreißen lassen.

Später geht er in sein Zimmer, duscht, zieht sich um. Dunkler Anzug, weißes Hemd, blaue Krawatte, Anstrengung, den Knoten zu binden, er ist aus der Übung. Anruf vom Empfang. »Ein Monsieur Pâris wünscht Sie zu sprechen.«

»Sagen Sie ihm, ich komme sofort.«

Ein paar Minuten später trifft er ihn in der Hotelhalle, sie sind beide verlegen.

Pâris betrachtet neugierig Neals Aufzug. »Wollten Sie ausgehen? Störe ich vielleicht?«

»Ich gehe in die Oper, aber Sie stören ganz und gar nicht. Ich mag Opern nicht, ich verstehe nichts davon, ich will nur die Pause nicht verpassen. Wir haben Zeit.«

Neal zieht Pâris auf die Straße und zu einem Bistro, wo es offenen Wein und eine Wurstplatte gibt. Er fragt sich, was Pâris hier will. Ihm selbst ist die Situation nicht ganz geheuer. Ein Journalist bewegt sich immer auf Messers Schneide, wenn er mit Polizisten verkehrt. Lass ihn kommen.

Als sie bedient worden sind, fängt Pâris an. »Ich bin vom Fall Soubise abgezogen worden. Andere werden ihn übernehmen, zusammen mit der Antiterror-Abteilung. Das Video ist trotzdem zu den Akten genommen worden.«

Neal reagiert als Vater. »Auf was muss ich mich gefasst machen?«

»Im Moment auf gar nichts. Später wird es davon abhängen, was die Politiker wollen. Aber ich glaube, nach der Wahl wird die ganze Geschichte fallen gelassen.«

»Ziemlich ungewöhnlich, dieser Schritt von Ihnen, wenn ich mir die Bemerkung erlauben darf.« Der Journalist betrachtet den Polizisten. »Warum sind Sie hier?«

Pâris zuckt die Achseln. »Weil Ihr Hotel nicht weit von der 36 entfernt ist? Weil ich Sie sympathisch finde?« Lächeln. »Weil Sie mir das Video gebracht haben, statt es an die Presse zu geben? Oder weil ich Lust hatte, mich in guter Gesellschaft selbst zu bemitleiden? Ich glaube, ich muss mir Sorgen um meine Zukunft machen. Die Frage ist, ob ich die Initiative ergreifen und gehen soll, bevor sie mich rausschmeißen. Die Arbeit hat sich sehr verändert. Das eine Mal soll man ganz schnell einen Schuldigen finden, egal wen, da tut's jeder X-Beliebige, das andere Mal darf man auf keinen Fall nach ihm suchen.« Er leert sein Glas. »Wie geht es Ihrer Tochter?«

»Sehr schlecht, aber ich glaube, Sie haben sehr wenig damit zu tun.« Neal trinkt in kleinen Schlucken. Lass ihn, er ist nicht mehr zuständig für den Fall, entspann dich, rede. Mit wem sonst könntest du das? Außerdem schätzt du diesen Bullen im Grunde. »Saffron glaubt diesen Kerl zu lieben. Klar, er sieht gut aus, Typ Intellektueller, ein bisschen sportlich, gerade genug, um einen geschmeidigen, lockeren Gang zu haben ...«

Pâris verkneift es sich zu sagen: Aha, Sie haben ihn dieser Tage gesehen? Das ist nicht mehr wichtig.

»Er ist ein Schwätzer, ein Freund des Spektakels, und meine Tochter ist fasziniert. Sie sieht nicht, dass er bloss ein egoistischer kleiner Schwachkopf ist. Ich kann ihn nicht ausstehen.«

»Ich glaube, das habe ich verstanden.« Pâris lacht leise. »Sind Sie nicht zufällig ein bisschen eifersüchtig?«

»Schuldig, Euer Ehren. Der klassische Fall. Sind Sie nicht eifersüchtig auf die Freunde Ihrer Töchter?«

»Da ist im Moment nur einer, und ich mag ihn nicht. Aber ich weiß nicht, ob ich noch Vater genug bin, um auf die Bengel eifersüchtig zu sein, die um meine Töchter herumscharwenzeln.«

»Scoarnec ist so von sich eingenommen, dass er alle, die ihm näherkommen, ins Unglück stürzt. Das große Werk, das er vor dem Mord an Soubise ausgeheckt hat, war eine Farce von Öffentlichkeitsaktion mit dem schönen Namen *Gédéon*, in der er gedachte die Hauptrolle zu spielen. Das Video wollte er bis Donnerstag geheim halten, damit die Aktion trotz des Mordes an Soubise stattfinden kann. Wahrscheinlich ist der kleine Courvoisier deshalb gestorben. Und obwohl alles futsch ist, versteckt er sich immer noch, weil er Schiss hat, weil Typen wie er nie dazu stehen, wenn sie Mist gebaut haben. Dass meine Tochter ihm, ohne eine Sekunde nachzudenken, applaudiert, geht mir nicht in den Kopf. Aber ich darf es ihr nicht sagen, sonst verliere ich sie.«

»Wird ein schweres Erwachen.«

»Das ist es immer. Für jeden. Für Sie, für mich, auch für Saffron.« Neal trinkt seinen Wein aus. »Nicht schlecht, dieser kleine Saumur Champigny. Wollen Sie noch einen?«

Pâris nickt.

Wahlversammlung für Schneider heute Abend in Lyon, die wichtigste zwischen den beiden Wahlgängen. Er will hart zuschlagen, am Tag vor der großen Fernsehdebatte punkten.

Während der Kandidat, allein in einem kleinen Büro, zum letzten Mal seine Rede durchgeht, ruft Dumesnil die engsten Berater zusammen. »Wir müssen vor der Rede heute Abend schnell die Lage besprechen, es sind neue Punkte aufgetaucht. Im Zusammenhang mit dem Fall Soubise.«

Alle merken auf.

Dumesnil fühlt sich unwohl. »Ich fasse zusammen. Der PRG-Konzern und Guérin stecken seit langem unter einer Decke. Sie erinnern sich an den Centrifor-Skandal, Verdacht auf Bestechung und die Teilung von Provisionen, die Untersuchung wurde eingestellt, es gab keinen Prozess. Heute finanziert die PRG wahrscheinlich Guérins Wahlkampf und unterstützt ihn in ihren Medien. Gut, das ist alles bekannt, auch wenn es nicht gerade legal ist. Heute entdecken wir, dass die PRG, wenn auch auf eine Art, die wir nicht präzisieren können, in den Mord an Soubise verwickelt ist.«

Pause, die Zuhörer warten auf die Fortsetzung.

»Zwei Dinge stehen fest. Guérin interveniert durch verschiedene Kanäle massiv bei der Polizeiführung, damit die PRG aus dem Fall rausgehalten wird, das können wir beweisen, und stattdessen eine Ökoterroristen-Spur verfolgt wird, die vielleicht schlicht und einfach konstruiert ist. Sie haben sogar einen Versuch gemacht, uns da reinzuziehen, aber den haben sie schnell wieder aufgegeben.«

»Warum haben sie es so schnell aufgegeben?«

»Weil sie nichts Konkretes hatten.«

»So naiv bist du doch nicht. Du weißt genauso gut wie ich, dass man vierzehn Tage lang bloßen Schaum liefern kann, ohne jede Grundlage.«

»Ich glaube, die Politiker in seinem Lager wussten, dass sie verletzlich sind, und wollten nicht riskieren, dass wir uns dagegen zur Wehr setzen müssen.«

»Das scheint mir plausibler.«

»Ich fahre fort. Soubise arbeitete für die CEA. Und CEA-internen Quellen zufolge ist die PRG am Atomsektor interessiert.«

»Das ist normal, die Anlagen haben einen riesigen Bedarf an Beton.«

»Ja, und in den nächsten sechs oder sieben Jahrzehnten liegt die Zukunft der Energieversorgung weltweit im Atomstrom. Man kann sich einen großes Kuhhandel vorstellen, ich finanziere dich, du wirst gewählt, du gibst mir den Atomstrom, für die Picot-Robert sind das zwei Fliegen mit einer Klappe.«

»Kann man. Sich vorstellen, aber nicht beweisen. Unsere Quellen in der CEA haben uns auf die Spur gebracht, aber sie weigern sich, mehr zu tun. Fügen Sie noch eine fragwürdige Geheimdienstaktion dazu, mit schon zwei Toten, dann haben Sie das Gesamtbild.«

»Und was ist die Frage?«

»Soll Eugène heute Abend diese heikle Frage ansprechen oder nicht?«

Allgemeine Diskussion.

»Das fällt aus dem Rahmen seines bisherigen Wahlkampfs. Er ist konstruktiv, nicht polemisch.«

»Zu viele unbestätigte Informationen.«

»Könnte das die Tendenz in den Meinungsumfragen umkehren?«

Das ist die große Frage. Dumesnil lässt sich Zeit mit der Antwort. »Nein, wenn ich mir alles überlege, glaube ich das nicht. Es kommt zu spät.«

»Dann hast du die Antwort auf deine Frage.«

»Sekunde. So einfach ist es nicht. Eugène könnte mit der Zukunft der französischen Atomenergie anfangen, wie er es letzte Woche getan hat, das ist gut angekommen, und von der Rolle des Staates in diesem Industriezweig spechen. Das sind unsere Wahlkampfthemen, eine regulierte Wirtschaft und die Verteidigung der Staatsaufgaben. Und auf dieser soliden Grundlage ein paar Versuchsballons über die Affäre Soubise aufsteigen lassen. Wir würden sehen, wie Guérin reagiert. Er könnte Angst kriegen und wir Punkte machen.«

»Das stimmt.«

»Einverstanden. Nur nicht heute Abend. Das Dossier ist nicht gut genug vorbereitet. Aber für die Debatte morgen versorgen wir ihn mit Unterlagen, und er legt los.«

Es ist Zeit, auf die Bühne zu gehen. Schneider stößt zu seinen Beratern. Dumesnil nimmt ihn am Arm und redet auf dem Weg zur Saaltür leise auf ihn ein. Der Kandidat nickt. Die Tür geht auf, Schneider geht mit erhobenen Armen und strahlendem Lächeln ans Rednerpult. Applaus, Pfiffe und sogar ein paar Hupen und Trompeten.

Neal betritt das Opernfoyer genau in dem Moment, als es zur Pause klingelt. Eine Menge eleganter, begeisterter Menschen strömt herein, Gespräche kreuz und quer, Austausch apodiktischer und widersprechender Meinungen über alle Aspekte der Aufführung.

Der Engländer hat sich an ein Fenster zur Place de l'Opéra hinaus geflüchtet und fühlt sich fehl am Platz. Er hält Ausschau nach Cardona, obwohl er nicht sicher ist, ihn identifizieren zu können, denn er hat nur ein kleines Foto von ihm aus dem Jahrbuch der ehemaligen Polytechniker.

Eine Stimme zu seiner Linken. »Monsieur Jones-Saber?«

Neal dreht sich um.

Cardona steht da, zwei Gläser Champagner in der Hand.

Neal verzichtet darauf, ihn zu fragen, wie er ihn erkannt hat. Sein Archiv ist offenbar gut. Mit dem Glas in der Hand drehen sich die beiden Männer zum Fenster um, etwas abseits der Menge.

»Nun gut, Monsieur Jones-Saber, sagen Sie mir, wer Sie sind und was für ein Spiel Sie spielen.«

»Ich bin Journalist. Ich arbeite für den Londoner *Herald* und sitze an einem Bericht über die Fragen, um die es bei den französischen Wahlen geht, und die Aussichten für die kommenden fünf Jahre. Er wird nächste Woche erscheinen, nach der Wahl. Wir arbeiten zu zweit daran. Mein Partner ist der Frankreichkorrespondent der Zeitung.«

»Cooke?«

Neal nickt. »Wir glauben, eine dieser Fragen ist die Neuausrichtung der französischen Atompolitik.«

Cardona schaut ihn mit einem halben Lächeln an. »Eine sehr selektive Biografie. Nichts über Ihre Vergangenheit als Kriegskorrespondent im Nahen Osten und Ihre Streitigkeiten mit Israel wegen seiner Atombombe. Sie haben auch, sehr diskret, Ihre familiären Interessen weggelassen.«

»Ich habe nur von dem gesprochen, was für diese Unterredung wichtig ist. Das scheint mir legitim.«

»Warum bestehen Sie darauf, mich zu treffen, obwohl Sie durchaus wissen, dass ich Ihnen prinzipiell keine Informationen geben werde?«

»Weil ich keine Informationen brauche. Ich weiß nahezu alles, was ich brauche. Ich suche lediglich eine Bestätigung, eine Art

Augenzwinkern oder Nicken, die mir garantieren, dass meine Unterlagen keine Fälschungen oder Provokationen sind, sondern eine Zusammenstellung von Tatsachen. Und einen Hinweis, wo ich den *Jardin des Hespérides* zu lokalisieren habe.«

Sie vertiefen sich beide in den Anblick der nächtlichen Place de l'Opéra, mit Aussicht auf den Louvre, die Lichter, das klopfende Herz der Stadt.

Cardona verdaut die Information, dass Jones-Saber Soubises Unterlagen besitzt. Er beugt sich zu ihm. »Sie haben unserem gemeinsamen Freund gesagt, dass unser Treffen sich für mich lohnen könnte. Was haben Sie, das mich interessieren könnte?«

Neal zieht eine DVD aus der Jackentasche. »Den Mord an Soubise, live aufgezeichnet.«

Cardona ist sichtlich getroffen.

»Die Echtheit ist von der Polizeitechnik überprüft worden. Die Identität der Mörder ist schwierig zu ermitteln, und das beweist, dass es die Tat von Profis ist, begangen, als sie den Computer von Commandant Soubise kopierten. Die Umweltschützer sind außer Verdacht. Die DVD wurde zu den Akten genommen, aber die Ermittlung ist der Criminelle entzogen worden, es ist also alles möglich. Ich glaube, Sie könnten ein Interesse daran haben, ein Exemplar dieses Videos zu besitzen.«

»Eindeutig ja.«

»Also?«

»Sie sollten das Dekret 83-1116 vom 21. Dezember 1983 aufmerksam lesen. Sie werden dann zweifelsohne verstehen, wo sich der *Jardin des Hespérides* befindet.« Cardona steckt die DVD ein, wendet endlich die Augen von dem Platz ab und dreht sich zur Menge im Foyer um. »Ich glaube, es ist Zeit, wieder in meine Loge zu gehen. Und wohlgemerkt, wir sind uns nie begegnet.«

Neal schaut ihm nach, bis er sich in der Menge verliert, dann verlässt er die Oper und geht eilig ins Hotel zurück.

Guérin hat beschlossen, vor dem großen Duell seine Anhänger zu mobilisieren. Die Zahl der Zuhörer ist beschränkt, nicht mehr als dreitausend Personen, aber ein Frage- und Antwortspiel im Saal und vor vielen Journalisten. Eine härtere Prüfung als ein Marathonlauf. Es ist vorbei. Er steigt vom Podium, schwitzend und taumelnd vor Müdigkeit. Er wird von einer kleinen Ansammlung von Parteifunktionären überfallen, die sich mit ihm fotografieren lassen wollen. Hinter ihm fragt eine namenlose Stimme: »Wo ist denn Sonia Guérin? Ich sehe sie nicht. Ich habe hier Papiere für sie.« Er hört sich lachen und antworten: »Wenn ich wüsste, wo sie ist ...«

Guesde packt ihn energisch am Arm, zieht ihn weg und zum Auto, das am Notausgang auf sie wartet.

Guérin fällt auf den Rücksitz.

Guesde zum Fahrer: »Nach Paris, ohne Umwege«, dreht sich zu Guérin, reicht ihm zwei Pillen, eine Wasserflasche und eine Tafel Schokolade. Gesten, die sonst Sonia ausführte. Als Guérin sich besser fühlt, sagt Guesde ausdruckslos: »Dumesnil hat Pâris getroffen.«

»Verdammt.«

»Und die Berater von Schneider bereiten für die Debatte morgen Abend Unterlagen zum Thema Atomenergie vor.«

Eine Zeit lang Stille.

»Hat Patoux mit Dumesnil gesprochen?«

»Nein. Noch nicht. Er versucht es. Ist nicht einfach.«

»Ich bin völlig fertig. Wenn morgen die Scheiße hochkommt, halt ich nicht durch. Sag das Patoux.« Dann lehnt sich Guérin in eine Ecke und schläft ein.

13. Mittwoch

Gegen halb elf tritt Marsand aus dem kleinen Hotel an der Rue des Favorites im fünfzehnten Arrondissement, in das er sich geflüchtet hat. Er bleibt einen Moment stehen und schaut zu der Bar-Tabac gegenüber, die schwarz vor Menschen ist. Jetzt einfach verschwinden, sie alle sitzen lassen? Oder bis zur Arbeit so tun als ob und dann heimlich abhauen? Bis sie was merken ... Aber es ist zu spät, er bemerkt Jean hinter der Frontscheibe, der ihn beobachtet.

Marsand geht über die Straße in das Lokal und lehnt sich an den Tresen. »Einen doppelten Espresso bitte.« Die imposante Gestalt des Bullen erscheint in seinem Blickfeld, aber er ignoriert ihn und wartet auf seinen Kaffee.

»Wo ist Scoarnec?« Trotz des Trubels redet Jean leise, bewegt kaum die Lippen.

»Oben, er schläft.«

»Er hat keinen Verdacht?«

»Doch, gegen alle. Nur nicht gegen mich. Der Idiot ...« Der Barmann stellt eine Tasse vor Marsand, der sie in beide Hände nimmt, als wollte er sich wärmen. In Wirklichkeit zittert er und versucht nur, es nicht zu zeigen.

»Er wird doch nicht schlappmachen?«

»Keine Gefahr.« Gewollt spöttisches Lachen, das schnell abbricht. Hinter der Nervosität blitzt der Ärger durch. »Sein großer Moment naht. Er glaubt felsenfest, die Politik zu revolutionieren, wenn er die Ausstrahlung der Debatte heute Abend unterbricht. Da wird er jetzt nicht verschwinden.«

»Halt durch, es ist bald vorbei.«

»Das hoffe ich, ich hab die Nase gestrichen voll von diesen blödsinnigen Unterhaltungen. Er hat mich die ganze Nacht verrückt gemacht mit seinem Gelaber.«

»So hast du nicht immer geredet.«

Marsand wirft Jean einen bösen Blick zu, der besagt, geht mir nicht auf den Sack, sonst lass ich euch sitzen.

Jean erwidert den Blick unbeeindruckt. »Wenn's dir nicht passt, was du hörst, gib dir besser selbst die Schuld. Du hast dich ganz allein in die Scheiße geritten, weil du von dem Arsch der kleinen Nutte besessen warst. Du wirst brav tun, was wir dir sagen, mit etwas Glück kommst du sauber da raus. Klar?«

Marsand taucht die Nase in die Kaffeetasse und sagt nichts.

»Ist das klar?«

Nach ein paar Sekunden ein widerstrebendes Nicken.

»Konntest du die Änderungen machen?«

Marsand nickt. »Es war nicht leicht, jemand zu finden, aber es hat geklappt.«

»Deine Codekarte?«

»Hab ich Erwan gegeben. Damit kommt er überall rein. Sind Sie sicher, dass ...«

»Nur die Ruhe, er wird dich nicht sehen, weil er sie nicht benutzen wird, er wird nicht die Zeit dazu haben. Ich hab vor, ihn vorher zu schnappen. Für wann hast du dich mit ihm verabredet?«

»Zwanzig Uhr dreißig dort, das hatten Sie mir doch gesagt, oder?«

Das kleine Büro von Cooke. Stickige, fleißige Atmosphäre. Sandwichreste auf den Ablagen, Pappbecher auf dem Boden zwischen den Zeitungsstapeln, beide Computer sind an.

Als Neal hereinkommt, steht Cooke auf, sehr aufgeregt. Er hat die ganze Nacht gearbeitet, aber anscheinend spürt er keine Müdigkeit. »Wir haben's geschafft, Alter. Ich hab das Dekret, das Cardona gestern genannt hat, Zeile für Zeile mit den Memos deiner Freundin Borzeix verglichen. Kein Zweifel, der *Jardin des Hespérides* ist die Areva. Und alles ist vorbereitet, um das Unternehmen zu privatisieren und es auf einem silbernen Tablett der PRG und der schönen Elisa zu schenken. Sie reißt sich für wenig Geld den weltweiten Marktführer auf diesem Sektor unter den Nagel, ein Unternehmen, das schon siebzig Milliarden Euro wert ist und in den kommenden Jahren noch zulegen wird. Ich wage mir nicht mal vorzustellen, was Guérin im Gegenzug bekommt.«

»Damit sind alle Unterlagen von Soubise bestätigt.«

»Ja, und was er aufdecken wollte, nämlich dass nämlich die Chefin eines Privatunternehmens einem von ihr selbst ausgesuchten künftigen Präsidenten die Bedingungen für die Privatisierung eines Juwels des öffentlichen Sektors diktiert. Ein Jahrhundertcoup!«

»*France will never cease to amaze me.*«

Cooke kichert, dann wird er plötzlich wieder ernst. »Wie steht es mit deinen Familiengeschichten?«

»Ich habe Saffron in den Zug nach Cahors gesetzt, alle Probleme mit den Polizeiauflagen sind gelöst, ihre Großmutter holt sie vom Zug ab.« Breites Lächeln. »Ich bin hundertprozentig verfügbar.«

»Na endlich. Komm, setz dich. Wir haben zwei unterschiedliche Themen, zumindest im Moment. Erstens den Mord an Soubise und Courvoisier, die Öko-Spur. Morde, aber keine Mörder, gegen die man Beweise in der Hand hat. Ich schlage vor, wir lassen das vorerst beiseite.«

»Die Crim' ist gestern von dem Fall abgezogen worden.«

»Nicht schlecht.«

»Und Scoarnec soll für die Debatte heute Abend einen spektakulären Mediencoup planen. Info ohne jede Gewähr.«

»Perfekt. Warten wir heute Abend ab. Und fangen wir jetzt gleich mit Guérin-PRG-Areva-Mermet an. Ich sag dir, wie ich mir den Artikel vorstelle. Guérin, amtierender Finanzminister, richtet seinen Wahlkampf auf den Bruch aus. Während des Wahlkampfs hat man ja den Bruch im Stil und in der Kommunikation des Mannes gesehen. Wir berichten von dem Pakt zwischen Guérin und seinen Freunden und zeigen, dass der Bruch da ist, das heißt die totale Verquickung privatwirtschaftlicher Großunternehmen mit der öffentlichen Hand. Das ist die Politik, die Guérin plant. Ein radikaler gesellschaftlicher Umbau. Im Augenblick ist dieser Pakt geheim. Kommt nicht in Frage, dass die Wähler sich dazu äußern. Aber am Montag fallen die Hemmungen, die Areva wird der PRG geschenkt. Und *The Herald* wird einen Bombenerfolg landen.«

»Ist mir recht so. Wie teilen wir die Arbeit auf?«

»Ich nehme den historischen Teil, du den Pakt vor der Wahl.«

Die beiden Männer stehen auf, umarmen sich, dann setzt sich jeder vor seinen Computer.

Pâris kommt gegen drei in die Crim' und steigt mit bleiernen Füßen in den dritten Stock. Den wenigen Leuten, die er unterwegs trifft, antwortet er mit einem mechanischen Nicken. Um diese Zeit weiß sicher die ganze 36 über seine Niederlage Bescheid, und alle Gespräche kreisen wahrscheinlich um die große Frage: Wie lange? Wie lange wird er noch bleiben? Wie lange werden sie ihn behalten? Wie lange, bis sein Team aufgelöst und ein neues unter Pereira gebildet wird, der genug Dienstjahre auf dem Buckel hat? Geht mich nichts mehr an und ich hab keine Lust, drüber zu reden, irgendwas zu erklären.

Im Büro räumen Pereira und Coulanges die Kartons mit den versiegelten Beweisstücken im Fall Soubise zusammen.

»Sie haben keine Zeit verloren, sie anzufordern.«

Pereira richtet sich auf. »Niemand hat was angefordert. Ich will sie loswerden. Am besten so schnell wie möglich, damit wir uns alle mit was anderem beschäftigen können.«

Pâris lächelt, wegen solcher Reaktionen mag er seinen Stellvertreter. Er geht in sein Refugium ganz hinten, zieht den Mantel aus und macht sich Kaffee. »Will noch jemand einen?«

Keiner will.

Mit dem Becher in der Hand schaut Pâris seinen Leuten bei der Arbeit zu. Eine ganze Weile, bis er seinen Kaffee getrunken hat. Pereira hat recht, wir müssen uns anderen Dingen zuwenden, das ganze Zeug rausschmeißen. Pâris stellt seine leere Tasse ab, bemerkt die Fotos der Spurensicherung auf dem Boden und zeigt mit dem Finger auf sie. »Gehen die auch raus?«

»Nein, die wandern in den Papierkorb. Für die Staatsanwaltschaft reicht die DVD.«

Pâris bückt sich, um ein paar aufzuheben, sieht, dass es Aufnahmen der verschiedenen Wohnungen in diesem Fall sind. Ein letzter Blick, bevor sie im Müll landen. Das Studio von Saffron Jones-Saber ... weg damit. Die Bude von Julien Courvoisier ... weg. Der Schlupfwinkel von Scoarnec ... Jeder Winkel, jedes Detail ist verewigt worden. Das Bücherregal im Wohnzimmer mit dem Bord voller Noirs, an die er sich erinnert, weil er sie länger angeschaut hat. Die versiffte Kochecke. Die Toilette mit der Reproduktion des 68er-Slogans: *Macht die Augen auf, schaltet das Fernsehen aus!*

... schaltet das Fernsehen aus, von wegen.

Pâris beugt sich über das Foto. Wie beim ersten Besuch dort wird sein Blick von der großen gelben Ente unten auf dem Plakat angezogen. Sofort fällt ihm wieder sein Großvater ein, der ihm damals, als er klein war, Comics vorgelesen hat. Wie hieß der mit der Ente denn noch? Eine Rächer-Ente, eine Art Robin Hood des Hühnerhofs. *Gédéon*! *Gédéon*, die Ente.

Gédéon.

Den Namen hat Pâris erst vor kurzem gehört. Ein paar Sekunden, dann erinnert er sich, dass das gestern war, in einem Bistro in der Nähe des Hotels von Neal Jones-Saber. *Gédéon*, so heißt das Projekt von Scoarnec und seiner Bande. Das bis Donnerstag geheim bleiben sollte. Warum Donnerstag? Sollte am Mittwoch etwas passieren? Mittwoch ist heute. Und heute ist was? Wieder schaut er das Foto an. Ein 68er-Plakat. *Macht die Augen auf, schaltet das Fernsehen aus!* »Was kommt heute Abend im Fernsehen?«

»Scheiße«, Pereira seufzt, »das Duell unserer lieben Präsidentschaftskandidaten. Auf TF 1 und France 2. Bloß damit wir noch mal denselben Quatsch zu hören kriegen. Ich glaub, ich geh lieber mit meiner Frau ins Kino. Warum?«

Pâris antwortet nicht. Die Debatte zwischen den beiden Wahlgängen. Die letzte. Ein starkes Symbol. Jones-Saber hat gestern noch etwas gesagt. *Eine Farce von Öffentlichkeits-Aktion*. Am Mittwochabend. Am Abend der Debatte. *Schaltet das Fernsehen aus*. Die

Rächer-Ente *Gédéon*. »Ist uns bei der Ermittlung irgendwas untergekommen, das mit Fernsehen zu tun hat?«

»Welcher Ermittlung?«

»Soubise, Scoarnec & Co.«

»Warum fragst du?«

»Bloß aus Neugier.«

Pereira baut sich vor seinem Chef auf. »Verkauf mich nicht für dumm.«

Hinter ihm sagt Coulanges: »Nichts mit Fernsehen. Naja, außer diesem Techniker, Marsand.« Coulanges, der Querdenker.

Seine beiden Kollegen drehen sich zu ihm um und Pâris wiederholt: »Der Techniker?«

»Als ich die Telefonverbindungen unserer drei Leutchen unter die Lupe genommen hab, sind mir ein paar gemeinsame Nummern aufgefallen. Darunter die eines Kerls von France Télévisions, Pierre Marsand, ein Techniker.«

»Und du hast ihn vernommen?«

»Ja.«

»Und?«

»Und nichts. Er kam mir nicht bösartig vor. Und an dem Abend, als Soubise ermordet wurde, hat er gearbeitet. Er war bloß ein Kumpel von ihnen. Und nicht mal vorbestraft.«

»Was macht der Kerl bei France Télévisions?«

»Er arbeitet in der Senderegie.«

»Such mir seine Adresse raus.«

In Schneiders Parteizentrale herrscht Trubel. In allen Büros, allen Gängen aufgeregte Leute, die sich zurufen, sich anschreien oder sich absondern, um eine heftige Kontroverse auszutragen. Die vollkommen sinnlos ist.

Der Kandidat hat sich zum letzten Coaching vor dem großen Duell mit seinen Publicityberatern und einem befreundeten Journalisten eingeschlossen.

Dumesnil leitet, fern von dem ganzen Trubel, ein Treffen der engsten Berater, um die für den Kandidaten vorbereiteten Karteikarten zum letzten Mal durchzusehen. Alles scheint gut ausgearbeitet. Nur die zur Atompolitik ist noch zu prüfen. Der Ton ist ziemlich aggressiv.

Kein Wort über die Atomindustrie in Ihrem Programm. Warum? Weil Sie die Privatisierung zugunsten Ihrer Freunde planen? Die PRG zum Beispiel, deren atomare Interessen seit dem Aufkauf von Centrifor bekannt sind (2002, vgl. die Notiz im Anhang)?

Dumesnil ist sehr zurückhaltend. Sicher, ein Frontalangriff könnte Guérin aus dem Gleichgewicht bringen, er ist ein nervöser Choleriker, er könnte den Kopf verlieren. Aber auch Schneider hat sich im Wahlkampf zu dem Thema eher ausgeschwiegen, und mit Grund, wie kann er gegen die Privatisierung der Atomindustrie antreten, ohne als Verteidiger der staatlichen Atomindustrie zu erscheinen und so womöglich die Stimmen der Umweltschützer verlieren? Schließlich werden Karteikarte und Notiz zu den anderen gepackt.

Sie müssen nur noch darüber reden, wann er das Thema am besten anspricht, um die stärkste Wirkung zu erzielen. Nicht zu spät, dann haben sich die Wähler schon eine Meinung gebildet, viele schon ganz abgeschaltet. Auch nicht zu früh. Ende des ersten Drittels ist wohl der beste Moment. Wenn alles optimal läuft, wird sich Guérin vor Ende der Debatte nicht wieder ganz berappeln.

Schneider kommt aus seinem Konklave mit den PR-Leuten und trifft sich mit den Beratern, um zum letzten Mal die Themen durchzugehen, die er ansprechen soll. Sie kommen zu dem Komplex Atomindustrie, PRG und gefährliche Freundschaften. Das Abenteuer reizt ihn schon. Ihm ist klar, dass er vom Temperament her eher ein Technokrat, ein Mann der Macht ist als ein Kämpfer. Er bedauert ein bisschen, dass es seinem Wahlkampf an Brillanz, Schärfe und Polemik gefehlt hat. Im entscheidenden Moment die Konfrontation suchen, wenn der andere vielleicht nicht darauf gefasst ist, kann sich bezahlt machen. Umso mehr, als Guérin beim bis heute einzigen Mal, dass er sich zu diesem Thema geäußert hat, beim EPR-Dekret, echt schlecht war. Kurz und gut, der Herausforderer ist bereit und beginnt die Karteikarte auswendig zu lernen, die man ihm gegeben hat.

Leichte, stärkende Mahlzeit in einem ruhigen Zimmer, zwanzig Minuten Ruhe im Dunkeln, dann Massage, eine gute halbe Stunde.

Als Pâris, Pereira und Coulanges vor Marsands Wohnung aussteigen, ist es kurz nach siebzehn Uhr und die Straße still. Vor dem Haus lehnt ein Typ im Maurerblaumann rauchend am Lieferwagen eines Bauunternehmens. Er kennt den Eingangscode ebenso wenig wie die drei Polizisten. Sie müssen also ein paar Minuten warten, bis die Tür sich vor einer kleinen Alten öffnet, die schimpft, als sie so viele Leute vor ihrem Haus sieht: »Genau wie der verdammte Fahrstuhl, der ständig kaputt ist!«

Der Arbeiter ist inzwischen in seinem Wagen verschwunden.

Die drei Polizisten gehen in die Halle. Tatsächlich scheint der Fahrstuhl, eine Antiquität in einem Gittergehäuse, nicht zu funktionieren, er steckt irgendwo fest. Und Marsand wohnt im fünften Stock, wie eine schnelle Prüfung der Briefkästen zeigt.

Sie gehen zum Treppenhaus.

Pereira schimpft vor sich hin. »Nicht nur, dass wir hier nichts zu suchen haben, wir müssen auch noch zu Fuß die Treppen hoch.«

Im zweiten Stock angekommen, hören sie über ihren Köpfen Metall kreischen. Die Kabel im Fahrstuhlschacht bewegen sich und bald fährt eine hölzerne Kabine an ihnen vorbei nach unten. Drinnen zwei Männer in Overalls, mit dem Rücken zu ihnen.

Fünfter Stock. Drei Wohnungen. Die Namen an der Klingel zu prüfen, ist unnötig. Die Tür rechts steht halb offen. Die drei verständigen sich schweigend, sie wissen, sie sind da. Was das *Marsand P.* an der Tür bestätigt.

Coulanges spricht als Erster laut aus, was er denkt. »Die zwei Kerle im Fahrstuhl!« Er rennt sofort wieder die Treppen runter.

Pâris stößt die angelehnte Tür auf und tritt ein. Er geht in den Flur, gibt Pereira mit dem Kinn ein Zeichen, sich links das Schlafzimmer vorzunehmen, bleibt auf der Schwelle zum Wohnzimmer stehen und sieht sich um.

Das Zimmer ist nicht übermäßig unordentlich. Ein paar Bierflaschen auf dem niedrigen Tisch, ein voller Aschenbecher, ein wackliger Zeitschriftenstapel. In der Ecke hinten unter dem offenen Fenster ein Fernseher.

Draußen der Lärm der Stadt.

Rechts ein Stoffsofa, ziemlich alt, darauf ein zusammengeknülltes Kissen und eine dicke Wolldecke. Da hat jemand geschlafen. Gegenüber ein Bauernbüffet, auf dessen Ablagefläche Bücher, DVDs, wertloser Schnickschnack und weitere Aschenbecher voll Münzen, Schlüsseln, Feuerzeugen und sonstigem unnützen Zeug herumliegen und -stehen. Und eine Lampe, neben der ein knallroter Schraubenzieher thront, der in dieser farblosen Umgebung fehl am Platz wirkt. Pâris folgt mit den Augen dem elektrischen Kabel der Deckenlampe, das an der Wand herunter bis zu einer Steckdose direkt über der Fußleiste führt. Auf dem Boden unter der Steckdose Spuren von weißem Staub. Der Rest des Parkettbodens ist relativ sauber, die Spuren sind also frisch. Sein Blick steigt zu dem Schalter hinauf, dessen altertümliches Plastikgehäuse in die Wand geschraubt ist. Er betrachtet es aus der Nähe, vergleicht die Schraubenköpfe mit der Schraubenzieherspitze. Sie passen.

»Im Schlafzimmer hat kürzlich jemand gepennt.« Pereira stößt zu ihm.

»Hier auch.« Pâris deutet auf den Schraubenzieher: »Und da hat jemand dran rumgebastelt«, er deutet auf den Schalter und den Gips auf dem Boden, »auch nicht lange her.«

»Ich hab sie nicht mehr eingeholt.« Coulanges, außer Atem. »Und der Lieferwagen des Rauchers ist weg. Was haben Sie?«

»Hier haben in den letzten Tagen zwei Personen gewohnt. Marsand und ...«

»Scoarnec?«

»Sie kennen sich, Scoarnec ist immer noch auf der Flucht, und es gibt gute Gründe anzunehmen, dass Marsand von Anfang an in diesem famosen *Gédéon*-Plan drinsteckte. Warum nicht?«

»Das Fernsehduell heute Abend.« Coulanges.

»Sie versuchen das durchzuziehen, trotz allem, was passiert ist?« Pereira.

Statt einer Antwort zuckt Pâris die Achseln.

»Glaubst du wirklich, die beiden Kerle im Fahrstuhl kamen von hier?«

Schweigen.

»Wer?«

»Keine Ahnung.« Pause. »Aber wir müssen die Spurensicherung rufen, damit sie diese Wohnung unter die Lupe nehmen.«

»Und was willst du der Staatsanwaltschaft sagen?« Der gereizte Ton von Pereira verrät seine Besorgnis. »Wir sind nicht mehr dran an dem Fall, erinnere dich.«

»Nicht mehr an dem Mord an Soubise, in der Tat. Aber das hier ist was anderes. Gefahr im Verzug? Wir haben von einer möglichen kriminellen Handlung erfahren? Wir mussten dringend handeln?«

»Das werden sie nie schlucken.«

Unschuldig lächelt Pâris seinen Stellvertreter an, der die Augen verdreht, dann wendet er sich an Coulanges. »Find raus, wo Marsand ist. Schau, ob er heute arbeiten muss. Aber diskret, wir wollen keine Panik auslösen. Und besser, er weiß nicht, dass wir hinter ihm her sind.« Mit dem Handy in der Hand bittet er Pereira, ohne ihn anzusehen: »Sag den anderen Bescheid, sie sollen den Arsch hierherbewegen, aber dalli. Ich kümmere mich um das Labor.«

Dumesnil und Schneider steigen zusammen ins Auto, das sie zum Sender fährt.

Die Aussicht auf eine gute Polemik hat Schneider aufgeheitert. »Du hast vorhin bei der Diskussion über die Unterlagen zur Atomindustrie nichts gesagt. Ich habe gespürt, dass du zögerst. Warum?«

»Ja. Ich sehe das nicht, erstens weil es eine sehr heikle Frage ist, unmöglich, sie anzusprechen, ohne uns mit den Umweltschützern zu überwerfen. Sie sind bei dieser Wahl vielleicht noch nicht entscheidend, und auch später ist es fraglich, aber wir glauben doch beide, dass sie eine Zukunft haben. Man sollte die Zukunft nicht beschimpfen. Über die Atomfrage sollten wir uns erst mit ihnen unterhalten. Zweitens das Zusammenspiel Guérin-PRG. Wie so oft bei solchen Geschichten viele Vermutungen und wenig konkrete Tatsachen und Beweise.«

»Die gibt es selten bei solchen Affären.«

»Genau deshalb können sie mitten im Wahlkampf halsbrecherisch sein. Ein Angriff könnte einen Bumerangeffekt haben.«

»Bumerangeffekt? Inwiefern?«

»Wenn du ihm mit seinen privaten Beziehungen zu Picot-Robert kommst, könnte er deine Geschichten mit der häuslichen Gewalt auspacken.«

»Mireille hat ihre Klage zurückgezogen.«

»Sicher, aber jedes Verfahren, auch wenn es eingestellt wird, hinterlässt Spuren. Und dein Image kann dabei Schaden nehmen.«

Schneider überlegt einen Moment. Er kennt Dumesnil gut. »Noch was?«

»Ja. Als ich heute Morgen die Einrichtung des Fernsehstudios inspiziert hab, habe ich Patoux getroffen.«

»Und? Raus damit.«

»Er hat mir ganz unverblümt einen Handel angeboten. Der Stuhl des Weltbankpräsidenten wird in einem Monat frei. Wenn du heute Abend das Thema Atomenergie nicht anschneidest – und wenn Guérin am Sonntag gewählt wird, natürlich –, wird er deine Kandidatur unterstützen. Er kann dir den Job garantieren.«

Schneider wendet sich ab, damit Dumesnil seine Überraschung und Verletztheit nicht sieht. Er reagiert heftig. »Und du hast ihm zugehört? Du hast ihn nicht zum Teufel geschickt?«

»Nein. Ich habe gar nichts gesagt.«

»Mir scheint, dieser Vorschlag beweist, wie sehr Guérin mit der PRG verbandelt ist.«

»Ja, einerseits. Aber die Weltbank, Eugène, darüber musst du gut nachdenken. Das ist ein Amt, wo du den Lauf der Dinge wirklich beeinflussen, in die internationalen Entwicklungen eingreifen kannst. Es hat vielleicht mehr Gewicht als die französische Präsidentschaft. Und der letzte Vorteil, und nicht der geringste: Ein so großes Amt ermöglicht es dir, deine glanzvolle Rückkehr nach Frankreich vorzubereiten.«

»Kurz gesagt, du glaubst nicht, dass ich am Sonntag eine Chance habe.«

»So wenig wie du, Eugène.«

Es ist Brauch, dass die Debatte zwischen den beiden Wahlgängen im *Maison de la Radio* stattfindet. Aber dieses Jahr sind die Studios dort aus irgendwelchen Gründen plötzlich nicht verfügbar, und das letzte Fernsehduell vor der Wahl wird in einem Studio der *Société Française de Production* in Boulogne-Billancourt aufgenommen.

Als Pâris und sein Team in die Rue de Silly kommen, wo sich das Gebäude mit der roten Backsteinfassade befindet, das die Studios beherbergt, sind schon sehr viele Leute da. Eine Menge Gaffer und Unterstützer der beiden Kandidaten, Journalisten und vor allem ein imposantes Polizeiaufgebot.

»Wir müssen den für die Sicherheit zuständigen Kollegen sagen, dass etwas passieren kann.« Pereira sitzt hinter Estelle Rouyer, die gefahren ist. Er fixiert Pâris' Nacken.

»Kommt nicht in Frage. Wir gehen mit Fingerspitzengefühl, still und diskret vor. Sinnlos, eine Panik zu provozieren. Wir müssen Marsand finden und dürfen ihn nicht mehr aus den Augen lassen.

Scoarnec kann dann nicht weit sein. Wenn er aufkreuzt. Sobald wir die beiden sehen, schnappen wir sie uns.«

»Ist dir klar, in was für eine Gefahr du alle hier bringst? Wenn du deine Karriere ruinieren willst, mach das ruhig, aber hast du an uns gedacht?« Zum ersten Mal stellt Pereira seinen Chef in Gegenwart anderer zur Rede. In aggressivem Ton.

Rouyer beobachtet Pâris aus den Augenwinkeln, er konzentriert sich weiter auf die Straße vor ihnen.

Als er redet, ist sein Ton ruhig. »Es gibt keine Gefahr. Diese Jungs sind Träumer, keine blutrünstigen Terroristen.«

»Das weißt du nicht!«

»Ich weiß mindestens zwei Dinge. Sie haben Benoît Soubise nicht getötet, und einer von ihnen ist grausam umgekommen, wahrscheinlich von furchtbarer Angst erfüllt, weil er begriffen hat, was mit ihm passieren würde. Er hatte Zeit, sich krepieren zu sehen. Und auch ihn haben nicht seine kleinen Genossen umgebracht.« Pâris dreht sich zu seinem Stellvertreter um. »Dein Sohn ist fast im selben Alter.«

»Lass meinen Jungen da raus!«

»Okay. Aber was mich betrifft, kommt es nicht in Frage, den Mördern von Soubise eine Chance zu lassen, ihr dreckiges Geschäft zu Ende zu bringen. Also werde ich niemanden informieren und Scoarnec und seinen Kumpel ohne Aufsehen aus dem Verkehr ziehen. Ganz allein, wenn's sein muss.«

Die beiden Männer sehen sich an.

»Du hast recht, ich hab nichts mehr zu verlieren, du schon. Fühl dich also nicht verpflichtet, hierzubleiben. Du schuldest mir nichts.« Er wendet sich an Estelle Rouyer. »Das gilt auch für dich.«

Pause. Dann fragt die junge Frau: »Wo soll ich parken?«

Pereira hinter ihr flucht: »Verdammt, ihr geht mir alle auf den Wecker!« Dann beugt er sich zwischen die beiden Vordersitze und zeigt nach links auf die Rue de Paris. »Fahr da rum, der Parkplatz der Sendewagen ist auf der Rückseite.«

Ein paar Diskussionen, und sie gelangen durch die Sicherheitsabsperrung. Hinter ihnen folgen zwei weitere Wagen des Teams.

Pâris verliert keine Zeit und stellt seine Leute auf. Er, Coulanges, der als Einziger Marsands Gesicht schon gesehen hat, und Rouyer gehen zu den Lastwagen von France Télévisions, wo der Techniker nach Auskunft des Personalbüros heute Abend arbeiten soll. Die anderen verteilen sich zwischen dem Zugang zum Sendestudio und den technischen Installationen der Produktionsgesellschaft. Sie haben den Auftrag, Scoarnec ausfindig zu machen und festzunehmen.

Sehr schnell wird klar, dass Marsand nicht in der mobilen Regie des Senders ist. Vielleicht ist er rausgegangen, um zu pinkeln oder zu rauchen? Pâris bittet Coulanges, mit Rouyer eine Runde auf dem Parkplatz zu drehen. Er bleibt hier und wartet. Es ist neunzehn Uhr fünfundvierzig, das Duell beginnt in weniger als einer Stunde.

Erwan Scoarnec hat am späten Nachmittag sein Hotel verlassen, eine halbe Stunde nach seinem Komplizen. Er ist zu Fuß Richtung Seine gelaufen, ohne zu ahnen, dass Jean ihm folgte. Michel war auch nicht weit, im Auto.

Scoarnec lief ohne Eile bis zum Parc André-Citroën, wo er eine ganze Weile den Müttern zuschaute, die dort mit ihren Kindern spielten. Die beiden Bullen nutzten das aus, um die Positionen zu tauschen. Dann, gegen neunzehn Uhr fünfundvierzig, machte Scoarnec sich wieder auf den Weg zum Sitz von France Télévisions.

Es ist zwanzig Uhr zehn, als er zum Empfang kommt. Dank der Codekarte von Marsand durchquert er ohne Probleme die Sicherheitstüren, macht ein paar Schritte in die Halle. Das Atrium ist eindrucksvoll, in ganzer Länge offen, zu beiden Seiten bis zum durchsichtigen Dach hinauf von mehreren Stockwerken verglaster Büros gesäumt, die miteinander durch Galerien verbunden sind.

Gleich links von ihm Vorführ- und Empfangsräume. Heute Abend muss eine Vorpremiere stattfinden, denn viele Gäste mit Petits fours und Champagnergläsern in der Hand strömen aus einem der Säle. Zumindest diejenigen, die nicht wegen der Übertragung des Duells hier sind.

Scoarnec war nicht darauf gefasst, so viele Leute zu sehen.

Etwas weiter auf derselben Seite der Tresen mit den Hostessen. Dort informieren vier junge Frauen in Uniform die Besucher. Noch weiter weg, hinter einer riesigen Treppe, umschließen Gärten den Gebäudekern.

Erwan blickt sich offenbar unentschlossen um. Er bemerkt die in dunkle Anzüge gezwängten Wachleute, die weitere Besucher hereinlassen. Und gerade als er sich umdreht, einen großen Schwarzen und einen kleinen Rothaarigen. Niemand scheint ihn und seine Nervosität zu beachten, also geht er weiter. Marsand hat ihm erklärt, die Regieräume lägen im Untergeschoss, hinter der großen Treppe. Rote Markierung, Seineseite, erstes Untergeschoss.

Scoarnec hat die Stufen fast erreicht, als rechts von ihm Leute aus einer Feuerschutztür kommen. Aus einem Angstreflex dreht er den Kopf zu den Neuankömmlingen. Ein Mädchen, ein weiteres Mädchen, das lacht, ein Bärtiger, der mit einem anderen Mann spricht, und ... Marsand. Er hebt gerade eine Colaflasche an den Mund und trinkt. Er bemerkt Erwan, verschluckt sich, spuckt seine Cola aus. Auf seinem Gesicht erst Überraschung ... Dann Angst.

Scoarnec begreift im Bruchteil einer Sekunde. Etwas stimmt hier nicht. Im nächsten Moment blickt Marsand weiter nach hinten, Richtung Eingang. Instinktiv folgt er diesem Blick.

Etwa zwanzig Schritte von ihm entfernt beobachten ihn der Schwarze und der Rothaarige sehr aufmerksam, ihr Gesichtsausdruck ist finster.

Erwan dreht sich wieder zu Marsand, der schon zurückweicht. Er brüllt: »Warte!«, dann: »Warum hast du mich verpfiffen?« Und läuft dem Techniker nach, der hinter einer Doppeltür verschwunden ist.

Ein Treppenhaus, das in die oberen Stockwerke führt.

Die beiden Mädchen schreien, die Männer versuchen, ihm den Weg zu versperren. Vergeblich.

Marsand flüchtet bis zum zweiten Stock und kommt auf einer Galerie heraus, die zu einem schmalen Steg führt.

Wütend steigert Erwan sein Tempo und der Abstand zwischen ihnen wird schnell kleiner. Er stößt einen Mann im Anzug um, der aus seinem Büro kommt, weicht einem anderen gerade noch aus und holt den Techniker ein, als der gerade das andere Ende des Atriums erreicht. Er wirft ihn zu Boden und schlägt ihn einmal ins Gesicht, dann stellt er ihn wieder auf die Beine und presst ihn gegen das Geländer.

Marsand, mit dem Oberkörper über dem Abgrund, fleht ihn an. Aber er kriegt noch einen Schlag ins Gesicht, wird als Arschloch und käuflicher Lump beschimpft.

»Lass ihn los, Scoarnec! Polizei! Lass ihn los!« Michel, am Ende des Stegs, zielt mit seiner Sig auf die beiden.

Erwan schaut erst den Scheiß-Bullen an, dann seinen Ex-Komplizen. Sein Gesicht ist hassverzerrt. »Dreckige kleine Hure!« Er stößt den Techniker weg und hebt langsam die Hände, da kracht ein Schuss.

Ein zweiter.

Durch die Treffer wird Scoarnecs Körper zur Seite geworfen, gegen Marsand, den der Aufprall über das Geländer schleudert. Er stürzt kopfüber in die Tiefe und ist auf der Stelle tot.

Nach dem dumpfen Knall der Schüsse nun Schreie. Die vielen Zeugen, die, angelockt von der Verfolgungsjagd, die Szene miterlebt haben, sind zutiefst verstört.

Michel geht sofort weiter den Steg entlang, während Jean hinter ihm die Leute daran hindert, näher zu kommen. Michel beugt sich über Erwans Leiche und tut, als wollte er prüfen, ob er noch lebt. Diskret steckt er dem Toten den USB-Stick Julien Courvoisiers in die Tasche, dessen Fingerabdrücke noch drauf sind, sie haben sich vergewissert. Dann hebt er den Kopf und zwinkert seinem Kollegen zu. Jean nickt, wendet sich an einen der Verantwortlichen und ordnet an, den Rettungsdienst zu rufen.

Pâris schaut auf die Uhr. Zwanzig Uhr zwanzig. Wo bist du, Marsand? Ein Blick zu Coulanges, der ein paar Schritte weiter das Kommen und Gehen beobachtet, die beiden Männer wechseln ein Kopfschütteln, dann geht er in den Regiebus.

Die Techniker schauen ihn schief an, und einer, der wie der Chef aussieht, fragt ihn, was er wolle.

Pâris stellt sich vor, zeigt kurz seine Marke und fragt, ob Pierre Marsand da sei.

»Er ist heute Abend im Hauptsitz, der Blödmann hat mich in letzter Minute versetzt.« Der Mann will noch was hinzufügen, als hinter ihm eine hohe Stimme ertönt.

»Im Hauptsitz ist geschossen worden ...« Das Mädchen – der Typ, der bei jeder Kleinigkeit in Panik gerät – hat ihr Handy in der Hand und berichtet:

»Leute sind verletzt ... Leute von uns ...«

»Wer?«, fragt der Mann, der mit Pâris geredet hat.

Pâris stürzt schon nach draußen, als er in dem Tumult gerade noch hört: »Marsand.«

Im Schminkraum hat Eugène Schneider verlangt, allein gelassen zu werden. Sogar Dumesnil hat er rausgeschickt. Er betrachtet im Spiegel die Arbeit der Maskenbildnerin. Dieses Gesicht ist nicht seines. Alt und geschlagen.

Draußen vor der Tür Stimmengewirr, immer lauter.

Er schließt die Augen. *So wenig wie du, Eugène.*

Dumesnil kommt ihn holen. Der Verräter. Auf dem Weg durch ein paar laute Räume mit vielen Leuten informiert dieser ihn, dass es bei France Télévisions einen offenbar ziemlich ernsten Zwischenfall gegeben hat, der die Aufnahme aber nicht stören werde. Schneider nickt, er ist mit den Gedanken woanders.

Endlich kommen sie ins Studio. Merkwürdiges Gefühl, das also ist die Opferstatt. Er schaudert.

Dumesnil ist besorgt. »Ist dir alles recht so? Ich habe es ein paarmal überprüft.«

Schneider nickt wieder. Die beiden Moderatoren der Sendung empfangen ihn. Sie wirken sehr angespannt. Er, nein. Wattiges Gefühl.

Pierre Guérin kommt herein, mit triumphierendem Lächeln und ausgestreckten Händen.

Dumesnil zieht Schneider zu seinem Sessel. Ein Techniker sagt, noch zehn Minuten. Schneider setzt sich. Um ihn herum Trubel. Beleuchtungskontrolle, Mikros werden aufgestellt. Noch fünf Minuten. Tonproben, Überprüfung der Kamerapositionen. Achtung ... Dreißig Sekunden ... Aufnahme!

Endlose Ansprache der Moderatoren.

Schneider ist nicht konzentriert.

Die erste Frage: »Wenn Sie am kommenden Sonntag gewählt werden, was für ein Präsident werden Sie sein?«

Guérin wirft sich in die Brust. »Die Franzosen sind es leid, was aus der Politik geworden ist. Ich will ihnen den Geschmack daran zurückgeben. Ich werde ein anderer Präsident sein. Ein Präsident, der sich nicht damit begnügt zu reden, sondern der handelt. Ein Präsident, der Resultate bringt und nach seinen Resultaten beurteilt werden will.«

Schneider hat noch nie von sich selbst sprechen können und wollen. Er sucht nach einem Ansatzpunkt. »Ich stelle mich mit einem Programm zur Wahl, das ich nicht allein ausgearbeitet habe. Ich werde versuchen, es mit all denen zusammen umzusetzen, die es tragen. Ich werde mich auf die beiden Hauptachsen konzentrieren: die Reduktion der Staatsschulden und den Kampf gegen die bitterste Armut, für eine egalitärere Gesellschaft.« Wen willst du damit überzeugen? Wirklich nicht gut. Nicht der Mann der Stunde.

Dumesnil und Patoux stehen nebeneinander hinter dem Regiepult.

Patoux murmelt. »Dein Typ hat verloren.«

Dumesnil zuckt die Achseln.

Pâris hat das große Glasmausoleum von France Télévisions verlassen. Er hat die Leichen gesehen. Er hat den Schock von den Gesichtern der Zeugen abgelesen. Er hat die Leere gespürt, die ihn auf einen Schlag überkommen ist wie noch nie. Jetzt wartet er draußen am Fuß der Treppe, eine Zigarette im Mund, an sein Auto gelehnt. Worauf, weiß er nicht. Um ihn herum scheint sich die sinnlose Geschäftigkeit des Rettungsdiensts allmählich zu beruhigen.

Pereira taucht oben auf der Treppe auf. Er kommt herunter, tritt neben seinen Chef. »Der Rotschopf dort war es.« Der geschossen hat, braucht er nicht erst zu sagen, aber er hält es für sinnvoll, »RG« hinzuzusetzen, als er mit dem Kinn auf den Mann zeigt.

Pâris betrachtet den kleinen Mann, der nach nichts aussieht und für die zwei Toten heute Abend verantwortlich ist. Er wirkt nicht verstört, im Gegenteil, er redet laut und hat seinen Spaß, wobei er sich ständig zu einem riesigen Schwarzen umblickt, der ernst wirkt. Hinter ihnen ein jüngerer Typ im Anzug, der auf hundert Meter nach höherem Beamten riecht. »Was hatten sie hier zu suchen?«

»Das ist ein Rätsel.«

Pâris' Augen lösen sich von dem Rotschopf und konzentrieren sich auf dessen Kollegen. Der spürt den Blick, bleibt mitten auf der Treppe stehen und mustert den Offizier von der Crim'.

Die stumme Herausforderung dauert einige Sekunden, bis der Held des Abends, der vor einer grauen Dienstlimousine steht, den großen Schwarzen ruft. »He, Jean, was treibst du? Mach schon, verdammt, nimm endlich die Beine in die Hand!«

Pâris hört es und erstarrt. Sein Blick wandert zwischen den beiden RGs hin und her.

Und Jean ist sofort klar, dass er kapiert hat.

Pâris macht einen Schritt, aber Pereira hält ihn zurück. Mit Gewalt. Er dreht sich um, um sich zu befreien, aber sein Stellvertreter lässt nicht los und sagt kopfschüttelnd: »Lass es, das ist Familie.«

Nach etwa eineinviertel Stunde Debatte ohne große Enthüllungen redet jeder von dem, was er am besten kennt, Schneider von seinen Dossiers, Guérin von sich selbst. Die Journalisten fragen die Kandidaten nach der Zukunft der französischen Industrie, die es sicher nicht leicht haben wird in der globalisierten Wirtschaft. Welche Weichenstellungen würden Sie vornehmen?

Die vorgesehene Zeit, die Frage, auf die er gewartet hat.

Die Zukunft der französischen Industrie oder die meine? Wenn Dumesnil nicht mehr an sie glaubt, wer glaubt dann noch an sie? Schneider hat die Karteikarte über die Umstrukturierung des nationalen Atomsektors und die Verbindungen seines Gegners zur PRG vor sich liegen. Mit einer ganz selbstverständlichen Geste nimmt er sie, legt sie unter den Stoß und fängt von den Klein- und Mittelbetrieben an, dem Reichtum und der Zukunft Frankreichs.

Es ist Zeit, das Duell der beiden Kandidaten zu beenden. Einer der Moderatoren beginnt mit den rituellen Schlussworten. Cooke stellt den Ton ab. Neal steht auf, streckt sich. »*Bollocks!*« Er nimmt den Stapel Sandwichs in Angriff, die sein Freund bestellt hat, damit sie den ganzen Abend durchhalten. Sie haben sich in Cookes gepflegte kleine Wohnung – die Wohnung eines genussfreudigen Junggesellen – mitten im Quartier Latin geflüchtet, um sich die Debatte heute Abend ungestört anzuschauen. »Guérin spielt seine Rolle als Superheld *Ich-ich*. Ich gebe zu, sehr gut, das wirkt. Schneider, der perfekte Sidekick, redet wie ein Technokrat von Zahlen und Hintergründen und interessiert niemanden.«

»Kein Wort über die Atomindustrie.«

»Spricht nichts dafür, dass er Bescheid weiß.«

»Glaubst du wirklich, er hat keine Antennen in der CEA?«

Die beiden Kandidaten im Bild sind aufgestanden. Sie verlassen das Studio und die Kamera folgt ihnen in die Kulissen.

»Ich bin ein bisschen enttäuscht, dass ich nicht eine Spur vom Freund deiner Tochter und seinem *Gédéon* gesehen habe. Das hätte doch ein bisschen Leben in die Sache gebracht.«

»Das war zu erwarten, *cunts*!«

Plötzlich erscheint ein roter Balken in der rechten oberen Ecke des Fernsehers. Cooke dreht wieder lauter.

Ein Journalist steht vor dunklem Hintergrund, eine Depesche in der Hand, sehr ernst.

Heute Abend, vor dem großen Duell zwischen den beiden Wahlgängen, das Sie gerade gesehen haben, ist unser Sender zum Ziel eines Sabotageversuchs geworden, offenbar sollte die Übertragung der Debatte gestört werden, aus Gründen, die erst geklärt werden müssen. Der Saboteur, dessen Identität gerade bestätigt wurde, ist Erwan Scoarnec, Mitglied einer radikalen Grupe, die für ihre gewaltsamen Aktionen bekannt ist. Er wurde schon im Fall des Mordes an Commandant Benoît Soubise gesucht. Er ist bei einer gewalttätigen Auseinandersetzung mit dem Sicherheitsdienst erschossen worden. Auch ein Techniker unseres Senders, Pierre Marsand, ist bei diesem Zwischenfall ums Leben gekommen, als er mutig einzugreifen versuchte. Die Gedanken aller Mitarbeiter von France Télévisions sind in dieser schmerzlichen Prüfung bei seinen Angehörigen und Freunden.

Neal ist erstarrt, totenblass, flucht halblaut auf Englisch und stürzt dann zu seinem Handy, das er im Flur hat liegen lassen.

In Cahors, im Wohnzimmer seiner Schwiegermutter, läuft der Fernseher weiter, ins Leere. Auf dem Sofa schmiegt sich Saffron in die Arme ihrer Großmutter, die sie umarmt und das Gesicht in ihrem Haar vergraben hat, ohne ein Wort.

Hinter dem Sofa steht Pierre Salleton, das Handy am Ohr, und wiederholt ruhig: »Keine Sorge, Neal, wir lassen sie nicht allein ... Nein, keinen Moment lang ... Wir bleiben da ... Für das Restaurant find ich morgen schon eine Lösung ... Gut, ich hol dich vom Bahnhof ab.«

14. Sonntag

Die Straße ist ruhig, es ist noch früh. Nur ein Paar ist schon ausgegangen. Die Massons, die drei Häuser weiter unten wohnen. Sie haben sich angewöhnt, alles sehr früh zu tun. Sie beherrschen die Kunst, sich zu beeilen, um nicht warten zu müssen, der Zeit voraus zu sein, um mehr zu haben, mehr Zeit – und am Ende zu warten.

Bei Pâris ist Licht in der Küche. Hinter dem Fenster geht die Silhouette von Christelle hin und her. Sie muss ebenfalls in aller Herrgottsfrühe aufgestanden sein. Sie weiß, dass er heute Morgen nach Hause kommt, er hat es ihr gestern Abend am Telefon gesagt. Sie war überrascht, aber herzlicher, als er gedacht hätte. Er hat die Erleichterung in ihrer Stimme am anderen Ende der Leitung gehört. Er stellt sich vor, dass sie beim Gedanken an seine Rückkehr angespannt ist und Kopf und Hände beschäftigen will, indem sie das Frühstück vorbereitet. Für sich und ihn. Sie haben eine oder zwei Stunden für sich allein, die Mädchen tauchen am Wochenende erst gegen Mittag auf.

Eine oder zwei Stunden, falls er sich endlich bewegt. Aber er bleibt im Auto sitzen, mit seinem kleinen Koffer voller Klamotten auf dem Beifahrersitz. Das Radio läuft leise. Er lässt die Zeit verstreichen, zögert den Moment hinaus. Déjà-vu, unerträglich. Die Niederlage, hier und jetzt.

Der Rückzieher.

Nach zehn Minuten über den Verlauf des zweiten Wahlgangs, Umfragen in den Wahlbüros und geschätzter Wahlbeteiligung, vorsichtigem Vermeiden politischer Kommentare und Tendenzen kommt der Moderator zu *den anderen Nachrichten*. Nichts über den Rest der Welt, normal, hierzulande wird gewählt. Nur ein oder zwei Lokalnachrichten und vor allem die einzige Affäre, die zählt, zumindest bis heute Abend, die *Schießerei im Sitz von France Télévisions*.

Mutiges Eingreifen der Spezialkräfte der Polizei, seit vierundzwanzig Stunden auf der Spur des gefährlichen Erwan Scoarnec ... Wie bitte?, denkt Pâris. Die Wörter *Ökoterroristen, Radikale, Autonome, Schwarzer Block, Sektierer, gewalttätig, Mörder, Mord* kommen so oft vor, dass er sich fragt, ob der Moderator mit seinen Freunden eine Wette abgeschlossen hat. Vergessen *PRG, Elisa Picot-Robert, CEA*, sogar *Soubise* und, zum Glück, *Saffron Jones-Saber*.

Kein Wort über Pierre Guérin.

Der Mythos vom *Retter Marsand, diesem zurückhaltenden, von allen geschätzten Techniker, der großen Mut an den Tag legte*, hält sich mit einigen Nuancen. Jetzt gibt man zu, *er habe unter dem Einfluss des diabolischen Charismas von Erwan Scoarnec gestanden, dem regelrechten Guru einer auf den Namen* Gédéon *getauften Gruppe* – wer hat das durchsickern lassen? –, *dann aber, als ihm klar wurde, in welche Gefahr er das Personal des Senders brachte, zur Besinnung kam und versuchte, den gefährlichen Radikalen zur Vernunft zu bringen. Dabei verlor er sein Leben.*

Der Arme.

Pâris kann sich die Kungeleien hinter den Kulissen vorstellen. Undenkbar, den Ruf der Techniker im öffentlichen Dienst mit Füßen zu treten. Unmöglich, den Journalisten-Kollegen von France Télévisions in den Rücken zu fallen, die ihre Mitarbeiter schützen. So unverhüllt wurde das natürlich nie gesagt.

Corpsgeist gibt es nicht nur bei der Polizei.

Aber wer ist er, den Richter zu spielen? Wo steht er heute? In seiner Straße, vor seiner Haustür. Einen Tag vor Ablauf des Urlaubs, um den er am Freitagmorgen gebeten und den ihm der schwitzende Fichard umgehend genehmigt hatte, froh, freie Hand zu haben und die Affäre begraben zu können. Und über die Zukunft seines lästigen Teamchefs zu entscheiden.

Pâris weicht Dingen aus, die er nicht mehr sehen oder zugeben oder anprangern will. Das ist Familie, hatte Pereira gesagt. Corpsgeist, Rückzieher und so weiter, schließlich hat auch er nachgegeben. Wenn er überlebt und nicht ganz abstürzt, hat er Glück gehabt.

Es ist Zeit, reinzugehen und seinen Mann zu stehen, für seine Töchter, die er nie wirklich, sondern nur seiner Frau zuliebe gewollt hat und die er sich aus Pflichtgefühl bemühen wird ein bisschen zu lieben.

Er zieht mit einer Hand am Türgriff, packt mit der anderen den Koffer, setzt einen Fuß hinaus. Da meldet sich sein Handy in seiner Tasche. Eine SMS. Er hält mitten in der Bewegung inne, holt das Handy heraus, schaut auf das Display, liest, zwei Mal, und lächelt. Dann macht er die Tür wieder zu, steckt den Schlüssel ins Zündschloss, lässt den Motor an und fährt davon.

Guérin begibt sich gegen acht Uhr dreißig in sein Wahlbüro, in der Hoffnung, dem indiskreten Auge der Medien zumindest teilweise zu entgehen. Verlorene Mühe. Die Straße mit dem Kindergarten, in dem das Wahlbüro eingerichtet wurde, ist in diesem Villenvorort zwar leer. Aber vor der Tür des Büros liegen schon reichlich Fotografen, Kameramänner und Journalisten auf der Lauer.

Guesde bahnt ihm den Weg, Guérin folgt ihm mit gesenktem Kopf. Die beiden Männer gehen schnell.

»Bitte, meine Herren, wir haben zu tun«, sagt Guesde immer wieder und drängt die Leute beiseite.

Im Wahlbüro hebt Guérin den Kopf und lächelt. Unter Blitzlichtgeprassel tritt er in die Kabine, wirft seinen Wahlzettel in die Urne, drückt dem Chef des Wahlbüros und seinen Beisitzern immer noch lächelnd die Hand.

Beim Rauskommen ein heikler Moment. Guesde bahnt ihm wieder den Weg. Auf dem Bürgersteig versperrt ihnen eine dichte Gruppe von Journalisten den Weg zum Auto. Es hagelt Fragen. *Wo ist Sonia Guérin? Begleitet sie Sie heute nicht? Es wird von einer Trennung gesprochen, können Sie das bestätigen?*

Gedrängel.

Guérin schiebt heftig einen Journalisten beiseite. »Lassen Sie mich in Ruhe, Ihr Job ist echt Scheiße!« Und verschwindet im Auto, das davonfährt.

Gegen elf Uhr wartet Dumesnil am Steuer seines Autos vor dem Haus von Schneider. Neben ihm auf dem Beifahrersitz Mireille, Schneiders Frau, ein bisschen steif, sie fühlt sich nicht wohl und versucht das auch nicht zu verbergen. Jeans, T-Shirt, Jackett, sie hat sich keine besondere Mühe gegeben.

Der Kandidat kommt aus dem Haus, steigt hinten in den Wagen, der losfährt, Richtung Wahlbüro.

Mireille reicht ihrem Mann mit einem halben Lächeln die Hand.

Er nimmt sie und küsst sie. »Mireille, ich bin dir unendlich dankbar, dass du hier bist. Mir ist klar ...«

Sie unterbricht ihn. »Deine Söhne bewundern und lieben dich. Sie haben mich überredet, das Spiel mitzuspielen. Ich habe ihnen versprochen, zu kommen und für Unterhaltung zu sorgen, aber nicht mehr. Also streng dich nicht an, die Mühe lohnt sich nicht.«

Vor dem Wahlbüro ein kleiner Trupp Fotografen. Schneider öffnet seiner Frau die Tür, geht hinter ihr her, Fotos. Im Wahlbüro in die Kabinen, Seite an Seite die Wahlzettel in die Urne, Fotos.

Draußen prasseln die Fragen. *Eine Prognose für heute Abend? Wie sehen Sie die Zukunft?*

Schneider lächelt: »Gut, sehr gut die Zukunft«, und steigt mit Mireille, die er am Arm hält, in den Wagen.

Ab achtzehn Uhr dreißig werden die ersten Hochrechnungen bekannt und machen die Runde, aber mit dem Verbot, sie vor der offiziellen Schließung der Wahlbüros zu veröffentlichen.

Die Parteimitglieder, die in Guérins Parteizentrale strömen, versuchen daher, ihre Freude zu verbergen, aber über das Resultat gibt es keine Zweifel mehr, ihr Kandidat gewinnt mit 52 bis 52,5 Prozent der Stimmen, mindestens vier Punkte vor Schneider.

Es wird ein Triumph.

Das Erdgeschoss des Gebäudes ist brechend voll, die Leute stehen bis auf die Straße, die bald blockiert ist. Sie warten auf das Erscheinen des Präsidenten um zwanzig Uhr.

In den oberen Stockwerken ausgesuchtes Publikum. Nur bekannte und mächtige Leute.

Pierre Guérin hat sich in den obersten Stock zurückgezogen, um in der Bar mit dem ungemein professionellen Barman auf die Ankündigung seiner Krönung zu warten. Seine engsten Freunde und Komplizen sind bei ihm. Firmenchefs natürlich, an der Spitze Elisa Picot-Robert und Mermet, hohe Beamte, ein paar Politiker, einige Stars und Promis, die gerade en vogue sind, und die Nächsten aus seiner Garde.

Es wird viel getrunken. Die Stimmung ist fröhlich und entspannt, ein bisschen wie bei einem Familienfest. Morgen ist Zeit genug, sich für die Teilung des Kuchens zu rüsten. Aber ein paar Haie hier und da riechen schon Blut.

Im Moment spielen sich die ernsteren Dinge draußen auf dem Flur ab, wo Guesde alle einflussreichen Leute empfängt, die den neuen Präsidenten begrüßen wollen, dann dirigiert er sie zum Büfet oder in den Presseraum, der fast aus den Nähten platzt vor Journalisten aus der ganzen Welt.

Auch Präfekt Michelet ist gekommen, um seine Glückwünsche zu überbringen und die Stimmung zu testen.

Guesde zieht ihn sehr herzlich beiseite. »Ich möchte Ihnen gratulieren. Ein spektakulärer, unverhoffter Befreiungsschlag. Zudem haben Sie uns wahrscheinlich einen Punkt Abstand zu Schneider verschafft. Ökologist reimt sich zu gut auf Terrorist.« Er bricht in

Gelächter aus, dann wird er wieder ernst. »Wenn wir in den Elyséepalast einziehen, müssen wir den Sicherheitsdienst des Präsidenten von Grund auf reorganisieren, im Augenblick ist er zum großen Teil mit unseren Feinden besetzt. Würde Ihnen das zusagen, mein Lieber?«

Aus dem Fahrstuhl tritt die hohe Gestalt von Cardona.

Guesde verabschiedet sich taktvoll von dem Präfekten: »Der Vorschlag ist ernst gemeint. Denken Sie nach. Ich rufe Sie morgen an.« Dann geht er dem Verwaltungsdirektor der CEA entgegen.

Die beiden Männer begrüßen sich. Beobachtungsrunde.

»Lieber Freund, ich bin froh, Sie zu sehen.«

»Ich bin hier, um den neuen Präsidenten zu grüßen.«

»Wunderbar. Er hat schon über die Zusammensetzung seiner Regierung nachgedacht und mich beauftragt, bei Ihnen vorzufühlen. Er denkt beim Industrieministerium an Sie. Wie würden Sie auf einen solchen Vorschlag reagieren?«

Strahlendes Lächeln von Cardona. »Der Präsident erweist mir große Ehre. Aber ich glaube, ich nütze meinem Land als Leiter der staatlichen Atombehörde mehr als an der Spitze eines Ministeriums.«

15. Und danach?

Seit drei Tagen wohnt Barbara Borzeix im Genfer *Vier Jahreszeiten*. Vor drei Tagen hat sie Paris mit seinen Sorgen und Wahlen hinter sich gelassen. Eine Ewigkeit. Eine neue Umgebung, ein neues Leben, alles läuft wunderbar, und Elisa hält ihr Versprechen sehr großzügig.

Borzeix wird es hier gefallen.

Heute Morgen ist es schön, aber kühl, zu kühl, um auf der Terrasse zu frühstücken, sie hat sich für das Restaurant mit dem herrlichen Blick über den See und seine Fontäne entschieden.

Der Oberkellner kommt mit ihrer leichten Mahlzeit, frisches Obst und ein echter Schweizer Café crème, sehr schaumig. Kaum ist er verschwunden, ertönt rechts neben ihr eine Stimme.

»Guten Tag, Mademoiselle Borzeix, darf ich mich zu Ihnen setzen?«

Ein Mann, der mit englischem oder eher amerikanischem Akzent spricht. Um die fünfzig, dichtes graumeliertes Haar, gepflegter, schicker Dreitagebart, dreiteiliger, grau gestreifter Anzug und maßgeschneidertes Hemd, schmucklose Seidenkrawatte. Die perfekte Verkleidung für einen schlauen alten Finanzhai. Gefährlich?

»Ich kenne Sie nicht.«

Der Mann gibt ihr die Hand. »Vincent Hanna.«

Borzeix drückt sie. »Das sagt mir nichts.«

Hanna lächelt. »Ich arbeite für die Carlyle Group.«

Die junge Frau kann ihre Überraschung nicht verbergen.

»Ich sehe, dass Ihnen der Name nicht unbekannt ist.«

»Ihr Ruf eilt Ihnen voraus.«

»Man darf nicht alles glauben, was die Leute sagen.«

»Ist Carlyle nicht die finanzielle Pappnase der CIA?« Jetzt ist es an ihr, zu lächeln. »Was kann ich für Sie tun, Monsieur Hanna?«

»*Straight to the point.* Das mag ich.« Der Amerikaner nimmt sich Zeit und wählt seine Worte. »Ich glaube zu wissen, dass Sie an einem Projekt namens *Jardin des Hespérides* beteiligt waren.«

»Sie sind gut informiert.«

»Nicht gut genug. Deshalb brauche ich Sie.«

»Setzen Sie sich doch bitte.« Mit einer Handbewegung lädt sie ihn ein, ihr gegenüber Platz zu nehmen. »Unterhalten wir uns.«

Seit ein paar Tagen ist Neals Leben zwischen Paris und Cahors aufgeteilt, zwischen der Notwendigkeit, bei seiner Tochter zu sein, und der Arbeit mit Cooke an der Artikelserie für den *Herald*.

Gestern ist sie fertig geworden und an die Zeitung gegangen. Heute Morgen ist die erste Folge erschienen, eine ganze Seite direkt gegenüber den französischen Wahlergebnissen. Der *Herald* wird bis zum Wochenende jeden Tag eine weitere halbe Seite veröffentlichen. Erstens: Pierre Guérin, der neue Präsident der französischen Republik, sein Anspruch: das Volk und die Arbeit, die Realität: Blutsbrüderschaft mit Frankreichs oberen Zehntausend.

Einschub: die Dynastien, die unter den Präsidenten der V. Republik floriert haben.

Zweitens: die beste Freundin des neuen Präsidenten, der mörderische Hai unter den Großunternehmen, Elisa Picot-Robert, Porträt der Erbin des größten französischen Hoch- und Tiefbaukonzerns.

Einschub: Wie ist die Scheidung Guérins zu verstehen? Zurück zur bewegten Geschichte der Familien Pasquier und Picot-Robert. Drittens: die zivile Atomindustrie Frankreichs und die Ambitionen der schönen Elisa, wird der *Jardin des Hespérides*, der außerordentliche Erfolg von fünfzig Jahren Politik der öffentlichen Hand in Frankreich, bald geplündert? Einschub: Risiken und Gewinne einer privatwirtschaftlichen Atomindustrie, der lange Marsch der Atomgegner. Viertens: Fragen um einen vierfachen Mord, wer hat ein Interesse, den Fall Soubise zu begraben? Einschub: Eines der Opfer der *conspiracy* spricht, Exklusiv-Interview mit der Aktivistin Saffron Jones-Saber, das störende Video.

Neal ist sehr zufrieden mit dieser Artikelserie, einer der besten, die er je geschrieben hat. Stoff, um zehn englische Regierungen zu stürzen. Wenn es damit nicht gelingt, den französischen Augiasstall auszumisten, wird das nichts und niemand je schaffen.

Auf der ganzen Zugfahrt nach Cahors zurück schwankt er zwischen der Angst vor dem Wiedersehen mit Saffron, der Angst vor seiner Ungeschicklichkeit und der tiefen Freude, wieder in seinem Beruf zu arbeiten.

Am Bahnhof wartet Augustine, seine Schwiegermutter, auf ihn, eine schmale, elegante Gestalt mit ihren dauergewellten weißen Haaren, ihrem blassen Gesicht und den fast farblosen Augen. Sie umarmt ihn und führt ihn zu ihrem alten Auto.

Neal fragt sofort: »Wie geht es Saf'?«

»Besser. Sie hat heute Nacht praktisch ohne Schlafmittel geschlafen. Ich finde, das ist gar nicht schlecht.«

»Augustine, machen Sie sich nicht über mich lustig?«

Sie überlegt, zögert, dann entschließt sie sich. »Wir haben viel geredet. Von sehr persönlichen, schmerzhaften Dingen, die sie mit Ihnen nicht besprechen will. Versuchen Sie nicht, mehr darüber zu erfahren. Es mag schwer sein, eine gute Beziehung auf einer Lüge aufzubauen, obwohl ... Aber mit Ungesagtem kommt man sehr gut zurecht. Nichts ist zerstörerischer als die hysterische Suche nach *der* Wahrheit. Neal, sind Sie erwachsen genug, auf mich zu hören?«

»Ich werde es versuchen.«

»Saffron ist stärker, als ich dachte. Sie hat beschlossen, sich nicht zerstören zu lassen von dem, was sie erlebt hat.« Augustine macht eine Geste zu Neal. »Wir werden versuchen, für sie dazusein und ihr zu helfen, nicht wahr?« Sie hält vor dem *Sanglier bleu*, das offenbar geschlossen ist.

»Ihr Freund Salleton erwartet uns. Mit Saf'.«

Nach dem Frühstück fährt Neal mit Saffron nach Hause und geht mit in ihr Zimmer hinauf. Er reicht ihr den Koffer, den er aus Paris mitgebracht hat. »Wie du gebeten hattest, bin ich in der Rue du Faubourg Saint-Martin vorbeigefahren. Ich hab all deine Sachen eingesammelt, es war nicht mehr viel. Ich hab auch die Post mitgebracht, sie ist hier drin. Und ich habe mich um die Abstandszahlung und die Adressänderung gekümmert.«

»Danke, Dad.«

»Hast du eine Idee, was du jetzt tun willst?«

»Nein. Aber ich weiß, was ich nicht tun will. Keine Veterinärmedizin mehr. Alles andere ...«

Neal nickt, sie braucht Zeit. »Ich habe alles arrangiert wegen deines Interviews im *Herald*. Hast du's dir gut überlegt? Bist du sicher, dass du es durchziehen willst?«

Saffron, die angefangen hat, ihre Post durchzusehen, lächelt kurz, zuckt die Achseln. »Ja. Lustig, man könnte meinen, das macht dich nervöser als mich.«

Neal kommt nicht dazu, zu antworten.

Seine Tochter hat einen gepolsterten Briefumschlag aufgemacht und einen USB-Stick herausgezogen. Sie wird blass, hält ihn fest. Tränen strömen ihr übers Gesicht.

Neal begreift, Scoarnec hat ihn an sie geschickt, um ihn vor der Operation in Sicherheit zu bringen. Elender Mistkerl. Wenn ich das gewusst hätte ... Schwamm drüber. Etwas tun. Er streckt die Hand aus, um ihr den Stick abzunehmen. »Saf', vergiss bloß ...«

»Hör auf! Du verstehst nichts. Er hat mir zuletzt doch noch vertraut, ich kann mich endlich gehen lassen.« Sie öffnet die Hand, der Stick liegt auf ihrer Handfläche. »Siehst du dieses alberne Ding? Du hast einen, die Polizei hat einen. Man sieht darauf einen Mann sterben, aber die Mörder kann man nicht identifizieren. Scoarnec, Courvoisier, Marsand sind wegen dieses Dings gestorben. Das ist jämmerlich. Das sind zwei gute Gründe, die ganze Geschichte zu erzählen, damit ich sie nicht vergesse. Wann kommen deine Londoner Freunde?«

Malfa ist der größte Ort auf Salina, einer der stillen äolischen Inseln. Oben in den Hügeln versteckt, in einem vollständig restaurierten Weiler liegt ein winziges, luxuriöses Hotel, zugleich schlicht und elegant.

Sonia ist nicht unter ihrem richtigen Namen hier abgestiegen, sie versteckt sich. Seit sie hier ist, ist sie nicht ausgegangen, außer an einem Abend zum Essen ins Dorf. Sie verhält sich unauffällig. Sie hat nur darum gebeten, ihr täglich ein paar französische Zeitungen zu besorgen. Und auf Veranlassung des Hoteldirektors bringt das erste Tragflächenboot am Morgen sie aus Palermo mit.

Abgesehen von dieser täglichen Lektüre nichts. Baden, Sonne, gut essen und ...

Pâris kommt aus dem Swimmingpool, lässt sich auf den Liegestuhl neben ihr fallen. Im Vorbeigehen streichelt er ihr die Wange.

Ein paar Tropfen kaltes Wasser treffen Sonia. Sie erschauert, lässt die Zeitung sinken und schaut ihn an.

»Was gibt's heute für Neuigkeiten?«

»Mein künftiger Ex-Mann und seine Scheidung. Sein Sieg ist fast vergessen. Alle fragen sich, was los ist, wo ich geblieben bin.«

»Und?«

»Sie wissen es.«

Erschrocken stützt sich Pâris auf.

Sonia lächelt. »Ich bin auf Mauritius in einem Luxushotel, mit meinem Geliebten. Zumindest im letzten Punkt haben sie recht.«

Pâris streckt sich wieder aus.

»Die Leute vom Hotel haben den *Herald* für dich aufgetrieben. Der Artikel von deinem Freund ist sehr gut. Sie kündigen ein Interview mit seiner Tochter an.« Pause. »Was meinst du dazu?«

»Nichts. Das Einzige, was zählt, ist deine Scheidung. Für alle Welt, aber besonders für mich.«

DOMINIQUE MANOTTI IM ARGUMENT VERLAG

Letzte Schicht

Ein pulsierender Wirtschaftsthriller.
– Ausgezeichnet mit dem Deutschen Krimi Preis 2011 Kategorie International (Platz 3) –
»Der mit Abstand beste politische Krimi des Jahres« (DLF, Denis Schecks Büchermarkt).
»Unter den Autoren der Welt ist Dominique Manotti einzigartig. Im Alltag der Arbeiter findet sie, was kein Romancier darin erkennt: den sozialen Gärstoff des Verbrechens« (Tobias Gohlis, Die Zeit).
Aus dem Französischen von Andrea Stephani
Ariadne Krimi 1188 | 978-3-86754-188-6

Roter Glamour

»Sie ist ein hell strahlender Stern am europäischen Krimi-Himmel: Dominique Manotti beherrscht die Kunst der politisch-ambitionierten Unterhaltung wie wenig andere« (Ulrich Noller, WDR).
– Platz 1 der KrimiZEIT-Jahresbestenliste: die brillante Chronik einer authentischen Staatsaffäre.
Aus dem Französischen von Andrea Stephani
Ariadne Krimi 1192 | 978-3-86754-192-3

Einschlägig bekannt

Das Verbrechen blüht im Ghetto: der ultimative Polizeithriller.
»So schillernd sind die Figuren, so erschütternd die Verwicklungen, so klug und stark der Manotti-Sound, der alles trägt« (Horst Eckert, FOCUS online).
»Mit dem großen Balzac hat man Manotti schon verglichen und in eine Reihe mit James Ellroy gestellt. Der Vergleich trifft ins Schwarze« (ZEIT Literatur).
Aus dem Französischen von Andrea Stephani
Ariadne Krimi 1198 | 978-3-86754-198-5

DOMINIQUE MANOTTI BEI ASSOZIATION A

Hartes Pflaster

Paris im Frühjahr 1980. Tausende von türkischen Einwanderern beginnen einen Streik und kämpfen für ihre Legalisierung. Als Sans-Papiers arbeiten sie in den Hinterhöfen der Stadt in zahlreichen Schneiderwerkstätten unter erbärmlichen Bedingungen für den Glanz der Modebranche. In einem Atelier wird die Leiche einer jungen thailändischen Prostituierten entdeckt. Kommissar Daquin nimmt die Ermittlungen auf. Die Spur führt ins Milieu der türkischen Drogenmafia – und ins Herz der Pariser High Society.
Als Dominique Manotti 1994 mit *Hartes Pflaster* (frz. *Sombre Sentier*) ihr literarisches Debüt feierte, wurde ihr Buch auf Anhieb mit dem Prix Sang d'encre für den besten französischen Kriminalroman ausgezeichnet. Zehn Jahre später brachten wir das Werk in deutscher Übersetzung heraus, um dieses »Bravourstück moderner politischer Literatur« auch rechts des Rheins zugänglich zu machen. Mittlerweile hat sich Dominique Manotti als Meisterin ihres Fachs und Grande Dame des französischen Kriminalromans durchgesetzt.
Manotti beeindruckt mit ihrer dokumentarischen Genauigkeit, die »aus der Geschichte pralles Leben gemacht hat, eine veritable Nachfolgerin Balzacs oder Eugène Sues. Sprache, Plot, Figuren – alles stimmt, atmet, liebt, kämpft: vom schwulen Kommissar, der die Abhängigkeit des schönen Illegalensprechers weidlich liebevoll nutzt, über das Hinterzimmermilieu der illegalen Werkstätten, ohne die es kein Pariser Prêt-à-Porter gäbe, bis zum iranisch-türkisch-französisch-amerikanischen Drogen-, Waffen- und Menschenhandel. Salut, Dominique!« (Tobias Gohlis, Die Zeit).

Aus dem Französischen von Ana Rhukiz

ISBN 978-3-86241-411-6 | 312 Seiten | Neuauflage 2012

ROMAN NOIR BEI ASSOZIATION A

Frédéric H. Fajardie: Rote Frauen werden immer schöner
Ein spannender und melancholischer Roman noir, eine wunderbare Liebesgeschichte und eine linksradikale Bilanz der Mairevolte von 1968.
Aus dem Französischen von Barbara Heber-Schärer
ISBN 978-3-935936-22-4 | 194 Seiten | Paperback

Didier Daeninckx: Statisten
Eine Novelle, die in die Zeit des Nationalsozialismus und der Résistance zurückführt.
– Rang 5 der KrimiWelt-Bestenliste Februar 2006 –
Aus dem Französischen von Matthias Drebber
ISBN 978-3-935936-41-5 | 120 Seiten | Paperback

Jean-François Vilar: Die Verschwundenen
»Ein großes Buch, von radikaler Wahrhaftigkeit und Kunst«
(Tobias Gohlis, Die Zeit).
»Das Buch muss als zentrales Werk des Roman Noir gelten, zeigt es doch das Hoch-Politische, das Skurrile und das Biografische an einer einzigen Geschichte. Ein vollkommen aus der Rolle fallender Politthriller«
(Günther Grosser, Berliner Zeitung)
– Platz 2 der KrimiWelt-Bestenliste November 2008 –
Aus dem Französischen von Barbara Heber-Schärer und Andrea Stephani
ISBN 978-3-935936-64-4 | 464 Seiten | Paperback

Patrick Rotman: Die Seele in der Faust
»So könnte in der Tat eine radikale jüdische Widerstandsgruppe agiert haben, lange bevor Tarantino seine ›Inglourious Basterds‹ ins Rennen schickte« (Thomas Wörtche).
Aus dem Französischen von Elfriede Müller
ISBN 978-3-935936-89-7 | 214 Seiten | Paperback